# 朽木谷の自然と社会の変容

水野一晴・藤岡悠一郎 編

## 朽木の自然環境

☞1章

花折断層による破砕帯が削られてできた朽木谷を流れる安曇川

　朽木は安曇川沿いの、東に高度1200mに達する比良山地、西に標高900m以下の丹波高地に挟まれた谷に位置し、かつては林業が盛んであった土地である。冬は寒く、雪深い。京都から車で1時間あまりの距離にあるものの、今なお古くからの伝統や慣習が色濃く残っている。**この朽木谷の自然はどのような地形や気候によってもたらされているのであろうか？**

## 朽木の特色ある植生と植物

☞2章

雪の多い朽木を特徴づける日本海型のブナ林

　ある地域の暮らしや文化を学ぶ時、その背景となる自然環境が深くかかわっていることに気づく。例えば、雪の多い所で住宅を建てる時、雪の重みに耐えることのできる建築材として、多雪の中で根曲がりしたものを軒材に使用する。**朽木の暮しや文化を培った自然(植生)は何を反映して成立し、どのような特色をもっているのだろうか？**

## 朽木の歴史と文化

☞ 3章

安曇川を下る筏（高島市教育委員会所蔵）

勇ましく筏に乗る3人の筏師たち。この風景は、戦後まもなくまで安曇川流域で見られた風景である。豊富な山の恵みを活した生業は、時代の流れとともに大きく変化してきた。かつては、この地域にとっての主要な産業であった林業もそのひとである。過去の人びとの自然との向き合い方は、現在を生きる私たちに何を教えてくれるのだろうか？

## 鯖街道と朽木の地形

☞ 4章

朽木に売られている鯖寿司

朽木を巡っていると、しばしば「鯖」の字を目にする。鯖寿司、焼き鯖、鯖のへしこなど、道の駅やその周辺の店舗には様々なサバ加工品が売られている。さらに、朽木の中心部である市場を通る国道367号は別名で「鯖街道」と呼ばれている。なぜ海の近くでもない朽木でサバが地域の特産品として売られ、街道の名称にまでなっているのだろうか？

## "流域"を超える朽木のモノと生き物

☞ 5章

安曇川源流のひとつ（朽木生杉）

　「大川」という言葉が、朽木の人の話の中によく出てくる。大川の名がつけられた神社もある。しかし、地図上にはどこにも「大川」という川はない。**朽木の暮らしの中で、川との関わりにおいて「大川」とはどのような存在なのだろうか？**

## ヤマとタンボを結ぶホトラ

☞ 6章

現在のホトラヤマの景観

　朽木には、かつてホトラヤマが集落の周囲に広がり、人々は毎年春先に集落総出の共同作業によってヤマを焼き、その後に芽生えた膝丈ほどのコナラの幼樹（これをホトラと呼ぶ）の茎葉を各世帯の女性が刈り取った。**現在森林化が進んでいるホトラヤマは、かつてどのように利用され、どのような変遷をたどっていったのであろうか？**

## 「山村遺産」としての炭焼き窯跡

☞ 7章

朽木の山中にある炭焼き窯跡

朽木の山林を歩くと、山肌の斜面の小道沿いに大きな窪みを発見することがある。窪みの中に入ると足元に散らばる黒い小[片]に気づく。手に取ってみると、それは炭化した木片だということがわかる。実は、窪みの正体は人びとが炭焼きを営んでいた名残なのである。**朽木の人びとにとって、炭焼きはどのような意味を持って営まれてきたのだろうか？**

## 用材と木地を生んだ針広混交林

☞ 8章

朽木の針広混交林（しんこうこんこうりん）

朽木の山を眺めると、森林が景観の基盤となっていることが感じられる。広葉樹林の中に分け入ると枝を四方に伸ばした[ア]シウスギの姿を見かけることも多い。**朽木では、このような針広混交林を利用しながら地域の暮らしが維持されてきた歴史**[が]あるが、それは一体どのような営みであったのだろうか？

# 山の幸としての植物資源

👉 9章

朝市で販売される山菜

　春先、朽木の朝市を訪れると、コゴミやタラの芽、フキ、ゼンマイなど、売り場にみずみずしい山菜が並べられている。くところによると、最近は山に入る機会もほとんどなくなり、昔に比べて山の幸の利用も大きく変わってしまったそうであ**この地域では、食料としての植物利用はどのように変化し、そしてその原因は何だったのだろうか？**

# トチ餅——伝統食からおみやげへ

👉 10章

トチ餅づくりに重要な灰を使ったアク抜き

　朽木の人びとは昔から、トチノミを採集しトチ餅をつくってきた。伝統食であり、救荒食でもあったトチ餅は、今日、朽木を代表するおみやげになっている。**トチ餅はどのようにつくられているのだろうか？また、トチ餅が伝統食からおみやげへと変貌を遂げる過程には、人びとのどのような工夫があったのだろうか？**

## 朽木とトチ

☞11章

針畑川沿いの古屋の川原仏

　朽木も久多も安曇川水系に属し、安曇川流域の地主神で筏乗りに崇拝された志古淵神を信仰し、若狭街道沿いにあり、盆には川原仏・川地蔵・六体地蔵を作り、林業を主産業にしていた。江戸時代、久多の大半と朽木は朽木氏に支配されていた。**朽木も久多も朽木氏の支配地であったのに、現在、朽木は滋賀県に属し、久多は京都市左京区に属しているのはなぜだろうか？**

## 朽木の生き物と人々の関わり

☞12章

木に産みつけられたモリアオガエルの卵塊

　6月初旬、針畑川源流の住民の方に「面白いものがある」と田んぼに誘われた。木々の枝に白い綿のような塊がいくつもぶら下がっていた。「モリアオガエルの卵だよ」案内してくれた男性が教えてくれた。近年、野生動物による農作物への被害が深刻化してきている。**これまで人々は生き物をどのように認識し、いかに利用してきたのだろうか？**

## 土地に生きるカミの行方
☞13章

鳥居のない社（雲洞谷犬丸 下社）

　朽木にはところどころに小さな社がある。鳥居がないので神社ではないかもしれない。が、しめ縄があるのでただの小屋ではない。集落や道路の片隅にひっそりと佇む社は、めだたないからこそ集落や地域独自の歴史と暮らしの中で今日まで祀られそこにあり続けたのだろう。**これらの聖地は、どのような思想のもとに、何が祀られているのだろうか？**

## 過疎・高齢化の進行と直面する課題
☞14章

朽木で開催されている集落座談会

　旧朽木村では古くから行政や住民が様々な事業やまちづくり、むらおこし活動を実践し、過疎地域対策に取り組んできた。**村政が発足した戦前から現在に至るまでのこのような取り組みについて、現在朽木に住む人々はどのように感じているのだろうか？**

## 住民の暮らしと行商

☞ 15章

行商から買い物をする利用者の様子

　かつての行商人は朽木のような山間部にも様々な商品を届けてきた。また、行商人を泊めるなど個別の社会関係も存在していた。**何もかもが便利になったように思える現代社会において、いったいどのような人々が行商を利用し、行商人からモノを買うことは生活においてどのような意味を持っているのだろうか？**

## トチノキの巨木と伐採問題

☞ 16章

朽木のトチノキ巨木林

　2010年の秋ごろから、朽木は度々新聞記事に取り上げられた。それは、トチノキの巨木の伐採問題や保護・保全に向けた運動に関する記事であった。**どうしてトチノキの伐採は問題となり、保全活動が展開してきたのだろうか？　朽木のトチノキ巨木はどのような環境に生育しているのだろうか？**

## 獣害問題の深刻化

👉 17章

集落の周囲を広く囲む柵

ナイロン製のメッシュ

作物を覆うネット

電気柵

　朽木を車で走っていると、集落や畑の周囲に設置された無数の柵に目が留まる。野生動物との戦いが起きていることが容易に想像できる。森林を歩くと、本来ならば草本や樹木の稚樹が生えているはずの林床は、土がむき出しになっている。**日本全国で野生動物と人々との関係が変わりつつあるが、朽木ではどのような変化が生じているのだろうか？**

## 山林植生の変遷

👉 18章

朽木の植林地

　朽木は、京都から車で1時間程度と訪れやすい地域である。そのため、京都・大阪方面から気軽に行ける「田舎」や「山里」として訪れる人もみられる。特に北川上流部や針畑川沿いの地域は、「山深い」と表現されることが多く、安曇川沿いの市場地区などとは違った景観とみなされている。**朽木の山林は昔からずっと同じような景観であったのだろうか？**

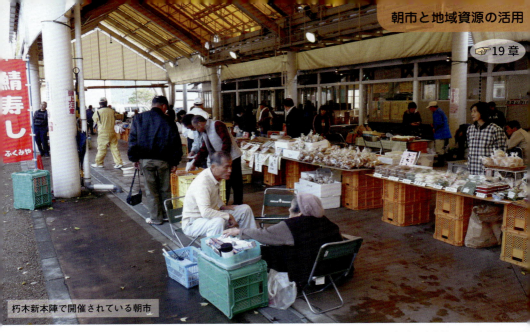

### 朝市と地域資源の活用
☞ 19章

朽木新本陣で開催されている朝市

　ある地域の産業や食文化などを知りたいとき、まずその地域の市場を訪れるとよいだろう。朽木の中心地では、毎週日曜日に朝市が開催されている。朽木の朝市では約30年に渡って多様な商品が販売され続けている。**朝市の開催は地域資源の活用に結び付いているのであろうか？ また、その原動力は何なのであろうか？**

### 朽木らしさの未来を考える
☞ 20章

朽木の未来へつなぐ物語づくり第3回の様子

　朽木は京都の街中にとても近い一方、小屋を組む木の番線の結び方一つとっても先達の知恵が詰まっていることを知る。人々が朽木に対して抱く豊かさや魅力の源泉が、これらの要素がないまぜになっていることにあるとしたら、これを表現して共有し、未来に引き継いでいくにはどうすればよいのか？

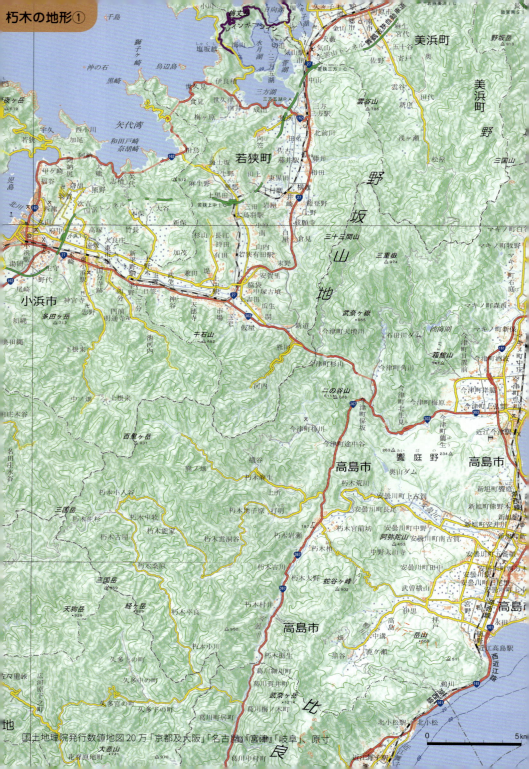

**上空から見た朽木**

小浜市

朽木宮前坊

葛川梅ノ木町

上空からみた花折断層（下）と熊川断層（上）「第４章　鯖街道と朽木の地形」参照（手代木功基氏提供）

# 朽木の地形②

国土地理院発行5万分1地形図「北小松」「熊川」…67%に縮小

# 朽木の植生

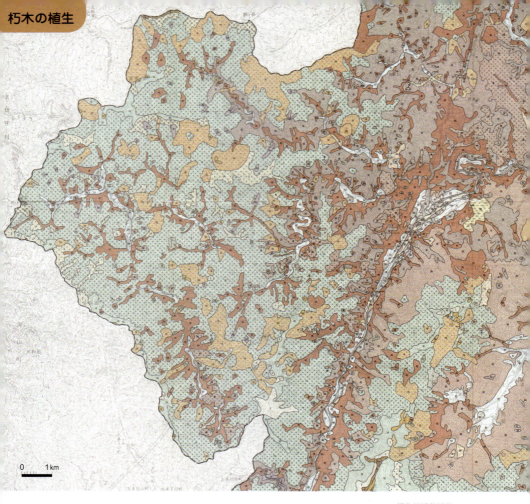

I ブナクラス域自然植生
- ブナ−オオバクロモジ群集
- ブナ−クロモジ群集
- ブナ−アシウスギ群落
- タニウツギ群集

II ブナクラス域代償植生
- ミズナラ−−アズキナシ群集 典型亜群集・ムラサキアユミ亜群集
- ミズナラ−アズキナシ群集 アセビ亜群集
- アカマツ群落
- ササ原
- ススキ群団
- 伐採跡地植物群落

III ヤブツバキクラス域自然植生
- モミ−シキミ群集
- ケヤキ−チャボガヤ群集
- ツクバネガシ群落

IV ヤブツバキクラス域自然植生
- クヌギ−コナラ群集
- 伐採跡地植物群落
- ススキ群団
- ヨモギ群落
- アカマツ−コシアブラ群落
- アカマツ−モチツツジ群落

V 河辺・湿原・湖岸（ブナクラス域・ヤブツバキクラス域共通）
- ツルヨシ群落

VI 植林地・耕作地（ブナクラス域・ヤブツバキクラス域共通）
- スギ・ヒノキ植林
- 竹林（モウソウチク・マダケなど）
- 耕作畑雑草群落（カラスビシャク−ニシキソウ群集）
- ゴルフ場
- 耕作水田雑草群落（ウリカワ−コナギ群集）
- 耕作放棄水田雑草群落

VII その他
- 緑の少ない住宅地・市街地
- 造成地・人工裸地
- 開放水域（ヒルムシロクラスを含む）
- 自然裸地

『滋賀県現存植生図I』（滋賀県自然保護財団、1981）より朽木部分を抜粋

# はじめに

　地理学では、自然地理学(地形や気候、植生、土壌など)と人文地理学(都市、山村、人口、農業、経済、文化、歴史など)に分かれているが、それぞれ別個に研究や調査が行われ、それらの関係性については検討されないことが多い。しかし、現実には自然と人々の暮らし・社会は相互関係のもとに成り立っている。本書は、京都近郊の「朽木(くつき)」地域をとりあげて、その特徴的な自然、すなわち、朽木の気候や地形、植生のなかで、人々がどのような暮らしや社会を作り上げてきたかを理解してもらうという狙いがある。また、それによって、「朽木」という場所の自然の多様性と現在まで脈々と流れる歴史と伝統が理解され、「朽木」により興味をもっていただけることを期待している。

　本書では、各章の最初に1枚の特徴的な写真と、その写真が表す【興味深い朽木の着眼点】が述べられ、読者の方々に疑問が投げかけられている。読者のみなさんに考えていただきながら、各著者はその疑問を解決すべく、いろいろな調査手法をとって紐解いていく。調査手法をあえてはっきりさせるために、各章の最後に、【調査手法】としてまとめられている。本文にはいろいろな地名がでてくるが、だいたいの位置関係は巻頭の地図で確かめていただけるとよい。章ごとに扱われている時代が様々なため、巻頭に簡単な年表(**表0-1**)もあげた。さらに学びたい人のために巻末に参考文献リストを載せている。

　各章のテーマは自然から社会、文化、歴史と、様々であるが、興味ある章から読み始めていただいてかまわない。そして、このような研究や調査をしようと考えている学生さんや若手研究者の方々には、調査の仕方や結果を導く過程を真似していただいて、ご自分の研究にぜひ活かしていただきたい。また、日本の中山間地帯の自然や社会を対象とする授業等の参考書となれば幸いである。

　最初に「朽木」がだいたいどんなところなのかを知っていただくために、朽木の概略を述べる。

表0-1　年表

| 時　代 | 西　暦 | 朽木での主な出来事 | 西　暦 | 国内の主な出来事 |
|---|---|---|---|---|
| 縄　文 | | 池の沢で石斧と石鏃が発見される | | 日本列島の形成 |
| 弥　生 | | | | 稲作の開始 |
| 古墳・飛鳥 | | 上田遺跡(村井)で土器片が発見される | 645<br>701 | 大和朝廷の国土統一<br>大化の改新<br>大宝律令が成立 |
| 奈　良 | 759-<br>62<br>762 | 奈良東大寺のための用材が高島の奥山から伐り出される<br>正倉院文書に小川津の記事がみられる | 710<br>752 | 都を平城京に移す<br><br>東大寺大仏完成 |
| 平　安 | 851<br>1001 | 子田上杣が藤原氏の家領となる<br>平惟仲が朽木荘を白川寺喜多院に寄進する | 794<br>1086 | 都を平安京に移す<br>院政が始まる |
| 鎌　倉 | 1287<br>1299 | 佐々木義綱が父頼綱から朽木荘地頭職を譲られる<br>久多荘からの材木通行税の徴収開始 | 1192<br>1221 | 源頼朝が征夷大将軍になる<br>承久の乱 |
| 室　町 | 1570 | 朝倉攻めに失敗した織田信長が朽木谷を通る | 1549 | ザビエルがキリスト教を伝える |
| 安土・桃山 | 1590<br>1600<br>1601 | 朽木軍が秀吉の小田原攻めに参加<br>朽木元綱が関ヶ原の戦いに参戦<br>朽木元綱が朽木荘他9,595石を安堵される | 1590<br>1600 | 豊臣秀吉が全国を統一<br>関ヶ原の戦い |
| 江　戸 | 1662<br>1837 | 寛文地震発生。武奈ヶ岳のイオウの禿で斜面が崩壊<br>飢饉発生。朽木でも多数の死者 | 1639<br>1837 | 鎖国<br>大塩平八郎の乱 |
| 明　治 | 1868<br>1872<br>1889<br>1889<br>1911 | 朽木の各村が大津県の統治下に入る<br>朽木の各村が犬上県さらに滋賀県に編入される<br>旧21か村を併合して朽木村が誕生<br>暴風雨により北川と安曇川が決壊<br>朽木村産牛組合が設立 | 1869<br>1871<br>1889<br>1894<br>1911 | 版籍奉還<br>廃藩置県<br>大日本帝国憲法が発布<br>日清戦争が起こる<br>関税自主権を獲得 |

表0-1 つづき

| 時　代 | 西　暦 | 朽木での主な出来事 | 西　暦 | 国内の主な出来事 |
|---|---|---|---|---|
| 大　正 | 1918 | 大雪 | 1918 | 狩猟法制定 |
| | 1921 | 荒川発電所完成 | 1923 | 関東大震災 |
| 昭　和 | 1933 | 丸八百貨店建設。江若鉄道のバス路線岩瀬－安曇川駅間開通 | 1933 | 国際連盟を脱退 |
| | 1938 | 水害により岩瀬の堤防決壊 | 1938 | 国家総動員法が公布 |
| | 1941 | 森林組合設立 | 1941 | 太平洋戦争始まる |
| | 1948 | 村の人口が最多(5,120人)を記録 | 1947 | 教育基本法が公布 |
| | 1951 | 朽木中学校の西校舎が古屋に完成 | 1950 | 朝鮮戦争が始まる |
| | 1955 | 朽木西小学校校舎が完成 | 1954 | 第五福竜丸事件 |
| | 1962 | 雲洞谷まで江若バス路線が延長 | | 高度経済成長期 |
| | 1965 | 滋賀県造林公社が設立 | 1964 | 外材の輸入自由化 |
| | 1963 | 村全域への送電が完了 | 1965 | 山村振興法 |
| | 1971 | 朽木村が過疎地域の指定を受ける | 1969 | 新全国総合開発計画 |
| | 1973 | 宮前坊と岩瀬にベアリング工場を誘致 | 1970 | 過疎地域対策緊急措置法（過疎法） |
| | 1974 | びわ湖造林公社が設立 | 1972 | 沖縄諸島返還 |
| | 1979 | 麻生に「朝日の森」が開設 | 1973 | 石油ショック |
| | 1983 | 村営朽木スキー場が開設 | | |
| | 1984 | 豪雪 | | |
| | 1987 | 朽木新本陣が完成 | | |
| | 1988 | グリーンパーク「想い出の森」が開設 | | |
| | 1988 | 朝市開始 | | |
| 平　成 | 1989 | 北川ダムの建設事業開始 | 1989 | 消費税導入 |
| | 1990 | 「鯖・美・庵祭り」開始 | | |
| | 1992 | 朽木いきものふれあいの里が開設 | | |
| | 1993 | 朽木新本陣が道の駅に登録 | | |
| | 1995 | 「くつき温泉てんくう」がオープン | 1995 | 阪神・淡路大震災 |
| | 1998 | 小規模特別養護老人ホーム「やまゆりの里」が開設 | 2000 | 過疎地域自立促進特別措置法 |
| | 2003 | 町村合併の是非を問う住民投票実施 | | 平成の大合併 |
| | 2005 | 高島郡6町村が合併して高島市となる | | |

注：朽木村史編さん委員会編2010を参照した。

はじめに

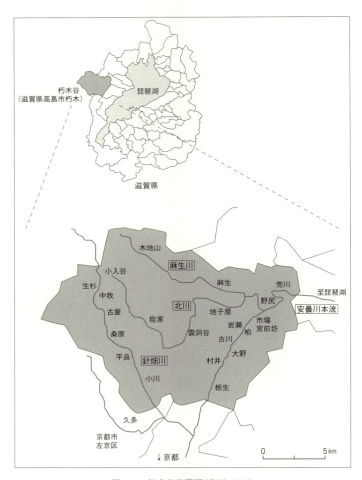

図 0-1　朽木谷位置図（藤岡 2006）

　「朽木」は京都近郊に位置し、京都から北北東に延びる安曇川沿いに車で1時間あまり走ると、滋賀県高島市朽木にたどり着く。朽木は、2005 年に町村合併で高島市になる以前は、滋賀県唯一の村であった（**図 0-1**、**写真 0-1**）。安曇川は京都市から福井県との県境付近まで続く花折断層の断層崖に沿って流れる川である。この安曇川沿いの道は、古くから若狭国小浜と京都を結ぶ、いわゆる「鯖街道」と呼ばれ、若狭湾で取れたサバが行商人に担がれ、徒歩で京都

まで運ばれた。

　また、朽木は「朽木の杣」と呼ばれ、京都への木材の供給地でもあった。朽木では、中世以前から木材の産出地域としての役割を担っていたが、近世に入ると、木地職人の定住が見られ、特定の集落を中心に木地物の生産が行われ、全国でも有数の生産量を誇った。し

写真 0-1　滋賀県朽木(旧滋賀県朽木村、現在高島市朽木)の風景

かしながら、近代に入り、国内の漆器生産が発展していくとともに小規模生産であった木地物の生産は途絶え、山林の産業利用は木炭と木材の生産が中心となった。高度経済成長期に前後し、外材輸入の増加、燃料革命などを背景とする需要の激減から、木材、木炭ともに生産量を大幅に下げた(井出・通山 2012、朽木村史編さん委員会編 2010)。

　朽木を鎌倉時代から江戸時代まで治めていたのは朽木氏である。1570年に織田信長の朝倉攻めの際に浅井長政が突如朝倉方について南北から挟み打ちにあったとき、信長は浅井の領地である湖東を避けて朽木経由で京都に撤退をした。信長がわずかの兵をつれて朽木街道に入ると朽木元綱は信長を助け、信長は無事帰京することができた。信長軍の最後尾にいた秀吉と家康は、朝倉軍の追撃をかわしながら、秀吉は木地山、家康は針畑を越えたと伝えられている。

　このような歴史的に重要な地であった朽木は、いわゆる中山間地域であり、冬には多くの積雪がある寒冷な土地である。鯖街道を使ってサバなどの海産物を担ぐ運び手は、寒冷な峠を越えなければならない冬には減少した。しかし、冬に針畑峠を越えて運ばれたサバは寒さと塩で身が引きしまって特においしかったようだ。

　朽木は、滋賀県下のなかでも、過疎化の進行がきわめて顕著な地域のひとつである。人口が減少し始めたのは、1955年以降からであり、1948年に 5120 人あった人口は、2004 年には 2426 人にまで減少した。朽木谷のなかでも、過疎

化の進行がもっとも著しいのが、針畑川流域の諸集落である。近年、集落外からの移入者がみられ、新たな活動を行っている。

筆者が頻繁に朽木を訪れるようになったのは2001年からである。筆者は1996年に京都大学に赴任し、しだいに、京都の近くにあって、豊かな自然をもち、歴史や

写真 0-2　朽木での自然地理研究会の野外実習の様子
（2013年5月撮影）

伝統、文化が脈々と息づいている、この朽木に魅了されるようになった。京大の一般教養の授業で自然地理学の講義を受け持つと、学生たちから自然地理を勉強できる研究会を作って欲しいという要請を受けるようになる。そして、2001年4月に「京都大学自然地理研究会」が発足したのであった。

自然地理研究会はおもに季節の良い春～初夏と秋に野外実習を行って、地形・地質や植生、土壌、気候など自然地理学を野外で学習する目的で作られたものである（**写真0-2**）。しかし、実際には自然だけにとどまらず、歴史や社会、文化をも含めた野外での多角的な勉強会になったのである。その野外実習において圧倒的に多数回訪れたのが朽木であった。朽木が研究会の多くの実施場所になった理由は、やはり京都から近いにもかかわらず、地形・地質、植生、土壌、歴史、文化、社会など、多分野にわたって興味深い野外実習を行えるからであった。

この研究会は2001年から現在（2018年）まで、100回以上の野外実習を行っている。研究会を続けているうちに、もっと研究の目的をはっきりさせて集中的に調査を行いたいという参加者からの意見を受け、2004～2005年度日本生命財団研究助成金「滋賀県朽木谷における里山利用の動態に関する総合的研究──生活システムの変容と地域社会の再編との関係に着目して──」、2011年度財団法人国際花と緑の博覧会記念協会調査研究助成「滋賀県朽木の巨樹に関する文化・生態調査」、2012年度福武学術文化振興財団助成金「滋賀県朽木に

おけるトチノキ巨木林をめぐる地域変容——山村の資源利用ネットワークの発達と山域の環境変化に着目して——」などの各種助成金による集中的な研究調査を行ってきた。それらの調査によって、さらに多くの朽木に関わる研究者らと密接な連係を持つようになってきたのである。そして、その活動とともに地域住民の方々と交流を持つようになってきた。

　本書はそのような朽木に深く関わってこられた研究者のみなさんの研究成果を一般向けにわかりやすく解説したものである。とくに2017年3月29日に、筑波大学で開催された2017年日本地理学会春季学術大会において、「滋賀県朽木におけるトチノキ利用からみた人と自然の関わり」のシンポジウムを、京都大学自然地理研究会やネイチャー・アンド・ソサエティ研究グループ、地球研実践プロジェクトFS「ヒト・自然・地域ネットワークの再構築」と共催して実施した。

　このシンポジウムのオーガナイザーは筆者であるが、座長の渡辺和之さん（阪南大学）より、シンポジウムの成果を活かすような朽木の本をぜひ出版して欲しいと熱望され、また、筆者自身も長年研究会メンバーらの朽木での調査成果を一冊の本にまとめるには良い機会だと考えた。そこで、朽木の本なので滋賀県の出版社である海青社の宮内久さんにお願いして出版が実現となったのである。

　朽木に関し詳しくまとめられた著書には、『朽木村志』（橋本編 1974）や『朽木村史』（朽木村史編さん委員会編 2010）などがある。しかし、本書は実際の現地調査から朽木の自然や社会、文化など多方面から紐解いた唯一の著書であると言えるであろう。本書によって読者の方々にさらに朽木について知って興味を持っていただければ幸いである。

2018年5月

水野一晴

**【引用文献】**

井出健人・通山絵美（2012）「朽木の山林資源の利用史」、京都大学自然地理研究会編『滋賀県朽木の巨樹に関する文化・生態調査』、2011年度財団法人国際花と緑の博覧会記念協会・調査研究開発助成事業報告書、23-35頁。

朽木村史編さん委員会編（2010）『朽木村史』滋賀県高島市。

橋本鉄男編（1999）『朽木村志』、朽木村教育委員会。

藤岡悠一郎（2006）「調査地の概要」、水野一晴編『滋賀県朽木谷における里山利用の動態に関する総合的研究——生活システムの変容と地域社会の再編との関係に着目して——』、日本生命財団環境問題研究助成金報告書（2004-2005 年度）。

京都大学自然地理研究会　http://jambo.africa.kyoto-u.ac.jp/cgi-bin/spg/wiki.cgi

# 朽木谷の自然と社会の変容

## 目　次

──────────── 【口　　絵】 ────────────

朽木の自然環境.................................................................................................ii
朽木の特色ある植生と植物...........................................................................ii
朽木の歴史と文化...........................................................................................iii
鯖街道と朽木の地形.......................................................................................iii
"流域"を超える朽木のモノと生き物.......................................................iv
ヤマとタンボを結ぶホトラ.........................................................................iv
「山村遺産」としての炭焼き窯跡...............................................................v
用材と木地を生んだ針広混交林...................................................................v
山の幸としての植物資源...............................................................................vi
トチ餅──山村の伝統食からおみやげへ...............................................vi
朽木とトチ.......................................................................................................vii
朽木の生き物と人々の関わり.....................................................................vii
土地に生きるカミの行方...........................................................................viii
過疎・高齢化の進行と直面する課題.......................................................viii
住民の暮らしと行商.......................................................................................ix
トチノキの巨木と伐採問題...........................................................................ix
獣害問題の深刻化.............................................................................................x
山林植生の変遷.................................................................................................x
朝市と地域資源の活用...................................................................................xi
朽木らしさの未来を考える...........................................................................xi
朽木の地形①.................................................................................................xii
上空から見た朽木.........................................................................................xiii
朽木の地形②.................................................................................................xiv
朽木の植生.....................................................................................................xvi

目　次

はじめに ......................................................................水野一晴.......1

## 第Ⅰ部　朽木地域の概要......15

### 第1章　朽木の自然環境......................................................水野一晴.......17
1.1　朽木の地形...........................................................................17
1.2　花折断層と地震....................................................................20
1.3　朽木の気候...........................................................................22
1.4　おわりに...............................................................................23

### 第2章　朽木の特色ある植生と植物......................................青木　繁.......25
2.1　はじめに...............................................................................26
2.2　朽木のブナ林........................................................................27
2.3　朽木のトチノキの森.............................................................31
2.4　朽木の特色ある植物.............................................................33
2.5　おわりに...............................................................................37

### 第3章　歴史と文化..........................................................鎌谷かおる.......39
3.1　はじめに――歴史の中の朽木..............................................40
3.2　朽木を通る道――湖と海と京をつなぐ................................42
3.3　山の資源利用の歴史――林業・炭焼・木地椀.....................43
3.4　おわりに...............................................................................45

## 第Ⅱ部　山村の暮らしと自然環境......49

### 第4章　鯖街道と朽木の地形............................................手代木功基.......51
4.1　はじめに...............................................................................52
4.2　鯖街道と朽木........................................................................52
4.3　網の目状に発達した道と地形環境........................................56
4.4　現在も残る鯖街道.................................................................58
4.5　おわりに...............................................................................60

### 第5章　"流域"を超える朽木のモノと生き物 ―― 木材と魚 ――嶋田奈穂子.......63
5.1　はじめに...............................................................................63

| 5.2 | 安曇川の魚の利用 | 65 |
| 5.3 | 筏流し | 67 |
| 5.4 | 流域を越えるモノと生き物 | 70 |

## 第6章　ヤマとタンボを結ぶホトラ　　　　　　藤岡悠一郎　73

| 6.1 | 日本の草地 | 73 |
| 6.2 | 朽木谷の生業 | 75 |
| 6.3 | 山村の農業を支えたホトラ | 78 |
| 6.4 | ホトラヤマの植生景観の変化 | 80 |
| 6.5 | おわりに | 82 |

## 第7章　山林資源の利用1 ──「山村遺産」としての炭焼き窯跡 ──　飯田義彦　87

| 7.1 | 滋賀県における木炭生産の推移 | 88 |
| 7.2 | 朽木の木炭生産のあゆみ | 89 |
| 7.3 | 雲洞谷での炭焼きの状況 | 91 |
| 7.4 | 雲洞谷での炭焼き復活の動き | 95 |
| 7.5 | おわりに | 98 |

## 第8章　山林資源の利用2 ── 用材と木地を生んだ針広混交林 ──　飯田義彦　101

| 8.1 | はじめに | 102 |
| 8.2 | 中央政権に近い朽木 | 103 |
| 8.3 | 近世以前の針葉樹の利用 | 104 |
| 8.4 | 近世以前の広葉樹の利用 | 106 |
| 8.5 | 近代以降の森林資源利用 | 108 |
| 8.6 | おわりに | 109 |

## 第9章　山林資源の利用3 ── 山の幸としての植物資源 ──　藤岡悠一郎　111

| 9.1 | はじめに | 112 |
| 9.2 | 朽木で利用されてきた植物 | 113 |
| 9.3 | トチノミの採集 | 117 |
| 9.4 | 非木材林産物利用の変化 | 120 |
| 9.5 | おわりに | 123 |

## 目次

**第10章　トチ餅**——— 伝統食からおみやげへ ——— .................................八塚春名....127
10.1　トチ餅とは ..........................................................................................128
10.2　トチ餅の位置づけの変化 ......................................................................129
10.3　朽木におけるトチ餅のつくり方 .............................................................130
10.4　「おみやげ」になったトチ餅 ..................................................................134
10.5　トチ餅をつくり続ける ...........................................................................135

**第11章　朽木とトチ**——— 京都市久多との比較で見た場合 ——— .................中村　治....137
11.1　はじめに ...............................................................................................138
11.2　スギの植林に関する違い ......................................................................139
11.3　炭の運搬先に関する違い———道路事情・運搬手段の変化 .....................140
11.4　久多が京都に属し、朽木が滋賀に属した理由 .........................................141
11.5　トチの木と朽木の林業 ...........................................................................142
11.6　備荒食品としてのトチの実 ....................................................................143
11.7　「納豆餅」、「餅味噌雑煮」と朽木 ..........................................................144
11.8　おわりに ...............................................................................................147

**第12章　朽木の生き物と人々の関わり** ...................................藤岡悠一郎....151
12.1　多様な自然環境と生き物 ......................................................................152
12.2　動物に関するエスノサイエンス ..............................................................153
12.3　狩猟対象としての動物 ...........................................................................157
12.4　植生環境と動物種の変化 ......................................................................159
12.5　おわりに ...............................................................................................162

**第13章　朽木の神社地誌**——— 土地に生きるカミの行方 ——— .................嶋田奈穂子....165
13.1　はじめに ...............................................................................................165
13.2　「神社」とは何か———聖地とはなにか——— .............................................166
13.3　朽木の神社 ...........................................................................................167
13.4　安曇川流域のシコブチ神社 ....................................................................172
13.5　神社が表す暮らしの変化 ......................................................................177

## 第Ⅲ部　現代の山村......181

### 第14章　過疎・高齢化の進行と直面する課題...................木村道徳.....183
14.1　はじめに....................184
14.2　村政発足当時の杤木の課題....................186
14.3　過疎地域緊急措置法から見る杤木村の課題と方針（昭和45年〜）....................187
14.4　過疎地域振興特別措置法から見る杤木村の課題と対策（昭和55年〜）189
14.5　第三次及び第四次杤木村総合発展計画から見る課題と方針（平成3年〜）190
14.6　過疎地域自立促進特別措置法から見る課題と方針（平成22年〜）....................192
14.7　現在の杤木の住民意識....................193
14.8　おわりに....................196

### 第15章　住民の暮らしと行商...................伊藤千尋.....201
15.1　はじめに....................202
15.2　調査対象集落....................203
15.3　杤木における行商：過去....................204
15.4　杤木における行商：現在....................207
15.5　行商を利用することの意味とは？....................214

### 第16章　トチノキの巨木と伐採問題...................手代木功基.....219
16.1　はじめに....................220
16.2　なぜ杤木にトチノキが数多く存在するのか....................221
16.3　巨木の伐採問題とその背景....................225
16.4　巨木を保全する取り組み....................227
16.5　おわりに....................229

### 第17章　獣害問題の深刻化...................山科千里・藤岡悠一郎.....233
17.1　深刻化する獣害....................234
17.2　滋賀県における鳥獣害と対策....................237
17.3　杤木住民の野生動物に対する認識....................242
17.4　トチノミをめぐる人と野生動物の関係....................246
17.5　おわりに....................251

## 第18章　山林植生の変遷 .................................手代木功基.... 255

18.1　はじめに .................................................................... 256
18.2　植生景観の変遷 ........................................................ 256
18.3　山林利用の歴史 ........................................................ 260
18.4　近年の変化 ................................................................ 262
18.5　おわりに .................................................................... 264

## 第19章　朝市と地域資源の活用 ...........................藤岡悠一郎.... 267

19.1　はじめに .................................................................... 268
19.2　朝市の始まり ............................................................ 269
19.3　朝市で販売される商品 ............................................ 272
19.4　出店の原動力と課題——トチ餅生産者の事例 ........ 275
19.5　朝市出店の持続性 .................................................... 278
19.6　おわりに .................................................................... 279

## 第20章　朽木らしさの未来を考える ......................熊澤　輝一.... 283

20.1　はじめに .................................................................... 284
20.2　朽木らしさと未来について .................................... 285
20.3　豊かな過去を持って未来と向き合う——古写真ワークショップの実施... 287
20.4　未来を物語るための取り組みと朽木らしさ ........ 291
20.5　朽木らしさに接近しながら未来をともに考える手立て ................ 299
20.6　おわりに .................................................................... 301

文献紹介 ................................................................................ 305
索　　引 ................................................................................ 309

おわりに .........................................................水野一晴・藤岡悠一郎.... 314

執筆者一覧 ............................................................................ 317

# 第Ⅰ部　朽木地域の概要

冬の朽木

# 第1章　朽木の自然環境

**興味深い朽木の着眼点**

写真1-1　花折断層による破砕帯が削られてできた朽木谷を流れる安曇川
写真右手が比良山地。

　朽木は安曇川沿いの、東に高度1200 mに達する比良山地、西に標高900 m以下の丹波高地に挟まれた谷に位置し、かつては林業が盛んであった土地である。冬は寒く、雪深い。京都から車で1時間あまりの距離にあるものの、今なお古くからの伝統や慣習が色濃く残っている。この朽木谷の自然はどのような地形や気候によってもたらされているのであろうか？

## 1.1　朽木の地形

　朽木谷(滋賀県高島市朽木)は、滋賀県の北西部に位置し、東西約 24 km、南

北約16km、面積約165.4km²の広がりをもつ（**図0-1**）。平成17年の合併により朽木村から高島市に編入されて、滋賀県高島市朽木となった。

朽木は東に比良山地、西に丹波高地に挟まれた谷に位置する。比良山地の1214mを最高に、その西にある花折断層により300mほどの段差を生じて900mになり、そこから西の園部や綾部付近で400〜500mにまで低下していく丹波高地を形成している（巽1995）。

朽木は、兵庫県北中部から京都府北中部に及ぶ丹波高地の東端にある。丹波高地は第四紀の断層運動によって隆起した断層地塊（ブロック）であり、花折断層よりも東は、近畿三角帯と呼ばれる断層の密集地帯となっている（太田ほか編2004）。近畿三角帯は若狭湾東部の敦賀付近を頂点として、淡路島とを結ぶ左辺と、伊勢湾とを結ぶ右辺、紀伊半島北部を東西に走る中央構造線を底辺とする三角形を指している。近畿三角帯はプレート運動にともなう東西からの圧縮力がその成因であり、この地域には山地と盆地が連続的に分布している。例えば南北に走る鈴鹿山脈や金剛・生駒山地、東西に走る和泉山脈、北東から南西方向に延びる比良山地や六甲山地、北西から南東方向に続く養老山地や伊吹山地など、比較的小規模な山地が存在し、地形境界になっている。そして、これらの山地と周辺の低地の境界には活断層が存在し、両側から押されて隆起したり、一方の断層のみが動いて土地が隆起したりして山地ができたと考えられる。したがって、近畿三角帯は日本の中でも断層の密集地域であり、近畿三角帯のおおよそ左辺にあたる位置が朽木周辺なのである。

また、朽木周辺では、プレート運動の圧縮力は北西—南東方向の軸と北東—南西方向の方向性を持っている。そのため、山地や水系はこの力の影響を受け、谷が圧縮軸と同じ方向を中心にして入り組んで分布していることが特徴的である。

丹波高地は、若狭湾岸から内陸方向へ、舞鶴帯、超丹波帯、丹波帯の地層群が帯状に並んでおり、丹波帯はほぼ東西方向に伸びて丹波高地の中心部を構成している（太田ほか編2004）。朽木地域一帯の地質は、丹波帯に属する。丹波帯は石炭紀からジュラ紀の海洋プレート堆積層から構成されているジュラ紀の付加体である。すなわち、石炭紀やジュラ紀といった古い時代に海洋上でゆっくりと堆積してできた地層が、海洋プレートの移動にともなってユーラシアプ

第1章　朽木の自然環境

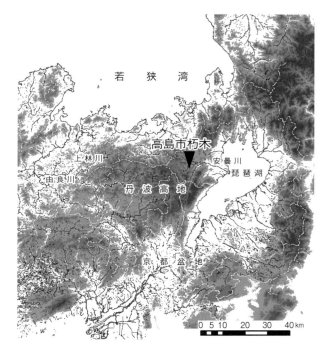

図1-1　調査地位置図（飯田 2012）

レートに沈み込み、沈み込む際に大陸プレートにはぎとられて陸化したものである。したがって、この地域には海洋で形成された砂岩や泥岩、チャート（放散虫などの硬い殻を持つ微生物の死骸が遠洋深海底で堆積してできた岩石）などが分布している（日本地質学会編 2009）。

　とくに山地の高標高部にはチャートが分布しており、他の岩石よりも相対的に硬いという特徴をもつチャートが侵食から残り、結果としてチャートの分布に沿った水系網が形成されたと考えられている（太田ほか編 2004）。すなわち、断層系や岩石分布にもとづく選択侵食によって、丹波高地特有の複雑な水系網が形成されたといえるのである。

　丹波高地には高度 900 m 級の山頂群とそれらを取り囲む 600 m 級の山頂群があるが、これらを構成している岩石は、ほぼ北西から南東方向にのびる丹波層群中のチャートであり、複雑な水系網もこれらを反映している（太田ほか編

2004)。こうした特徴をもつ丹波高地において朽木は北東端にほぼ位置している(飯田2012)(図1-1)。

安曇川が南から北へ流れ、途中朽木地域の中央部で大きく湾曲し東進しながら琵琶湖へと注ぐ。安曇川は南北に直線的な朽木谷を作っている(写真1-1)。この直線的な地形は花折断層がこの地を通っているからである。花折断層が通っているところは岩盤が破砕された破砕帯となって崩れやすく(写真1-2)、そこが削られて朽木谷が形成されている。

朽木の市場や宮前坊付近には河岸段丘が見られるが、それは安曇川の河原の平らな面が、比良山地や丹波山地が花折断層を境にして隆起した結果生じた地形である(写真1-3)。段丘面上にはゴルフ場や「グリーンパーク想い出の森」「いきものふれあいの里」(現在閉鎖中)などが立地している。

**写真1-2 花折断層に沿って見られる破砕帯**
花折断層で地盤がずれて岩盤が破砕されている。

**写真1-3 朽木の市場付近に見られる河岸段丘**
水田のある面より一段高い段丘が住居の背後に見られる(段丘面上に立地する建物の屋根が少し見える)。

## 1.2 花折断層と地震

花折断層は今から約40万年前から動き始めたと考えられている。1662年(寛文2年)6月16日に花折断層がずれ動いて、マグニチュード7.6以上の規模の強い地震が、比良山地の北部を震源として発生し、寛文地震が起きた(滋賀県高

等学校理科教育研究会地学部会 2002)。この地震によって葛川梅ノ木町比良山地の武奈ヶ岳(1214m)の西側の「イオウの禿」と呼ばれている部分で斜面崩壊が起きた(写真1-4)。

その土砂崩れは長さ700m、幅650mにも及び、2400万m³の土砂が、真下にある榎木村柚の木(現在の梅の木)と待居村(町居町)の両村のすべての民家と260余名の人々を、100mもの厚さの土砂で埋め尽くし消滅させた。約560人が死亡したとも言われている。土砂は安曇川を埋めて、100m近い高さの自然のダムをつくり、安曇川を堰き止めた。その自然のダムの跡が、「オンノノ(怨念の)平」として今でも見られる(写真1-5)。

写真1-4 1662年(寛文2年)5月1日の寛文地震によって比良山地の武奈ヶ岳の西側が崩れた跡である「イオウの禿」

写真1-5 「オンノノ平」(大津市葛川梅ノ木町)
「イオウの禿」からの土砂崩れが安曇川を堰き止めてできた自然のダムの跡で、「イオウの禿」とは安曇川を挟んで対岸にある。

安曇川を堰き止めてできた堰止め湖は、葛川明王院の階段にまで水面が迫ることになったが、約2週間後には決壊し、その洪水が二次被害を引き起こした。この地震で朽木陣屋は倒壊し、隠居していた朽木宣綱は梁の下敷きになって死亡した(橋本編 1999)。

安曇川の中流では、荒川橋から上流の高岩橋までの約3kmを、河川が蛇行状に屈曲する谷の中を流れるという、穿入蛇行しながら東に流れ、朽木渓谷あるいは近江耶馬渓と呼ばれる景勝地をつくっている(写真1-6)。穿入蛇行は、

隆起あるいは侵食基準面の低下のために、曲流していた川が若返って侵食を復活させ、河床を基盤岩中深く掘り込んで生ずるものである。蛇行の凹岸は険しい崖に、凸岸は砂礫が堆積して階段状になっている。これは河川の流れが岸（崖）を削る側方侵食と下方侵食が同時に行われたためにで

写真1-6　安曇川は上流部で穿入蛇行し、「朽木渓谷」（「近江耶馬溪」）と呼ばれる景勝地をつくっている。

きた地形である（滋賀県高等学校理科教育研究会地学部会 2002）。

## 1.3　朽木の気候

　朽木の周囲は標高450mから900mの山々に囲まれ、中央部には800m前後の急峻な山並みが続く渓谷をなし、総面積の93％は山林・原野となっている。気候は北陸型に属し、年平均気温は12.8度、年間降水量は2300mm前後である。
　朽木のなかでも西部（針畑地区）は東部（市場周辺）より標高が高いため、気温が零下に達する期間が長い。積雪寒冷地帯であり、初雪は11月下旬、晩雪は

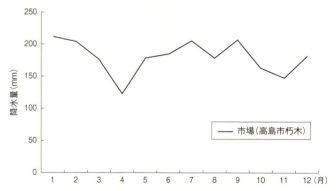

図1-2　安曇川の市場（高島市朽木）の月別降水量（1991年1月〜2007年12月までの平均値）（飯田 2012）
出所：国土交通省水管理・国土保全局水文水質データベースを基に作成。

第1章　朽木の自然環境　　*23*

3月下旬であり、積雪量は2m以上に達することもある。1983年度には、中牧で3.8mの積雪深を記録している（朽木村史編さん委員会編2010）。水系は、琵琶湖にそそぐ安曇川とその支流である針畑川、北川、麻生川の4河川によって構成される。これらの河川は 古来より木材の搬送路として昭和初期まで利用されていた。

　朽木のほぼ中央に位置する安曇川沿いの市場（北緯35度22分23秒、東経135度55分46秒）での年間降水量（国土交通省の雨量観測1991年〜2007年の17年間の平均値）は2156.8mmであった（**図1-2**）。また、厳冬期と盛夏期の月平均降水量は200mmを前後している（飯田2012）。

## 1.4　おわりに

　花折断層の断層崖に沿って流れる安曇川、それを境にする西の丹波高地と東の比良山地が囲む谷が朽木谷の自然豊かな渓谷を作っている。季節によって様々な顔を見せる朽木の自然は、その多様な地形と気候、それらの影響下の植物や動物などが有機的に絡み合ってつくり出されている。したがって、そのうちの何かの自然的要因や人為的要因が変化すると、朽木特有の自然は大きく変わってしまうであろう。朽木の豊かな自然を維持する上でも、その自然のメカニズムを理解することは重要だ。朽木は、読者のみなさんに一度はぜひ訪れていただきたい場所である。

┌─ **調査手法** 🖊 ─────────────────────────

　朽木の地形は現地を訪れるとよくわかる。京都から車で向かうとしばらくして安曇川沿いの道を走ることになる。安曇川は花折断層の断層崖に沿って流れているため、川が直線的に続き、右手に高度1200mに達する比良山地と谷を隔てる断層崖急斜面が続いている。その断層崖周辺には花折断層で地盤がずれて岩盤が破砕された破砕帯の様子を見ることができる。朽木周辺には河岸段丘も見られ、安曇川が渓谷を作って多様な自然を生み出している。

　地形を大きく把握するには2万5千分の1の地形図を読み取ったり、地形図に真横に直線を引いて横断面図を作成するとよい。また、空中写真（航空写真）を手に入れて立体視することによって地形や植生、土地利用を読み取り、さ

らに撮影時代の異なるものを比較することによって歴史的変遷がわかる。

　地形図や空中写真は国土地理院のホームページ（http://www.gsi.go.jp/tizu-kutyu.html）から無料で閲覧できるが、できれば紙に印刷した地形図や空中写真を、地形図を販売している店等で購入したり注文した方がいい。

　また地質図を見ると、断層で地質がずれていたり、地質の違いで山などの地形の成り立ちが予想できたりする。

　微地形やその地形上の植生や土地利用を見るためには、ハンドレベルを使用して横断面図を作成すればよい。ハンドレベルは棒状の望遠鏡のようなもので、覗いて中に見える気泡とその横の水準線をあわせれば、その筒の中の水準線と一致して見える先が、自分の目の高さと同じ高さを示すという、ごく簡単な仕組みである。もし、自分の目の高さが地面から150cmだとすると、たとえば2m先に立てた棒をハンドレベルで覗いて、気泡と一致した水準線のところには、地面が水平なら150cmのところが見えるはずである。もし、130cmのところが見えたとすると、距離2mの間に、高度差が20cmあることになる。このように一直線上を何度も移動しながら測定していけば、地形断面図が描ける。その横断面図の上に植生の分布や土地利用を示していく。ハンドレベルは軽くて小さく、持ち運びに便利で、それ1本あれば、どこでも地形断面図が作成できるのでとても重宝する。購入するなら、望遠鏡倍率5倍の望遠棒状（6000～9000円）のものをお勧めする。

## 【引用文献】

飯田義彦（2012）「調査の位置づけと目的」、京都大学自然地理研究会編『滋賀県朽木の巨樹に関する文化・生態調査』、2011年度財団法人国際花と緑の博覧会記念協会・調査研究開発助成事業報告書、1-13頁。

太田陽子・成瀬敏郎・田中眞吾・岡田篤正編（2004）『日本の地形6　近畿・中国・四国』、東京大学出版会。

朽木村史編さん委員会編（2010）『朽木村史通史編』、滋賀県高島市。

滋賀県高等学校理科教育研究会地学部会（2002）『改訂滋賀県　地学のガイド（上）――滋賀県の地質とそのおいたち』、コロナ社。

巽好幸（1995）「都をささえた奥座敷　丹波」、大場秀章・藤田和夫・鎮西清高編『日本の自然　地域編5　近畿』、岩波書店、128-136頁。

日本地質学会編（2009）『日本地方地質誌5　近畿地方』、朝倉書店。

橋本鉄男編（1999）『朽木村志』、朽木村教育委員会。

## 第2章　朽木の特色ある植生と植物

**興味深い朽木の着眼点**

**写真 2-1**　雪の多い朽木を特徴つける日本海型のブナ林（2016年4月20日撮影）

　ある地域の暮らしや文化を学ぶ時、その背景となる自然環境が深くかかわっていることに気づく。例えば、雪の多い所では住宅を建てる時、雪の重みに耐えることのできる建築材として、多雪の中で根曲がりしたものを軒材に使用する。また、雪の中を歩くかんじき（輪かん）という道具は、厳しい自然環境の中でゆっくりと成長し、しかも、雪の重みに耐えてきた粘りのあるハイイヌガヤなどの木が使われる。自然は、日々営まれる衣食住のあらゆる場面で深く関わっている。もちろん、今ある暮らしは近代化の中で、地域の特性は薄れ、形骸化し失われてしまったものもたくさんある。「地域をより深く知りたい。」「地域にもう一度活気を取り戻したい。」など、地域への思いを確かめる時、地域の自然（**写真2-1**）を知ることで、解決の糸口が見出されるかもしれ

ない。朽木の暮らしや文化を培った自然(植生)は何を反映しどのように成立したのだろうか？ また、どのような特色をもっているのだろうか？

## 2.1 はじめに

　私たちの身の回りに見られる植生には、シイやカシなど常緑樹からなる植生もあれば、ブナなど落葉樹からなる植生もある。また、人里にはコナラやアカマツなどの針広混交林(針葉樹と広葉樹が共に生育する林)、また、スギやヒノキの植林地もある。これらは、長い時間の中で気候や地質、地形などの様々な要因を反映して成立したものが、人々の暮らしの中で利用し改変されながら、現在見られる植生(図2-1、口絵xvi参照)となったものである。滋賀県は、面積の約50％が森林を占め、多くはクリ、コナラ、ミズナラなどブナ科の植物を主体とした二次林で、自然林はわずか数％しかない。そんな中、朽木にはブナやアシウスギ(スギの変種。後述)を主体とした自然度の高い森林が見られブナ帯の自然植生として、ブナーアシウスギ群落が山地部に見られる。

　雪は植物の生育に制限要因として働く。朽木は、滋賀県の中にあって、雪の多い地域として知られる。冬、シベリアから日本列島へと流れ込んだ乾いた寒気は、日本海で多くの水分を含み、北西の季節風となって丹波高地に吹き付ける。標高が1000mに満たない比較的低い山並みは広い範囲に雪がもたらされ、丹波高地の東端にあたる朽木にも多量の雪が降る(図2-2)。このような環境の中、

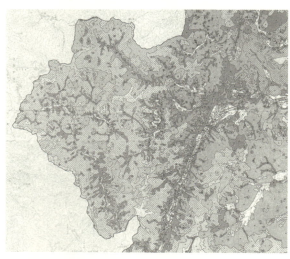

**図2-1　朽木の現存植生**(滋賀県自然環境研究会 1981)
(本書口絵xvi参照)

多雪地に適応した、いわゆる日本海要素の植物が見られるのも朽木の特徴のひとつである。

　日本列島が寒冷化した時に、北の方から分布を広げた植物が北方系の植物である。滋賀県では、北東部の伊吹山地、北部〜北西部の野坂山地に分布が知られ、多くは南限または西南限となる。

　本章では、朽木の植生を特徴つける、ブナやアシウスギを中心とした自然林の成り立ちと特色、さらに、地域の気候と地形が深く関わった県内でも特徴的

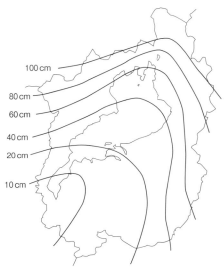

図2-2　最大積雪深（武田 1991）

な植生と、山の暮らしを支えたトチノキ林など、暮らしとのかかわりの深い植生について考えてみたい。

## 2.2　朽木のブナ林

### 2.2.1　ブナ林の特徴と現状

　ブナは、日本の冷温帯を代表する植物である。東日本が分布の中心で、西日本でも山地部を中心に生育し、朽木にもブナを中心とした森林が発達する。

　滋賀県は、びわ湖を中心に平地、丘陵地、山地と同心円状に標高が増し、それにともない植生も変化していく。丘陵地から標高600〜700mあたりまではシイやカシを主体とした照葉樹林の森となり、それより標高の高い地域ではブナ林が発達する。今も、比良山系から丹波高地、伊吹山地から鈴鹿山地にかけての県境付近にブナ林が見られる（図2-3）。

　丹波高地の東端に位置する朽木は、600mあたりから上部ではブナ林が成立する。また、この地域は中央分水嶺（日本海側と太平洋側の水系を分ける分水界）

に接する地域で、冬季北西の季節風が吹き多くの雪がもたらされる日本海型気候区に属している。多雪は植物の生育にも大きな影響をもたらし、多雪地特有の植物が多い日本海型のブナ林が発達する。オオバクロモジ、マルバマンサクなどを識別種とした、ブナーオオバクロモジ群集が見られる。また、冬季の深雪は断熱と保温の効果もあり、林内にはエゾユズリハ、チャボガヤ、アセビなど常緑樹も目立つ。

湖西(こせい)地域は古来よりスギなどの有用木の伐採圧が強く、また、戦後の製紙技術の進歩により広葉樹のパルプ利用が可能となる中、ブナ林の伐

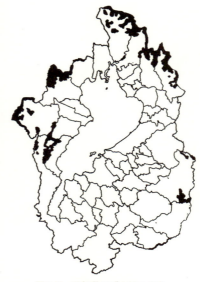

図2-3　滋賀県のブナ林の分布
(滋賀県自然環境研究会 1981 および、現地調査を元に作成)

採も行われた。これにより、原生的なブナ林はほぼ消失し、現在はブナを主体とした二次林またはコナラ、ミズナラからなる二次林となっている。福井県との県境に位置する駒ヶ岳、百里ガ岳(ひゃくりがたけ)周辺も伐採が行われたが、当時、まだ小さくて伐り残されたと思われるものが成長し、今は立派なブナ林へと再生している(**写真2-2**)。

戦後、日本のブナ林の1/3が伐採されたとされるが、朽木も例外ではない。また、近年、シカが増え林床(りんしょう)植物が食害を受けることから、表土の流出や土壌の乾燥化が見られ、植生への影響が懸念される。

写真2-2　百里ケ岳(ひゃくりがたけ)山頂付近のブナ林

第2章　朽木の特色ある植生と植物　　29

**表2-1　生杉ブナ林の種組成**（現地調査を元に作成）

| 分　類 | 種　名 | 分　類 | 種　名 |
|---|---|---|---|
| 高　木 | アカシデ<br>イヌブナ<br>コナラ<br>ハウチワカエデ<br>ブナ<br>ヤドリギ | 草　本 | アカシデ<br>アカメガシワ<br>※アクシバ<br>アズキナシ<br>アツミカンアオイ<br>イヌシデ |
| 亜高木 | アオハダ<br>アズキナシ<br>コハウチワカエデ<br>コナラ<br>タカノツメ<br>ネジキ<br>ブナ<br>ヤマボウシ | | イヌツゲ<br>イワガラミ<br>※オオイワカガミ<br>キッコウハグマ<br>※キンキマメザクラ<br>コアジサイ<br>コシアブラ<br>コタチツボスミレ<br>コバノイシカグマ<br>シシガシラ<br>シロダモ<br>※スミレサイシン<br>ゼンマイ<br>ソヨゴ<br>チヂミザサ<br>チドメグサ<br>ツタ<br>ツルアジサイ<br>ツルアリドウシ<br>ツルリンドウ<br>トウゲシバ<br>※トキワイカリソウ<br>ナガバモミジイチゴ<br>ノササゲ<br>※ハイイヌガヤ<br>ヒサカキ<br>※ヒメアオキ<br>※ヒメモチ<br>ブナ<br>※マルバマンサク<br>ムラサキマユミ<br>ヤブコウジ<br>ヤマジノホトトギス<br>ヤマツツジ |
| 低　木 | アカミノイヌツゲ<br>アズキナシ<br>アセビ<br>イヌツゲ<br>ウリカエデ<br>※エゾユズリハ<br>※オオバクロモジ<br>カクミノスノキ<br>※キンキマメザクラ<br>コアジサイ<br>コナラ<br>コハウチワカエデ<br>シロダモ<br>ネジキ<br>※ハイイヌガヤ<br>ヒサカキ<br>ブナ<br>ホツツジ<br>※マルバマンサク<br>ミヤマガマズミ<br>ヤマウルシ<br>ヤマツツジ<br>ヤマボウシ<br>※ユキグミミツバツツジ<br>リョウブ | | |

注）※日本海要素の植物。「分類」は林の階層を指す。

## 2.2.2　生杉のブナ林

　京都、福井、滋賀の3県の県境に位置する標高776mの三国峠山麓（生杉集落近郊）に、生杉ブナ林はある。かつてこの辺りには立派なブナ林が広がってい

たが、周辺でブナの伐採が進行するなか、昭和48年、滋賀県が買い上げ、現在県立自然公園第一種特別地域に指定されている。標高540〜775mの範囲で、広さは28haある。亜高木層や低木層にもブナが生育し、天然更新（自然状態で後継樹が育ち、森林が更新されていくこと）が見られる自然度の高いブナ林である。林内には、樹齢150年程度のブナの巨樹と、谷部には、トチノキを中心とした渓畔林が発達する。高木層は、ブナ、イヌブナ、アカシデ、コナラ、コハウチワカエデが見られ、亜高木層にはアズキナシ、タカノツメなどが見られる。低木層は、オオバクロモジ、マルバマンサク、エゾユズリハなどが多く、草本層はオオイワカガミ、スミレサイシン、ハイイヌガヤ、ムラサキマユミ、ヒメモチなどの日本海要素の植物が多数生育する（**表2-1**）。

### 2.2.3 ブナとアシウスギの森

　朽木で見られるスギは、日本海側に自生するアシウスギ（**写真2-3**）である。アシウスギは、京都大学芦生研究林のある芦生の地名が命名の由来となったスギで、日本海側の多雪地で分化した樹木である。冬季、雪の多い地では下枝が雪で押しつぶされ地面に接すると、そこから発根し新たな林となったものや、雪の重みで押しつぶされた枝が大きく成長し、馬の背のように横に広がったものなど、複雑な樹形をしたものが多い。ブナとアシウスギの混成した針広混交林はブナ－アシウスギ群落（佐々木 1967）とされ、新緑の頃と紅葉の頃は、特に美しく山を彩る。構成種には、テツカエデ、コミネカエデ、ハウチワカエデ、コハウチワカエデ、オオイタヤカエデ、カジカエデなどカエデの仲間が多い。比良山地周辺に多く、近畿地方北部、丹波山地、中国山地などでも報告がある。もともとブナの森であったところが、ブナが伐採されるなどしたことによってスギが分布を広げ、この群落が

写真2-3　アシウスギの巨樹

成立したと考えられている。滋賀県では、北部のブナーオオバクロモジ群集と南部のブナークロモジ群集が接するあたりに多い。針葉樹と広葉樹の入り混じった森は、比較的林内が明るく、林床の植物は豊かである。

### 2.2.4 山中に残る大きな切り株

現在は、立派なスギの植林地となっている中に、大きな切り株(**写真2-4**)がまだ朽ちずに残る所がある。高島市朽木村井から白倉岳への道沿いや近くの八幡谷周辺に多い。高切りされた株断面の直径が1m以上ある大きなものから、根曲がりした切り株がいくつもかた

写真2-4　山中に残るアシウスギの伐り株

まって見られるものなどを見ると、伐採される前の立派な森が目に浮かぶ。昭和40年代から50年代にかけて伐採されたアシウスギで、伐採の後はスギやヒノキが植林された。

朽木には、「朽木の杣」という言葉が残る。かつて、平安の都を造営する時朽木の巨樹が巨大木造建造物の建築に使われた。その後も、アシウスギの利用は続き、戦後の高度経済成長を支えた。

## 2.3　朽木のトチノキの森

### 2.3.1　トチノキの森の特徴と現状

昔から朽木は、トチノキの利用の盛んな地域である。長くこの地を治めていた朽木氏は、「六種の木」を定め、ブナ、ケヤキ、カツラ、カエデ(カジカエデ)、ミズキなどとともにトチノキを木地師以外が伐採することを禁じた。江戸時代、江戸への土産物のひとつとして使われた朽木盆をはじめ、鉢、片口、杓子などが木地師によってつくられた。また、トチノキの実は、米や餅の増量材として

戦後間もない頃まで盛んに利用されたことから(本書10章参照)、全国的にトチノキの伐採が進む中でも、比較的奥地では手が付けられずに残った。

今も残るトチノキ林は、どうして残ったのか、また、どんな特徴を持っているのだろうか?

滋賀県北西部の渓谷部には、サワグルミ、トチノキなどが優占する森(**写真2-5**)が見られる。フサザクラ、オニグルミを標徴種(他の群集とを区別する種)とするフサザクラ―リョウメンシダ群集の亜群種の一つで、トチノキ亜群集(小林1979)に区分される。ミズキ、トチノキによっ

写真2-5 谷の源頭部のトチノキ林

写真2-6 とちもち

て識別される林分で、ハイイヌガヤ、ヒメアオキなど日本海要素の植物も多い。

安曇川とその支流には多くの谷があり、その上流部に山地渓畔林が発達する。いずれも、サワグルミ、トチノキなどが優占した森林で、前述したフサザクラ―リョウメンシダ群集のトチノキ亜群集だと思われるが、長年にわたる人為的な管理により、亜高木以下の植物は取り除かれ単層林(単一の層から構成される林)となっている。

朽木の雲洞谷や能家、針畑地区には、今もたくさんのトチノキ林が見られる。かつて、朽木の山地部ではわずかな耕地に米や野菜を栽培しながら暮らしを支えてきた。しかし、米が不作の年などは栃の実食(**写真2-6**)などによって飢えを凌いだ。

戦中・戦後の食糧の少ない時代を過ごした人達の間に、「米1升栃1升」のことわざが残る。「少ない米に栃の実を加え量を増やしたこと」や、「米と同じように価値があり、大切なものだ」との思いから生まれたことわざである。雲洞谷の集落からそれほど遠くない場所に、トチノキ巨樹の森が今も残る。本来は、サワグルミなどの高木もたくさん生育していたと思われるが、トチノキ以外の木は伐採され、林床の草本類も栃の実拾いのため刈りはらいが行われたという。栃原、栃平などの地名が全国に残るが、これらの名称の由来も栃の実拾いをした森とかかわることが多い。また、谷の入り口のやや平坦な場所には巨樹も残る。ひときわ大きな木は多くの人達が栃の実拾いをするのに適した平坦な場所にあることが多い。また、周辺部には炭焼窯の跡が散在するなど（本書16章参照）、山の利用を進める一方、トチノキを大切に残してきた昔の人々の暮らしぶりが想像できる。

## 2.4　朽木の特色ある植物

### 2.4.1　日本海要素と太平洋要素の植物

　近年まで、大きな変化にさらされることなく、朽木の自然が残されてきた。
　これらの中には、他の地域ではなくなったり減少が著しかったりするものもある。朽木を特徴づける植物を通して、朽木の自然について考えてみよう。
　日本列島が大陸と分かれ、日本海により隔てられるようになって以来、日本海側地域で冬季多くの雪が降るようになったことは、朽木の植物にも大きな

写真2-7　チョウジギク

写真2-8　スミレサイシン

写真2-9　サツキ　　　　　　　　　写真2-10　ヤシャゼンマイ

影響をもたらした。雪という環境要因により分化していったチョウジギク（**写真2-7**）、スミレサイシン（**写真2-8**）、トキワイカリソウ、ハイイヌガヤ、モミジチャルメルソウ、エゾユズリハなど日本海要素と呼ばれる植物が多数生育する。その中には、雪の少ない地域にあったものが、多雪という環境の中で枝が雪で押しつぶされ地面に着くと不定根を生じて株が増えるものがある。例えば、亜高木まで育つユズリハの変種のエゾユズリハは、積雪が制限要因となり多くの枝を生じ背丈は小さく、雪に埋もれながら寒さを凌ぐ。また、スミレサイシンやトキワイカリソウなどは、太平洋側にはナガバノスミレサイシンやイカリソウと言った対応する種が生育する。一方、朽木の南部は太平洋型気候区との境目になることから、東海から紀伊〜四国〜九州に至る襲速紀地域に分布の中心を持つ、ギンバイソウ、クサアジサイ、シケチシダ、チャルメルソウなど太平洋要素の植物群が少ないながら見られる。朽木に多様な植物が生育する訳は、日本海側と太平洋側の両方の植物が生育することにより作りだされたものである。

### 2.4.2　渓谷植物

　南北に走る花折断層でできた安曇川は、深く台地を穿ち朽木谷を形成した（本書1章参照）。その朽木谷の中で最も険しく、かつて近江耶馬渓とも称される名勝地が朽木渓谷である。切り立った崖と巨石が渓谷特有の風景を作り出す。ただ、近年、用水発電のため上流で取水することから水量が減り、近江耶馬渓と名付けられた頃の面影は薄れてしまった。

5月、庭のサツキの花が咲きだす頃、朽木渓谷にオレンジの花が咲く。サツキの花(**写真2-9**)で、全国的には、長野県から九州にかけて見られるが、滋賀県では安曇川本流と支流の針畑川に自生する。渓谷部は川霧の発生など空中湿度も高く、また、増水や浸水による直接的な流れの影響も受け

**写真2-11　クラガリシダ**

ながら育った植物が渓谷植物である。ゼンマイに似るが水辺を好み、葉の形が小さく渓流の環境に適応したヤシャゼンマイ(**写真2-10**)も見られる。初夏には、湿った岩肌にダイモンジソウが花を咲かせる。

### 2.4.3　多様な着生植物

　樹齢数百年を数えるトチノキの巨樹は、安定した環境が長く維持されていたことから、様々な着生植物が見られる。中でも、オシャグジデンダは多くの樹木で見られ、クラガリシダ(**写真2-11**)、スギランなどの着生シダ植物や、ヒナチドリなどのラン科植物など、絶滅が心配される種も多数含まれる。さらに、ナツエビネ、オシダなどのように、巨樹の又などに落ち葉が堆積したことで生育する地上性植物との共通種は、巨樹になればなるほど多く確認でき、トチノキ巨樹林が種の多様性の一躍を担う。

### 2.4.4　分布上重要な植物

　カツラカワアザミは、滋賀県の西部花折峠から坊村、さらに、比良山地、箱館山周辺にかけて分布する大型のアザミで、日本の固有種である。生育地は、やや湿り気のある山の林縁部や川岸で、根生葉は大きく、秋には1～1.5mに成長し、直径2cm程の大きな頭花をつける。テリハアザミに似ているが葉に光沢がないことや葉の表面に毛が多いことから、新種とされた。名前の通り滋賀県大津市葛川周辺に多く、かつては、国道365号線沿いでも普通に見ることが出来た。最近は、シカの食害、度重なる谷筋の氾濫等で自生地の多くは消

写真2-12　キバナサバノオ　　　　　　写真2-13　ニッコウキスゲ

滅した。

　春から初夏にかけて、朽木には様々な植物が花を咲かせる。早春、谷の源流部に近い谷の縁で、黄色い小さな花を咲かせるのはキバナサバノオ(**写真2-12**)である。水しぶきのかかるような立地で、チャルメルソウ、コチャルメルソウや滋賀県北部から京都北部、福井県北部に見られるモミジチャルメルソウなどとともに生育する。岡山県、兵庫県、京都府、滋賀県と、全国的にも分布地が限られ、滋賀県内でも朽木谷だけに自生が知られている。

　滋賀県湖東地域の御池岳が南限とされ、京都府美山町芦生にも自生するニッコウキスゲ(**写真2-13**)は、かつて朽木谷に多くの群生地が見られた。北方系の植物で、湿り気の多い岩山の斜面にタヌキラン、チョウジギクなどとともに自生する。その他、エゾリンドウ、アカモノ、オオニガナ、キツリフネなど、朽木谷には北方系の植物が多く見られ、多様性に富んだ植物相(フロラ)を作り出す。ただ、多くの植物が、シカの好む嗜好性の植物で、かつての自生地での衰退が目立つ。

　ユキミバナは、滋賀県と福井県に分布する植物である。スズムシバナに似ているが常緑であることや、茎が立ち上がらないで匍匐することなどから区別され、1993年に新種(渡辺 1993)とされた。朽木谷の山地の湿り気のある林縁部や林床、安曇川下流の竹林内に自生する。草丈は20cm前後と小さいが、林床に群生する。薄紫の小さな花は、1日花で昼を過ぎるとしぼんでいくことから、なかなか存在に気付かない。かつて、スギ植林地で群生していた場所は、数年前から見ることがない。ここでも食害による下層植生の衰退は深刻である。

## 2.5　おわりに

　朽木は面積の約90％が森林で、自然や森と深くかかわる暮らしぶりが長く続いてきた。自然や森は、人々の暮らしに大きな影響を与えると共に、自然によりそう人々の暮らしぶりも自然や植物に影響を与えてきた。生活には不便が多い多雪という気候も環境に適応した多様な植物相を育み、人もまた自然のめぐみに支えられてきた。例えば、日本海側と太平洋側の境目にあたることなどは、両方の地域にまたがる多様な植物の生育を可能とした。

　社会が大きく変化していく中、朽木には今もトチノキなどの巨樹が生育する。生活とのかかわりの強い樹木が残されてきた格好だ。自然と寄り添う暮らしぶりは、私たちに自然の大切さを教えてくれる。

　ところが近年、山村地域の高齢化が進行し、手入れのされない森林の増加が問題となっている。里近くにシカやサルが現れ作物の食害は暮らしを直撃し、一時は朝市の開催さえも危ぶまれた。朽木の山地は比較的標高も低く、暮らしとのかかわりが大きい。地域の自然を知ることが、地域の暮らしぶりや特色ある文化を深く理解することにもつながる。

---

**調査手法** 🖉

　本章に関する調査では、(1)朽木の気候的な特徴について理解するための情報(2)朽木の植生に関する情報(3)植物相の情報と特徴的な植物の分布に関する情報(4)トチノキの分布情報とトチノキと暮らしに関する情報を収集する必要があった。

　(1)については、滋賀県自然誌や朽木村史、ふるさと滋賀の森林などの資料をもとに基本的な情報を図書館や博物館で収集した。また、地域の自然保護施設や地域の自然史研究家などからも話を聞いたり、資料を紹介してもらったりした。

　(2)(3)については、直接的な調査地域の報告書が多いので、調査する地域に関する自然誌、環境省発行の調査資料を基に調査し、さらに、大学や県内の研究者に問い合わせ情報を収集した。さらに、自ら調査をする場合もある。

　(4)については、地域で保全活動に取り組む団体からの情報が有効である。

## 【引用文献】

小西民人・青木繁(1991)『朽木の植物相』、滋賀県自然保護財団。

佐々木好之(1967)『植物――世界との比較における日本の植生、原色現代科学大辞典3』、学習研究社。

滋賀自然環境研究会(1979)『滋賀県の自然総合学術調査報告書』、財団法人滋賀県自然保護財団。

滋賀県自然環境研究会(1981)『滋賀県現存植生図I』、滋賀県自然保護財団。

武田栄夫(1991)『滋賀県の気候』、滋賀県自然保護財団。

渡辺定路(1989)福井県植物誌、福井新聞社。

# 第3章　歴史と文化

## 興味深い朽木の着眼点

**写真3-1　安曇川を下る筏**（高島市教育委員会所蔵）

　勇ましく筏に乗る3人の筏師たち。この風景は、戦後まもなくまで安曇川流域で見られた風景である。豊富な山の恵みを活かした生業は、時代の流れとともに大きく変化してきた。かつては、この地域にとっての主要な産業であった林業もそのひとつである。

　さて、朽木ではこれまで、自然、とりわけ山に関わる生業がどのように展開していたのだろうか。この章では、朽木における「山と人とのかかわり」を中心にその歴史的な変遷を論じてみたい。今回は、長い歴史の中でもとくに、文字史料で当時の詳細を追える中でもっとも古い時代となる江戸時代に焦点をあてる。

　近年、各地で頻発する自然災害やその復興過程における地域社会の変容を

目の当たりにし、私たちは自然との向き合い方の再考を迫られているように感じる。過去の人びとの自然との向き合い方は、現在を生きる私たちに何を教えてくれるのだろうか？

## 3.1　はじめに——歴史の中の朽木

　滋賀県最後の村として2004年の終わりまで存続した朽木村の村域には、かつて朽木荘と針畑荘という二つの荘園が設定されていた。古代から近世にかけて、朽木はどのような歴史をたどったのだろうか。ここでは、文献史料上に登場する朽木の事例をあげながら、歴史の中の朽木を概観する。

　文献史料上に朽木のことが記された古い例として、「正倉院文書」がある。正倉院文書には、東大寺の造営を担当する「造東大寺司」がその用材を求めて各地の杣（材木の切り出し山）に山作所を設置していたことが記されている。その中には、近江国（現滋賀県）の地名もあり、近江国が京都や奈良の建築造営の材木を用意する役割を担っていたことがわかる。

　さて、正倉院文書の天平宝字6年（762）の項目には、高嶋山作所に小川津とよばれる津（材木の集積地）の存在が記されている。この小川津については、朽木の「小川」と安曇川町の「上小川・下小川」という二つの説がある。『朽木村史』（朽木村史編さん委員会編2010）では、二つの説のうち朽木の小川説を有力だと主張している。その根拠は、小川の位置する針畑地域のかつての繁栄である。現在の両地域のにぎわいを比較すると、安曇川説が有力にも思えるが、例えば針畑郷の桑原は、平安期に成立した日本最古の百科事典である『和名類聚抄』に、桑原郷という名で登場している。郷とは大宝律令下における末端の行政組織である「里」のもとになったものであり、このことから、桑原郷が国家の行政組織に組み込まれた一地域として把握されていたことがわかる。これは、かつてこの地域に人々が居住し、にぎわいをみせていたことを示している。また、この地が渡来氏族の居住地であったという説もある。山作所の津が朽木にあったと確実に示すことはできない。しかし、上記のことを踏まえると、朽木の自然資源が生業に活かされていたことや、人々が住まうにぎわいがあったことがうかがえる。

中世に入り、朽木では佐々木一族が地頭となり、その支配がはじまった。弘安10年(1287)佐々木義綱が父頼綱から朽木荘と常陸国本木郷の地頭職を譲り受けたことに始まる。佐々木氏は鎌倉時代末期には朽木に居住するようになり、室町時代はじめには朽木を家名として名乗るようになった。朽木氏による支配が初めから朽木地域全域に及んでいたわけではないが、支配の在り方や所領の変遷を詳細に見てみると若干の紆余曲折はあるものの、明治維新を迎えるまでこの地の支配を継続しており、このような事例は大変珍しいことである。

中世における朽木氏の支配については、残された史料から知ることができる。その中でも、朽木氏が所領の百姓たちに課していた税について見てみると、田畑での耕作物以外に、榑年貢という建築資材に利用される材木についての年貢を徴収していた。また、正安元年(1299)には、久多荘から安曇川を通り朽木荘を通過する材木の通行税の徴収を開始したことがわかっており、朽木氏による朽木地域の支配には、山の資源活用や権益が深く関わっていたことがわかる。

近世にはいっても朽木氏の支配は継続した。朽木氏による支配について、とくに山の資源に関することについて注目してみてみよう。文化3年(1806)に役所から出された倹約に関する定書には、次のような文言がある。「御領分中ハいつれ茂山中之事ゆへ、りちぎニ而、前々より世間之風儀とハ違ひ一統素朴に候」。山がちな朽木領での暮らしが世間とはちがって素朴であるという内容である。そうした地理的特質をなんとか活かしつつ村の再生産を測るため、朽木氏は、伐木に関しても取り決めをすることもあったようだ。元禄3年(1690)に記された書類には、他所で樹木を伐採することや、かやの実(ベベ・油木)の伐採を禁じている。しかし一方で、山の恵みの解放もおこなっている。米作の少ない朽木では、度重なる洪水等自然災害によって困窮する状況に置かれることも少なくなかった。その際には、朽木氏は「御救山」を設定して、山の資源を活用して領民の救済にあたったのである。御救山とは、凶荒や災害などの対策として、領主が実施した伐木事業のことである。ちなみに、御救山には、①樹種や数量を決めて、無償または低額で地元に払下げる場合、②失業対策として、臨時的に地元で伐木事業の労働力を確保する場合があった。安永6(1777)年に作成された「御立山御救山覚帳」には、27か所の御救山を設置したことが記されている。

## 3.2 朽木を通る道——湖と海と京をつなぐ

　地域と地域の結びつきの歴史を考える時、現在の公共交通機関の存在がそれをわかりにくくすることがある。電車が走りだし、飛行機が飛ぶようになったのは、日本の長い歴史から考えるとつい最近のことであり、それ以前の日本では、足でつながる陸路（道）や、船でつながる海路が、地域と地域をつなぎ、人やモノ、文化等様々な移動と交流をもたらしたのである。

　朽木地域もしかりである。朽木には、朽木街道・朽木道・中山道・針畑越など古くから利用された街道があった。

　さて、京都と若狭を結ぶ街道は、一般的には若狭街道と呼ばれているが、その道は１本ではない。現在、「鯖街道」とよばれる道も、若狭街道に含まれ、いくつかのルートのことをさしている（本書４章参照）。もっとも、鯖街道という名がついたのは、最近のことである。若狭街道を通ったのは、鯖等の海産物のみではなく、様々な物資が運ばれた。若狭の物資がこれらの街道を通って京都に運ばれたのは、平安時代初期まで遡ることができ、室町時代になると、その複数のルートには関所が設置され、地頭の朽木氏はそれらの関所の管理をつとめていた。朽木にあった関所を通過する物資は残された史料から判明しており、海産物以外にも紙・布等の日用品も含まれており、都市京都の町の消費を支えていたことがわかる。

　ところで、若狭から京都へつながる道を通ったのは、京都の食や日常を支えた物資だけだったのだろうか。

　針畑の古屋と生杉では、昭和40年代頃まで毎年８月に六斎念仏と呼ばれる念仏踊りの行事があった。六斎念仏とは、六斎日におこなわれる念仏のことである。その起源は、空也が広めた念仏踊りにあるとも言われているので、とても古い歴史をもつ行事と言えるだろう。朽木の六斎念仏は、滋賀県選択無形民俗文化財に指定されている。一時は廃れてしまったものの、近年は保存会による努力もあって、古屋での六斎念仏が復活している。この六斎念仏は、芸能的な要素の強いものや、踊りに使用する道具など地域によって異なる特徴を持つ。『朽木村史』では、六斎念仏が伝わった地域が京都府と福井県の県境に近い山

間部の集落のみであったことに注目し、さらにその理由について地元での聞き取りをおこなっている。それによれば、針畑郷の谷筋は日本海と京都を結ぶルートの一つであり、古くから人や荷物が数多く通ったこの地域には、京都や若狭の文化や芸能が伝わったのだという。若狭と京都をつなぐ若狭街道の存在は、朽木に住む人々の思想や慣習の形成にも大きく関わっていたのである。

## 3.3　山の資源利用の歴史——林業・炭焼・木地椀(きじわん)

　前述のごとく、朽木における山の資源利用の歴史は古い。とくに林業は、山村にとって主たる生業であった。そのため、近世に入ると領主レベルあるいは地域社会レベルでの伐採について取り決め等がなされ、山の資源を守りつつつ、暮らしを持続していく取り組みがなされていた。

　**表3-1**は、『滋賀県物産誌』(明治13年刊行)に記された明治初期の朽木の森林資源の状況を表にまとめたものである。これによれば、区域によって育つ木も、用途も異なっている。ただ、状況についてはいずれも荒廃しているという共通点があり、幕末から明治初期にかけてかなり伐り出しがあったことがわかる。

　ここでは、近世の資源利用について、林業と材木を利用した生業である炭焼き・木地椀・朽木塗(つきぬり)について見てみよう。

　近世には、安曇川を通って運ばれる木材は、琵琶湖河口の舟木(ふなき)(高島市安曇川南船木)で集められていた(本書5章参照)。正徳6年(1716)に作成された舟木の材木座の由緒書(ゆいしょがき)には、朽木の材木の切り出しや筏で運ぶ人々の支配、材木の直売権をこの材木座が請け負っていたことがわかっている。舟木の材木座による朽木の材木運搬の支配は、権利をめぐる争論を経ていったん変更があったものの、継続したようである。運ばれた材木は、二条城の修復や瀬田の唐橋の用材等にも利用されており、都市に隣接する材木の産地としてさまざまな建築に活用されていたようである。

　また、豊富にあった山の資源を活かして、朽木では炭の生産もすすめられた。朽木では、14か村に炭の生産が許可されており、生産された炭は舟木から水運をつかって大津や京都などの都市へと出荷された。朽木に炭焼きを伝えたと

表3-1 『滋賀県物産誌』にみる、明治初期朽木の山林資源の状況

| 地 域 | 植 生 | 用 途 | 景 況 |
|---|---|---|---|
| 荒川 | 杉・雑木 | 薪 | 維新後大いに衰える |
| 野尻 | 杉・雑木 | 材木・薪 | 維新後大いに衰える |
| 市場 | 雑木 | 柴・薪 | 昔から大きい異同はない |
| 岩瀬 | 杉・檜 | 材木・柴・薪 | 最近大いに衰える |
| 古川 | 松・杉・雑木 | 炭・薪 | 最近伐木が甚しく、少々衰える |
| 麻生 | 松・杉・雑木 | 炭・材木 | 維新後大いに衰える |
| 地子原 | 松・杉・雑木 | 材木・薪 | 伐木が多く維新後大いに衰える |
| 雲洞谷 | 雑木 | 薪 | 昔から大きい異同はない |
| 能家 | 雑木 | 炭 | 維新後雑木激しく大いに衰える |
| 小入谷 | 松・雑木 | 薪 | 維新後大いに衰える |
| 生杉 | 雑木 | 薪 | 維新後少々衰える |
| 中牧 | − | | |
| 古屋 | 松・雑木 | 薪・材木 | 維新後伐木甚しく、少々衰える |
| 桑原 | 松・杉・雑木 | 炭・薪 | 最近乱伐の弊が見え大いに衰える |
| 小川 | 杉・雑木 | 炭・薪 | 最近少々衰える |
| 平良 | 松・杉・雑木 | 炭・薪 | 最近乱伐の弊が見え大いに衰える |
| 栃生 | 松・杉・槻・樅 | | 近世より少々衰えを見せる |
| 村井 | 松・杉・檜 | 柴・薪 | 最近伐木甚しく少々衰える |
| 大野 | 雑木 | | 最近伐木甚しく少々衰える |
| 柏 | 松・杉・雑木 | | 最近乱伐の弊が見え少々衰える |
| 宮前坊 | 松・雑木 | 炭・薪 | 最近少々衰える |

『滋賀県物産誌』(明治13年)

いう説が残る村井と椋川には、朽木炭をあつかう問屋がいた。彼らは、商いの営業税にあたる運上銀の取りまとめや、新規で炭焼きを行なう者への許可権などを持っていた。椋川には、朽木での炭生産の始まりについて記された古文書が残っている。そこには、「炭竈之儀ハ村井村・椋川村、津ノ国人倉と申所へ炭焼仕方習ひニ参り」と書かれており、村井・椋川が摂津国の一倉で炭焼きを学んで、その技術を持ち帰ったと言うのである。両地域の問屋はこの文書を由緒に様々な権利を有していたようだ。しかし、問屋の持つ権利をめぐっては、周辺村々の反発もあったようである。天保12年(1841)には、麻生・地子原・雲洞谷の3か村が、新規炭竈の設置をめぐって訴訟を起こしており、翌年には麻生ら3か村に有利な裁許がくだされている。

つぎに、木地屋・朽木塗について、見てみよう。

享保19年(1719)に記された『近江輿地志略』(寒川辰清著)には、朽木市場に

ついて、「此の待ちに於いて挽物を作り、漆を持て之を塗る盆椀多くあり。京
都及び諸国に出し売る」とあり、朽木で作られた盆椀が京都や諸国で販売され
ていたことがわかる。朽木の塗物については、その他多くの書物の中にも登場
する。例えば、正保2年(1645)刊行の『毛吹草』に「朽木ノ塗物盆鉢五器」、『和
漢三才図会』の中では近江国の土産として「塗盆」、天保元年(1830)年刊行の
『嬉遊笑覧』には、「朽木の膳具も古きもの也」と出てくる。以上の記述を見て
みると、朽木の塗物が、近世の比較的早い段階から、近江国内のみならず、他
地域にも名が知れていたことが推測できる。ちなみに、享和3年(1803)に作成
された木地の注文書の存在から、朽木氏が参勤交代の際に盆を持参したことが
わかっている。

　さて、椀・盆などをつくる工人たちは、一般的に「木地師」と呼ばれていた。
『朽木村史』によれば、この呼称は近世後期頃からで古代には「ろくろ工」、中
世には「ろくろ師」、近世には「木地屋」と呼ばれたようである。朽木には、近
世以前から複数の地域に木地屋が居住していた。木地屋がいた地域には、木地
師の歴史を知ることができる古文書が残っており、今はもういない木地師たち
の活躍を垣間見ることができる。

## 3.4　おわりに

　以上、朽木のとくに山の資源利用をめぐる歴史について簡単にまとめた。限
りある自然資源を活かした生業、領主による資源保護と資源の活用について、
部分的ではあるが確認することができた。

　では、そうした自然資源の活用に先立って、当時の人々は資源についてどの
ような知識を持っていたのであろうか。また、それは地域社会においてどの程
度浸透していた／共有されていたのであろうか。古文書の記述や聞き取り調査
を重ねていき、今後さらに解明していきたい。

┌─ **調査手法** ✐ ─────────────────
　地域の歴史を調べる基本的な方法は、以下の4つである。
　①　地域の歴史について書かれた文献を探す。

まずは、自分が調べようとしている地域の歴史について、すでに書かれている文献があるかないかを調べる必要がある。とくに、以下の文献については、手にとって確認する必要がある。

・自治体史

各自治体が刊行している歴史編纂物。都道府県レベルのもの、市町村レベルのもの、両方ある場合はどちらも読んでおいた方が良い。また、自治体史は、数十年を経て何シリーズが複数刊行されているものもある。新しいものが、必ずしも正しいことを書いているとは限らないので、両方とも確認する必要がある。ちなみに、自治体史を調べる際には、市町村合併などにより行政区分が変更していることを考慮しつつ読まなければならない。

・地名辞典

地名辞典には、各地域の歴史概要やそれがわかる根拠となる史料についての情報などが記されている。地域の基礎的情報を頭にいれるために、まずは手にとって確認をしておきたい。

・論文、著書

その地域の歴史についての先行研究はすべて収集し読む。

・報告書

各種研究グループや自治体がおこなった古文書調査・民俗調査・発掘調査等の報告書があれば、入手できるものについては読んでおく。

・古文書(史料)目録

近世の地域史を調べる際には古文書調査が重要であるので、すでに古文書目録が刊行されている場合は、目を通しておく必要がある。

②　図書館や博物館を訪れる。

図書館の郷土史コーナーでは、上記にあげた参考文献以外にも、地域に関する様々な本が配架されている。もう手に入らないものや自費出版・非売品の書物もあるので、必要なものについては読んでおく。

地域に博物館施設がある場合は、訪問し、必要に応じて博物館専門職員に質問をし、分析に必要な情報を得る。また、博物館には対象地域に残る古文書が所蔵されている場合もある。専門職員の指示に従いつつ、閲覧し具体的な分析に活かすようにする。

③　文献資料や絵図を調査する。

②でも述べたように、近世の地域研究において、古文書調査は重要である。しかし、必ずしもどの地域にも古文書や絵図が残っているわけではない。博物館や図書館に収蔵されていない場合も多い。その際は、情報を収集し、個人宅にある古文書や、他地域に散逸した古文書等も調査対象となる。

④　実際にその地域に行ってみる。

近世の地域研究は、自治体史等の文献や、古文書等の歴史史料があれば分析は可能である。しかし、書かれていることの信憑性やよりリアルな歴史像を描くためには、まず、その地域を知ることが大切だ。机の上でできる作業とは別に、実際にその場所に行き、その場所の気候・人・食を知ることから始めなければならない。

## 【引用文献】

朽木村史編さん委員会編（2010）『朽木村史』、滋賀県高島市。

滋賀県市町村沿革史編さん（1962）『滋賀県市町村沿革史』。

橋本鉄男編（1974）『朽木村志』。

# 第Ⅱ部　山村の暮らしと自然環境
## （〜昭和30年頃）

山の神への供物

# 第4章　鯖街道と朽木の地形

### 興味深い朽木の着眼点

**写真4-1　朽木で売られている鯖寿司**
（2012年撮影）

**写真4-2　朽木市場の「鯖の道」の碑**
（2012年撮影）

朽木を巡っていると、しばしば「鯖」の字を目にする。鯖寿司、焼き鯖、鯖のへしこなど、道の駅やその周辺の店舗には様々なサバ加工品が売られている（**写真4-1、4-2**）。さらに、朽木の中心部である市場を通る国道367号は別名で「鯖街道」と呼ばれている。なぜ海の近くでもない朽木でサバが地域の特産品として売られ、街道の名称にまでなっているのだろうか？

## 4.1 はじめに

　朽木は、古来若狭街道の重要な中継点であった。若狭街道とは、京都と若狭（現在の福井県小浜市とその周辺地域）を繋ぐ街道である。若狭街道と呼ばれる道は複数あり、そのうち最も一般的なルートは、京都市内の出町柳から高野川左岸を北へ八瀬・大原・途中越を経て、朽木に至る道であった。朽木を出ると、その後進路を北西に変え、福井県熊川を経て、小浜市へ至っている。したがって朽木は街道の中継点に位置しており、古くからヒトやモノ、情報などの行き来が盛んであった。そのため、外部からの人の往来は多く、行商などもさかんに朽木を訪れていた（本書15章参照）。

　一方、朽木には「山の奥まった地域」「秘境」というイメージを抱く人も多い。国道367号の京都─朽木間が整備される以前は、京都・大阪方面からはアクセスしづらかったことがそのようなイメージを形成してきたのであろう。

　本章では、山間部に位置しながらも人の往来が活発であった朽木を、「鯖街道」という視点から紐解いてみたい。また、朽木の地形をはじめとする自然環境にも注目し、街道のネットワークと地形の関係についても紹介する。

## 4.2 鯖街道と朽木

　冒頭で紹介したように、若狭街道は別名「鯖街道」と呼ばれ、近年ではその名称は広く知られるようになっている。「鯖街道」の名称は、若狭から京都へサバを運ぶ際の最短経路であることに起因している。しかし、なぜタイやサケなどでなく、サバが街道の名前となっているのだろうか。

### 4.2.1 なぜサバなのか？

　スズキ目サバ科に分類されるサバ（ここではサバ属の魚の総称として用いる）は、日本列島全域に分布するだけでなく、世界的にも広くみられる魚種である。サバは、多くの場合海の表層近くを群れで遊泳し、大規模な回遊を行う性質を有す。そのため大量に捕獲が可能であり、世界中で食用にされてきた。

日本では、イワシやサンマなどとともに大衆魚とみなされ、古来から広く食されてきた。サバの塩焼きや味噌煮などは戦後の一般家庭においておかずの定番となり、知名度も高い。一方、近年ではサバの漁獲量は減少し、価格が上昇している。そのため、ノルウェーからのタイセイヨウサバの輸入も多くなっている。また、「関さば（大分県）」や「首折れ鯖（鹿児島県）」、「お嬢サバ（鳥取県）」といったブランドサバが各地で売り出されるようになり、高級化の動きもみられる。

　また、サバは大量に捕れるが、「生き腐れ」といわれるほどに鮮度の低下が早いことにも特徴がある。このことに関連した身近な言葉が「鯖を読む」という慣用句である。冷凍技術が未発達であった頃、漁師や魚屋は大量にとれるサバの数量を傷む前に目分量でざっと計測していた。そのため、申告した数と実際の数が合わないということがしばしば発生し、これに由来して「いい加減に数を数える」という意味で「鯖を読む」という語が慣用句になったと言われている。

　足の早いサバは、水揚げ後、新鮮なうちに塩をふって腐敗を防ぐことが古くから行われていた。このような一汐サバ（浜塩のサバ）やその他の加工がなされたサバは、若狭、特に小浜から、古来より日本の中心であった京都や奈良などの近畿地方に頻繁に運ばれ、街道の名前に用いられるようになった。

### 4.2.2　「鯖街道」と呼ばれた道

　上述したように、若狭と京都を結ぶ何本もの街道は、サバをはじめとした海産物等が運搬される経路となった。諸説あるが、小浜から北川を遡上し熊川を経て保坂で南進し、朽木を経て大原、京都へと入る街道、小浜から熊川を経て保坂を直進して近江今津に至り、そこから陸路（西近江路）もしくは船で阪本や大津を経て京都に至る道、小浜から神宮寺を通り針畑を越え、花背、鞍馬を経て京都に至る街道、そして小浜から名田庄、弓削、周山を経て京都に入る長坂街道（周山街道）の4ルートが主である。そして途中でこれらのルートを結ぶ道も含め、これらの道は近年総称して「鯖街道」あるいは「鯖の道」と呼ばれている（**図4-1**）（赤羽・坂口2017）。

　日本には「塩の道」や「鰤街道」などと呼ばれる主要な通過物資から名前を

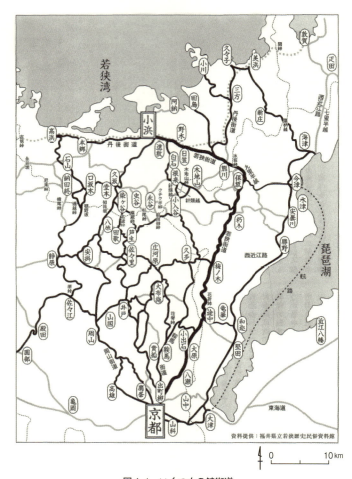

**図 4-1　いくつもの鯖街道**
神崎(2007)を一部改変。太い実線がいわゆる鯖街道、細い実線がそれ以外の街道、点線が丹後街道を示している。

とった街道がいくつかみられるが、朽木を通る「鯖街道」も同様である。ただし、実はこの名称は古い記録で確認されているわけではない。近世の後期頃から「鯖の道」と俗称されていたことにもとづき、近年になってメディアや観光関連書籍等によって「鯖街道」という名が広まることで周知されるようになったと言われている(朽木村史編さん委員会編 2010)。

## 第4章　鯖街道と朽木の地形

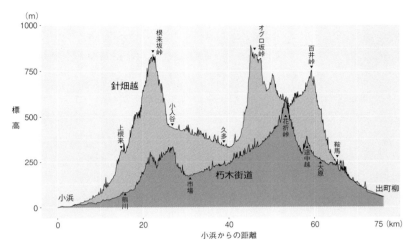

**図4-2　街道の縦断面図**　国土地理院DEM（10mメッシュ）より作成。

　この中でも、朽木を通る鯖街道は、主に3つのルートが存在した（以下は朽木村史編さん委員会編 2010による）。一つは京都の出雲路橋付近の鞍馬口を起点として鞍馬寺に至る道からさらに若狭方面に伸びていった鞍馬口路であり、これは別名「針畑越」とも呼ばれた。針畑越は朽木西部を流れる針畑川に沿って小浜方面へ抜ける道であり、小浜と京都をむすぶ最短路として知られている（距離の差は僅かにすぎない）。また、この道は最も古い鯖の道としても知られている道である。一方で、標高が700mを超える峠が連続し、また冬季には豪雪地帯を通過する必要があるため、旅人にとっては困難の多い道であったと考えられる（**図4-2**）。

　もう一つは京都の河原町今出川付近の大原口を起点にする大原口路であり、これは後に朽木街道と呼ばれた。この道は京都の八瀬から大原を越え、途中峠を越える北東方面へ直線的な経路をとっている。市場を越え、保坂で北西方向に進路を変えると、また直線的な道で熊川を経由して小浜に到着する。いくつもの峠を通過するが、標高差は少なく、最も高い峠である花折峠の標高は591mである（**図4-2**）。さらに積雪量も針畑越に比べて少ないため、交通上の条件はよく、沿線には熊川宿や市場などをはじめとして大きな集落が点在していた。

これらの他に朽木市場の北方の三ツ石で朽木街道から分岐し、麻生川をさかのぼって若狭に至る「木地山越」とよばれる間道もあった。現在ルートはほとんど消滅してしまっているが、かつては木地山の中小屋集落が交通の要所であったことが知られており、往時はその利用度が高かったと言われている。

朽木を通過するいずれの道も、周山街道などと並んで若狭の産品を輸送する街道として古くから発達してきた。「京は遠ても18里（約71km）」といわれるが、福井県小浜から大消費地の京都までは70km程度である。都市部では、生鮮度が高い魚が求められていたため、サバに軽く塩をふった一汐サバなどは夜通しで運ばれていた。

サバにふった塩はサバのイノシン酸（旨味成分）を増やし、ちょうど若狭から京都にサバを運ぶ時間でサバの味を変化させていくことになる。若狭湾と京都の距離が70kmと、旨味の熟成にちょうどいい距離だったことが京都の食文化を洗練させたともいえる（巽 2014）。

もちろんサバだけではなく、グジ（甘鯛）やカレイなどその他の海産物、そして野菜やコメ、乾物、北前船によって運ばれた昆布やニシンなども小浜から京都に運ばれ、京都の食文化を支えてきた。

## 4.3　網の目状に発達した道と地形環境

朽木を通る街道は、地形環境といかなる関係があるのだろうか。**図4-3**は若狭から京都にかけての地形の陰影図である。図をみると、朽木を南西−北東に分断する直線的な谷が存在することがわかる。これが1章でも紹介した花折断層である。花折断層は京都から若狭に続く断層であり、この断層に沿って先述の朽木街道が走っている。また、保坂を経て小浜に至る道も直線型であるが（**図4-1**）、ここにも熊川断層が通っている。これら2つの断層は上空からみても明瞭に観察でき、断層の存在が街道と大きな関係があることが読み取れる（**写真4-7**、口絵xiii）。断層がなければ、朽木街道はこんなに直線的ではなかっただろうし、高低差も大きく、違った道が主要な街道になっていたかもしれない。

さらに、1章で述べたとおり、朽木を含む丹波高地にかかるプレート運動

第4章 鯖街道と朽木の地形

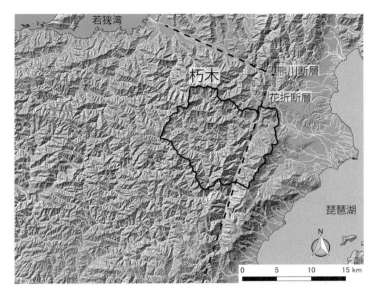

**図4-3 朽木周辺の地形**
地形の陰影図は国土地理院DEM（10mメッシュ）より作成。また、灰色の実線で示した河川網は国土交通省国土数値情報による。

の圧縮力は、北西－南東方向の軸と北東－南西方向の方向性を持っている（大田ほか編 2004）。それゆえに山地や水系はこの影響を受けて入り組んで分布している。また、1章でも述べられている通り、他の岩石よりも相対的に硬いチャートが侵食から残り、結果としてチャートの分布に沿った水系網が形成されている（大田ほか編 2004）。

鯖街道は、前述したものばかりでなく、網の目のように丹波高地の中を走っている（**図4-1**）。「あまりに多くて枚挙にいとまがない」とも言われるほどに多数存在するこれらの街道（永江 2007）は、出発地と目的地の距離がなるべく短くなるというばかりではなく、歩きやすさを考慮して標高差が少ないことや急傾斜地を避けるような道をとっている場合が多い。したがって、街道は上述した地形環境の影響を強く受けていると考えられる。

断層の存在や硬い岩石の分布が影響し、それぞれにとって利便性が高い道が選択され、それがさまざまな要因によって移り変わっていくことによって、古くから続く街道が網の目のように形成されてきたと言えるのではないだろうか。

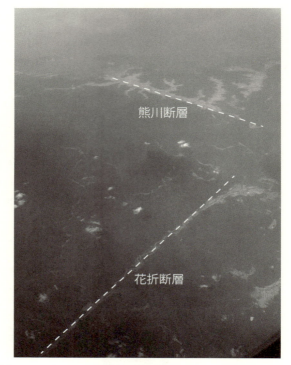

**写真 4-7　上空からみた花折断層と熊川断層**（2013 年撮影）（口絵 xiii 参照）
写真左下から右中に続く谷が花折断層、右中から左上に見られる谷が熊川断層である。

## 4.4　現在も残る鯖街道

### 4.4.1　鯖街道の名残

　鯖街道は、呼び名以外でもその名残を地域に残している。例えば、京都市内の出町柳には「花折」という鯖寿司の店がある。これは同店が花折峠の近くにかつて店を構えていたことに由来している。その後、現在の場所に店舗が移ったが、サバという商品を通じて形成された若狭と京都のつながりにちなんだ店名といえる。また、同じ出町柳の出町橋のたもとには、鯖街道の碑が建てられており、鯖街道の終点として位置づけられている（**写真 4-4**）。

　さらに、街道の出発点である小浜市内には、鯖街道の起点の碑が存在する。

第 4 章　鯖街道と朽木の地形　　　　　　　　　　59

写真 4-4　出町柳にある鯖街道口の碑　　写真 4-5　小浜市内・泉町商店街にある朽木
　　　　　（2018 年撮影）　　　　　　　　　　　　屋（2016 年撮影）

　また、泉町商店街には「朽木屋」（**写真 4-5**）というサバを扱う食料品店がある。店名の由来は鯖街道の朽木を経由して京へ魚を運んでいたことからきているといい、ここでも名称から京都と若狭をつなぐ街道の重要性が想起させられる。

### 4.4.2　朽木の食文化とサバ

　小浜と京都の中間にある朽木でも、サバは昔から食べられてきた。サバを用いた料理は、朽木においても発達し、現在に至るまで地域の食文化として根付いている。現在朽木でお土産として売られているのは、鯖寿司が有名である（**写真 4-3**）。しかし、それだけでなく、「鯖のなれずし」「鯖のへしこ」「鯖そうめん」「焼き鯖」等、ハレの日やケの日に食されてきた様々な鯖料理が存在する。
　サバのなれずしは、稲刈り時や正月時のごちそうとして食されてきたものである。田植えの時期に内蔵などを取り除いたサバの腹に塩飯漬けにし、発酵させて秋まで置いて出来上がるものである。春のサバは脂分が少ないため保存に適しており、さらに乳酸発酵によって骨まで柔らかくなっていく。琵琶湖周辺

で製造される鮒ずしの調理法を応用した工夫がそこにはみられる。

へしこは、サバなどを糠と塩に長期間漬けたものであり、行商人が年中売りにきていた（日本の食生活全集滋賀編集委員会編 1991）。これらのサバのなれ寿司やへしこは、雪が深い針畑地域などでは、冬場の貴重なタンパク源にもなる保存食であった。

写真 4-3　朽木名産の鯖寿司（2015年撮影）

また、春祭りのごちそうであり、サバを煮た煮汁をそうめんにからませて食べる焼き鯖そうめんや、塩サバをそのまま湯で、茹で汁をつけながら食べる船場も、特別なハレの日のご馳走であった（朽木村史編さん委員会編 2010）。

朽木の食文化は、上述のように若狭と京都の間にあったからこそ様々な影響を受けて成立してきた。さらに、山間地域であることや琵琶湖が近いことも関わりながら、朽木独自の食文化が成り立ってきたといえるだろう。

### 4.4.3　まちづくりとサバ

鯖街道に沿った多くの地域では、鯖街道をまちづくりに活用しており、現代においても街道の重要性が違った形で表出している。

朽木における鯖街道の中継地点としての歴史は、まちづくりにも活用されている。朽木では1990年（平成2）から「鯖・美・庵祭り」が開催されている。これはサバに関する料理の試食・販売を通じて活気ある鯖街道を再現する祭りである（**写真 4-6**）。このように、朽木においても鯖街道を活かしたまちづくりが進められており、鯖街道の中継点としてさまざまな取り組みがおこなわれている。

## 4.5　おわりに

長い間日本の中心地であった関西にとって、若狭は食や文化の面でその屋台骨となってきた場所であった。若狭は古代から都に食材を供給する「御食国」

**写真 4-6　鯖・美・庵祭りの様子**（2012 年撮影）

と呼ばれ、古くから関西と繋がりがあった。そして、その繋がりを維持してきたのは、京都と若狭をつなぐいくつもの街道であった。

　その中継点であった朽木では、往来するモノや人の影響を受けながら、独自の文化が育まれてきた。その最たるものが、街道の名前にもなっているサバである。サバは朽木の食文化に大きな影響を与え、海外のサバが自由に手に入るようになった現在においても、土産物の中心的な位置を占めて朽木で販売されている。

　これらから言えることは、山間部に位置する朽木は、決して閉じた社会ではなく、古来から街道を通じて他地域と関わってきた歴史を持っているということである。また、街道の存在が地域の食文化を発達させてきたともいえる。そして地域の歴史や文化と深く関わるいくつもの街道は、地域の断層や地質構造に影響をうけながら形成されてきたものである。

　しかしながら、自然と人との複雑な関わりの中で形成されてきた街道は、国道が整備されて車で行き来できる道以外は忘れ去られ、荒廃している場合が多い。また、現在ではサバをはじめとした物資が山を越えて運ばれることは、幹線道路以外ではほとんど消失してしまっている。一方で、街道は観光資源として注目を浴び、サバは地域の特産品として新たな役割を付与されている。街道の役割は変化しても、中継点であった朽木における鯖街道の重要性は今後も変わらないだろう。

## 調査手法

　地域を歩いてみて、古来の街道の存在が明らかになった場合には、旧版地形図や現在の地形図からその街道を読み取る作業を行うことで街道の存在を抽出できるかもしれない。過去から同じ場所にある道や、地形に沿った曲線が多い道、クランクがある道など、街道の特徴はさまざまである。これらの特徴を読み解き、古文書の記録を調べるなどの作業をすることで、街道を明らかにすることが可能である。このように、景観や石碑、店舗等から地域の歴史を読み解き、それを地図化していく作業は、地域を理解する上では重要である。

　さらに、街道は地域の地形環境と密接な関わりがあると考えられる。地形の現場観察を行い、稜線の鞍部や尾根と谷の関係、そして沖積地の微地形などに着目しながら、街道が分布している場所の地形を明らかにすることにより、人の営みに自然環境がいかに関わってきたのかを検討できるかもしれない。近年では、数値標高モデル（DEM）といった国土数値情報が整備され、誰でも利用できるようになってきた。GISソフトウェアを用いてDEMを解析し、地形の特徴を明らかにすることで、より広域的な街道と地形環境との関係を検討することも可能だろう。

## 【引用文献】

赤羽義章・坂口守彦（2017）「若狭湾と京都」、京の魚研究会『再発見京の魚──おいしさの秘密』、恒星社厚生閣、1-5頁。

大田他編（2004）『日本の地形6 近畿・中国・四国』、東京大学出版会。

神崎宣武（2007）「食の民俗」、御食国若狭おばま食文化館編『若狭おばまの食文化』、福井新聞社、18-24頁。

巽好幸（2014）『和食はなぜ美味しい──日本列島の贈りもの』、岩波書店。

永江秀雄（2007）「御食国若狭と鯖街道」、御食国若狭おばま食文化館編『若狭おばまの食文化』、福井新聞社、25-32頁。

日本地質学会編（2009）『日本地方地質誌5 近畿地方』、朝倉書店。

日本の食生活全集滋賀編集委員会編（1991）「日本の食生活全集25 聞き書滋賀の食事」、農山漁村文化協会。

朽木村史編さん委員会編（2010）『朽木村史』、滋賀県高島市。

# 第5章 "流域"を超える朽木のモノと生き物
## ── 木材と魚 ──

**興味深い朽木の着眼点**

写真5-1 安曇川源流のひとつ（朽木生杉）

「大川」という言葉が、朽木の人の話の中によく出てくる。大川の名がつけられた神社もある。しかし、地図上にはどこにも「大川」という川はない。朽木の暮らしの中で、「大川」とはどのような存在なのだろうか？ 朽木の河川利用を、「大川」を一つのキーワードとして考えてみたい。

## 5.1 はじめに

　数年前、安曇川上流域で産出される木材の流通を支えた筏流しについての調査に参加した。調査者の一人は朽木在住の方で、長く中学校で教師をされてい

たI先生だった。I先生は中学校を退職された後、朽木村史の編さん委員長を
されていたため、朽木のいろいろなこと、そしてこの地域での調査の仕方もよ
くご存知である。約2年間、私はI先生に連れられて安曇川流域の集落で河川
利用についての聞き取りや、河川沿いを歩いて川の形状を確認して回った。調
査を通じて、調査対象であった筏流しについて様々な知見を得ることができ
たが、何よりも朽木の人にとっての川の存在について考えることができたこと
は貴重な経験だった。

　能家という集落で古老に聞き取りをしているときのことである。この調査に
は、I先生と私に加えて朽木の観光協会に勤務されていたSさんも参加してい
た。90歳を超えた能家の古老の話はおもしろく、次々に聞きたいことが出て
きた。しかしその最中、Sさんの落ち着きがなくなってきた。先生は横目でち
らちらとSさんを見ている。結局、古老の話に夢中になっている私が気づかな
い間に、Sさんの姿がなくなっていた。聞き取りが終わり、I先生と私は古老
のお宅を出た。車に戻ってから「Sさんはどこに行かれたんでしょうか」と私
が聞くと、先生はボソリと「釣りや」と言われた。初夏の爽やかな午後だった。
Sさんは能家の古老宅までの道中に良い釣りポイントを発見してしまい、“釣
り好き”の血が騒いで仕方なかったのだろうと先生が呆れたように言われた。
しかし、本当に血が騒いで仕方なかったのは先生の方だった。先生も安曇川の
“釣り好き”だったのだ。

　本章では、朽木を中心とした安曇川の利用について、I先生とのフィールド
ワークでの経験や、その中で聞いた釣り好きの先生の朽木での経験に基づいて
述べてみたい。また、筏流しについては主に2つの文献に基づいて記述し、そ
こに自身のフィールドワークの経験を追記する。1つは『安曇川と筏流し』（石
田 2013）、もう1つが『安曇川を下った筏乗り　昭和一〇年代の筏流しの技術と
こころ』（渡辺 2006）である。特に後者は、筏乗りの実体験に基づく資料として
は唯一そして最高のものである。当時滋賀県立大学の大学院生であった渡辺大
記さんが筏乗りをされていた長尾吉之助さんに筏の技術や当時の暮らしについ
てインタビューし、長尾さんの言葉をそのまま文章に起こしたものである。方
言で語られる筏流しの技術や情景が、詳細に、そして臨場感をもって表されて
いるので、安曇川の筏流しについて詳しく知りたい方にはぜひ読んでいただき

第5章　"流域"を超える朽木のモノと生き物　　65

たい。本章は特に魚と木材の話が中心であるが、それらは当然安曇川をベースにして行き交うものであると同時に、"流域"を超えていくものでもあった。

## 5.2　安曇川の魚の利用

　安曇川の魚は安曇川流域に暮らす人々にとって豊かな恵みだった。魚は釣りだけではなく、様々な仕掛けによって獲って食べた。釣りといえば、アユの「友釣り」がある。しかし、朽木ではこの釣りの方法を「オトリ」と呼んでいる。これは縄張りを守るために侵入してきた魚を攻撃するアユの習性を利用した釣りの方法である。手持ちの生きたアユの鼻に糸を通して竿に結び、そのアユの背びれに釣り針をつけて"おとり"にするのである。"おとり"を川で泳がせ、アユの縄張りに侵入させる。すると縄張りを守るために"おとり"を攻撃しにきたアユは、腹をめがけて体当たりを仕掛けてくる。そのとき、"おとり"の背びれについた釣り針にひっかかり、それを釣り上げるという技法である。I先生は、「これのどこが「"友"釣り」か。喧嘩させるんやさかい"友"なわけがない。だから朽木では正しく、「オトリ」と呼ぶんや」とおっしゃる。なるほどと思う。釣れたアユの利用方法は様々だ。朽木ならではのアユの利用を、次にみてみよう。

### 5.2.1　アユの話

　アユは朽木のどこでも獲れたわけではない。水温が低すぎて、針畑ではアユはとれなかったという。今でも天然のアユは針畑にはいないそうだ。

　オトリなどで獲ったアユは、もちろん自家消費もされたが、京都にも運ばれた。昭和10年頃の『漁獲日誌』というものがI先生宅に残っている。獲ったアユのうち自家消費以外のものは漁業組合に売られた。何月何日、誰が何匹売ったのかという記録がされているのである。その中でも、毎日多くのアユを獲っておられる方がいる。そういう人は、夏場にはアユ釣りで生計を立てていた人であるというが、アユを生業にしていたプロは、ほんの数人であった。

　獲られたアユは、活きたまま京都の料亭に運ばれるものもあった。江戸時代から大正時代にかけては、天秤棒の両側に桶をつけ、蓋をして運ばれたらしい。

しかし、アユはデリケートであるため、水は常に変えなければならない。1つの桶には30匹のアユが入れられていたというから、なおさらである。アユを運ぶ人は、朽木から京都へ抜ける街道で谷水を給水できるポイントを知っていて、そこで桶に新鮮な水を入れることができた。そんな流通が確立していたため、アユの相場は毎日変動するので、アユを売っても後払いが常だった。この天秤棒でのアユの流通はやがてトラックに代わった。トラックの荷台にタンクを乗せて、そこにアユを活けて運んだのだが、荷台には人も乗っていた。タンクに杓で水をかける役目の人である。まだポンプがなかった時代、そうすることでタンクの水に酸素を入れて元気なアユを京都に届けていた。

### 5.2.2 「大川」という学びの場

　安曇川の支流はたくさんあっても、「大川」という川は存在しない。しかし、朽木の人はよく「大川で魚をとった」とか「大川の水が増えると」というふうに話をされる。「大川」とは、自分の家に一番近い川を指し、それは支流の中の本流のことが多いとⅠ先生はいう。実は、人々の暮らしにとって最も身近だったのは、「安曇川」というよりはこの「大川」だったのかもしれない。

　先に見た「オトリ」のほかにも、ウナギが穴に潜んでいるところをねらう「アナ釣り」、板の箱の底にガラスを入れ、水の中をのぞきながら魚をひっかける「ヒッカケ」など、魚を獲るいろいろな釣り方や仕掛けがあった。これらは親から子へ、あるいは地域の年上の子供から年下の子供へと教えられた。その学びの場が大川だった。Ⅰ先生は大川で魚獲りを教わりながら、釣りのときの他者への配慮やルールも同時に教わったという。「今はこういうことを学校の授業で教えるようになってしまった」と、Ⅰ先生はいう。Ⅰ先生は朽木の学校に通う生徒を対象に、「オトリ」の方法を教える授業を持っている。お手製の「オトリ」のミニチュアを使って説明し、実際に川へ行くのだという。Ⅰ先生は「オトリ」そのものよりも、生徒に川と接する時間を持たせたいと思っている。自身が父親や近所の年長者からいろいろのことを大川で教わったように、子供たちに川で何かを学ぶ経験をさせたいからだ。

### 5.2.3 峠を越える魚

　釣り好きの中でも、イワナやアマゴ、ヤマメを狙う人たちの行動は、川に行くというよりは山を歩くという方が正確な表現かもしれない。特にイワナは標高の高いところに生息しており、峠に近い場合もある。朽木で昔から言われている話の中に、雨上がりの峠の不思議な光景についてのものがある。「ウナギは雨上がりの峠を越える」、というものである。Ｉ先生もおじいさんから聞いている。表皮のぬめりと雨上がりの湿った落ち葉のために、ウナギは水から上がることができ、峠を越えていくことができるのだという。それに説得力を与える話は、Ｉ先生が葛川で鉄砲撃ちをやっておられるＨさんから聞いた話である。それも雨上がりの峠の話だ。Ｈさんが猟のために山の峠付近を歩いていたときだった。ふと足元を見ると、濡れた落ち葉の上をイワナが列をなして峠に向かって登っていた。Ｈさんは、これが、魚が峠を越えるというものかと感心した後、そのイワナを獲って帰った。イワナのあの表皮のぬめりを考えると、峠を越えてもおかしくはないと先生はいう。事実、近畿地方の日本海側ではイワナは生息しないといわれているものの、先生はそこで何度かイワナを見ているという。由良川の最上流域でイワナが見られるのは、昔、針畑の人が移殖したからだともいわれている（『広報たかしま』平成29年）。しかし実は、列をなして峠を越えていったイワナの末裔なのかもしれない。その地域の生態を日ごろから山や川に接している人の目線でみれば、いわゆる「常識」とは少し違う生き物の動きを見ることができる。

## 5.3　筏流し

　安曇川の利用で特筆すべきは、安曇川上流部で産出される木材の流通を長年支えてきた筏流しである。その歴史は古く、東大寺造営の際には高島の山の木が用いられたという記録がある。天平宝子六年（762）の正倉院文書には、高島の山から木が伐りだされ、都へと運ばれたことが記載されている。それからトラック運搬に代わる昭和30年代までの約1200年間、安曇川の筏流しは地域の景観や文化、そして地域間のつながりを形成した。

### 5.3.1 木材と筏

　筏流しの風景は、年中あるものではなく季節のものであった。そもそも木材となる山の木（スギ）には、適切な伐る時期があった。梅雨が明けた土用から9月頃にかけてである。梅雨までに水をふんだんに吸った木が「締まる」のがちょうどそのころなのだという。それまでの梅雨の時期の木は「ぶくぶく」なのだと、筏乗りであった長尾吉之助さんは述べている（前掲書2　p.8）。私は梅雨の合間に針畑の木を伐らせていただいた経験がある。その皮は驚くほど簡単にツルリと剥け、その下には赤ちゃんの肌のようにみずみずしく、今にも水が滴るかのような木肌があった。長尾さんは、春の彼岸の時期に木を伐った経験を述べ、非常に虫がつきやすいという点で質が悪いと述べている。あの赤ちゃんの肌のような木肌を思い出せば、虫が好むのもよく理解できる。

　山で伐った木は、乾燥させるために皮を剥き、その後一月ほど山で放置する。10月が過ぎるころ、今度はその木を玉切りする。だいたい4mほどの長さに切りそろえるのである。次にその玉切りにした丸太を川へ運ばねばならない。川へ運ぶには、まず丸太を山の斜面から谷へ落とし、それを「修羅」と呼ばれる、木で作った道の上で滑らせた。

　谷間の小川まで運ばれた丸太は、土場（あるいは木場）とよばれる筏を組む作業場で一旦集積される。土場は谷の出口の、川と川の合流点にあることが多い。川と川が合流すると水量が多くなり、筏が流しやすかったからである。谷から降ろされた丸太は、土場で「ネソ」を通す穴をあけてから積まれ、筏を流す時期が来るまでさらに乾燥させる。「ネソ」とは「マンサク」という樹木の枝を筏や薪の結束のために使う用材としての呼び方で、非常に強く結束できることが知られている。丸太に穴をあけるのにも、丸太の太さによってやり方を変えなければならず、技術が必要であったと長尾さんは伝えている。こうして筏を組む準備を進める。そしてネソで丸太を筏に組上げ、川に流すのは雪が解けて筏を組む場所が出来、同時に雪解け水で川の水量が増える4月頃のことであったという。4月とはいえ、朽木や川の上流域はまだ寒い。フィールド調査をしていても季節が一つ遅れているのではないかと思うこともある。筏乗りのズボンの下にはつららがついていた、ということを朽木で聞いたのも4月のまだ寒い春だった。

## 5.3.2 川せぎ

筏を流す際、難所とよばれる場所が安曇川にはいくつもあった。針畑川が安曇川と合流するデアイの手前は奥山と呼ばれ、大きな岩がいくつも重なる激流で、さらに流路も蛇行するとても危険な場所であった。筏の航行の妨げになる岩などは破壊したり移動したりする川せぎ（川づくり）が行われてはいたが、そのよう

**写真 5-2　奉納された安曇川石**

な川づくりさえも不可能なほどの巨大な岩が奥山にはごろごろとしている。そういった場所の岩や淵、滝などには、ガワタロブチやオオカミ岩など、一つずつ名前が付けられ、その形状や、どのように竿を使ってそこを通過するのかといった筏流しの技術を、筏乗りは全部覚えていたという。

大雨の後は、山から流れてきた岩が川にごろごろしていたという。だから増水した後の川は、また筏を流すのに支障がないように川せぎをする必要があった。余談であるが、増水の後の安曇川を歩く人の中には、安曇川石が目当ての探石家の姿がある。安曇川石とは、この地域で産出される独特の形をした石のことである。上流に大きなダムのない安曇川では、大雨で増水した後は川にこの安曇川石が流されていることがあり、それを探す人の姿が見られる。朽木の神社には、安曇川石が奉納されているところもある（**写真 5-2**）。

一方、川の水が少なく、筏どころか単木でも流せない場合は、川に堰を作って水をため、その水を一気に抜くことで筏や丸太を流す技術が用いられた。これは「鉄砲」や「とめ」と言われた。その堰の枠の跡が今も生杉の林の中に見られる。川幅いっぱいに水をせき止めるため、堰は河岸から少し離れたところに石が何重にも積み上げられたものである（**写真 5-3、5-4**）。鉄砲の堰が残された生杉の小川を調査したのは 5 月末の梅雨前であったため、とても丸太の流せる水量はなかった。この小川を下って丸太が搬出されたことを想像するのは簡

写真 5-3　鉄砲流しの堰　　　　　写真 5-4　鉄砲流しをした小川

写真 5-5　荒川発電所の筏専用通路

単なことではない。

　筏流しにとって難所の多い上流域の最後には、荒川発電所があった。荒川付近の安曇川本流は朽木渓谷と呼ばれるほど流れが荒い。しかし、1921 年に荒川発電所が発電を開始して以来、筏流しはその本流は通らずに、荒川発電所を通った（**写真 5-5**）。この発電所には筏専用の通路が設置されていて、そこを通過したのである。筏道には、落差が大きいためスピードが出すぎて筏が壊れてしまわないように水位を調節する「そろばん落とし」と呼ばれる装置が付けられていた。これによって筏乗りは荒川の難所を通過することもなくなった。そして、この発電所を抜けると扇状地や安曇川デルタが広がり、ホッとしたのだという。

## 5.4　流域を越えるモノと生き物

　峠を越えたのは、魚だけではなかった。木材も峠を越えていたのである。安曇川を流れた筏は安曇川流域で産出された材木だけではなく、峠を越えた由良川流域の材木も流された（高島市 2017）。朽木生杉の奥には、近江と山城の国境となる地蔵峠がある。江戸時代まで、このあたりは針畑郷と知井郷（山城側）の

共有地で、山城側で伐採された材木も峠を越えて生杉に運ばれ、針畑川の源流まで運ばれて安曇川を下ったという。あの生杉の鉄砲流しで安曇川まで運ばれたのだろうか。

私はフィールド調査の際、流域圏の概念を地域を捉える視点のベースにしている。流域圏とは、第三次全国総合計画によって提唱された概念である。日本の国土は分水嶺によって多くの流域に分割されており、この流域ごとに気象条件や土地条件が微妙に変化し、風俗、習慣も異なる特色ある地域社会が形成されている。その上で、地域の特性に応じた国土管理を考える上で有効な考え方であるというものだ（樋口忠彦 1993）。滋賀県における田畑の用水供給はそれぞれのコミュニティで灌漑ネットワークを構成して行われてきたし、山間部でも本章で見たように流域内での盛んな物質の移動が行われてきた。したがって、水の流れが集落や集落間のつながりを作り、文化と景観の形成に大きな影響を与えてきたと考えることは自然である。しかし朽木を詳しく見てみると、物も人も魚も、その流域圏を越えていくものが多分にある。そこに目をやると、今度は流域圏間の関係性へと視野が広がってくるから面白い。流域を行くものと超えるもの、この両者が朽木を形成してきたのである。

## 調査手法

本章では朽木における河川利用について、特に(1)魚獲りと(2)筏流しについて記述した。調査は、まず(2)について実施した。これまで出版されている筏流しに関する文献から情報収集と、その結果に基づく追加の聞き取り調査と現地踏査を実施した。現地踏査については、朽木村史の編さんを努められたI先生に同行するものがほとんどで、先生の朽木に関する知識とともに釣り人としての土地勘があったからこそ実施できたものである。この筏流しの調査に付随するかたちで行われたのが(1)に関する情報収集である。調査というくらい積極的な情報収集ではなかった。しかし、筏流しに関する聞き取りの中では必ず釣りや魚についての話題が出てくる。釣りの場所、釣りに関する古老の言い伝え、魚の習性など、筏流しの聞き取りメモを眺めると必ず釣りの話が記録されていた。このことからも、朽木の暮らしと川がいかに密接につながっていたのかがわかる。テーマを明確に示した聞き取り調査でも、その内容は思わぬ方向に広がっていくものである。話がテーマからそれていくの

は調査者としては不甲斐なさを感じたり不安にもなるが、それはそれで聞き取り調査の醍醐味である。

## 【引用文献】

石田 敏(2013)『安曇川と筏流し』、私家版。

高島市(2017)「峠を越えた筏と魚の話」、広報たかしま平成29年8月号：28。

朽木村史編さん委員会(2010)『朽木村史』、滋賀県高島市。

樋口忠彦(1993)『日本の景観 ふるさとの原型』、筑摩書房。

渡辺大記編(2006)『安曇川を下った筏乗り 昭和一〇年代の筏流しの技術とこころ』、滋賀県立大学人間文化学部。

# 第6章　ヤマとタンボを結ぶホトラ
## ── 刈敷（かりしき）と里山利用の変遷 ──

### 興味深い朽木の着眼点

**写真6-1　現在のホトラヤマの景観**

　朽木には、かつて、水田にすき込む肥料や家畜の敷草を調達するための採草山であるホトラヤマが集落の周囲に広がっていた。人々は毎年春先に集落総出の共同作業によってヤマを焼き、その後に芽生えた膝丈ほどのコナラの幼樹（これをホトラと呼ぶ）の茎葉を各世帯の女性が刈り取った。現在、昔のホトラヤマでは、写真のように森林化が進んでいる。ホトラヤマは、かつてどのように利用され、どのような変遷をたどっていったのであろうか？

## 6.1　日本の草地

　朽木の年長者に昔の生活について話を聞いていると、「昔はホトラを刈って

いた」、「真夏の暑い時期のホトラ刈りは、ホンマしんどかった」、「昔はウシ飼ってて、ホトラはウシの餌になった」という話をしばしば聞くことがある。ホトラという言葉は、朽木の昔の暮らしや生業を理解する際の重要なキーワードのようである。また、ホトラを刈り取った山林は、ホトラヤマと呼ばれていた。ホトラヤマは、森林に覆われた鬱蒼としたヤマではなく、背丈が1m程度の低木や草本に覆われた、いわば草地のような景観であったそうだ。集落の近くまで森林が広がる現在の朽木の様子からは、ちょっと想像し難い風景である。

　そもそも、草地という植生は、日本にどの程度分布しているのだろうか？現在、日本は山間地域を中心に国土の約7割が森林に覆われている。温かい海流や季節的に変化するモンスーンの影響を受けて、温暖で湿潤な気候環境が卓越する日本列島は、土地を何もせずに自然のままにしておくと、東日本では主に落葉広葉樹林が、西日本では主に照葉樹林（常緑広葉樹林の一種）が発達する。多くの山間地域では、火山地帯などの特異な場所を除き、集落の周りに木々が鬱蒼と茂る広葉樹の森や整然と針葉樹が並んだ植林地の風景が広がっている。

　しかし、日本列島の山に現在のような森林景観が昔から卓越して広がっていたわけではないことが多くの研究から指摘されている。明治期以降の農林統計データから草地面積を推定した小椋（2012）は、20世紀初頭には500万ha前後の草地が日本に存在していたのではないかと指摘している。この数字は、2011年の農林水産省統計表に記されている森林以外の草地面積である約39万haと比べると約13倍の面積に相当する。特に、北海道で草地の面積が大きい傾向が認められるが、それ以外の地域においても、現在と比べると圧倒的に草地の面積が大きい傾向にあったことが伺える。

　温暖湿潤な日本列島で草原が自然状態で発達するのは、植生遷移を阻むような何かしらの要因が生じている場所に限られる。そのような場所は、例えば、地下水位が高く定期的に水位が変動する氾濫原のような湿地や定期的に火山活動が発生し植生遷移を退行させる火山地帯、海水のしぶきを含んだ強風が吹きつける海岸部などである（加藤2006）。

　他方、化学肥料の導入や農業機械の使用が本格化する以前の日本では、集落の周辺を中心に広大な草地が広がっていた。生業や日々の暮らしのなかで、人々が森林の資源を利用し、森林植生に対して様々な働きかけを行うことを通

じて植生遷移が押し戻され、草地の状態が維持されてきたのである。後に詳しく述べるが、朽木においても、現在は森林で覆われている山の多くが草本と灌木が混じる草地であった。

このような"半自然草原"の成立や維持に寄与してきた主な人間活動は、牛馬を中心とする家畜の放牧、冬季の家畜の餌資源を獲得するための草刈り、水田に肥料として投入するための刈敷の採集、そして草地を維持することを目的とした火入れであった(加藤 2006)。農法や飼養する家畜種など、地域によって生業や資源の利用方法は異なるが、かつて多くの山村で稲作や牧畜を営むために山の資源が活用されてきたのである。資源を利用する際、地域によっては自然の回復力を超える量の植物が利用され、はげ山の景観が広がり、激しい降雨の際に土壌が流出するような影響があったことも知られている。

集落の周辺に広がる林は、"里山"とよばれることもある。里山の語を広く世に広めた生態学者の四手井綱英によると、里山は狭義には「農用林」を指す言葉であった。農用林とは、字義通り、農業のために利用される林のことである。例えば、人々は林床に木々が落とす葉や枝をかき集め堆肥にして農地に施用することもあれば、炉やかまどの焚き付けに用い、燃焼後の灰をカリ肥料として利用した。また、里山は、人々が水田の肥料として用いるための下生えを刈敷として採集するための林であった。近年では、里山という語が指す内容が多様化し、必ずしも農用林だけを指すわけではない。しかし、数十年前まで、このような農用林としての里山が日本全国の農山村の周囲に広がっていたのである。

それでは、刈敷とはどのようなもので、どのように採集されていたのだろうか? 以下では、朽木で利用されていた、ホトラやホトラヤマをキーワードに、その具体的な利用方法を紹介していきたい。

## 6.2 朽木谷の生業

### 6.2.1 稲 作

ホトラの利用は、地域の人々が営んできた農業や家畜飼養などの生業活動に組み込まれていた。はじめに、かつて朽木でどのような生業が営まれていたの

か、簡単に触れておきたい。

　山間地に位置する朽木では、川筋に発達した段丘面に集落が立地し、その周囲に水田や畑地が拓かれ、農業が営まれてきた。中心的な食料生産活動は、水田での稲作である。雪がなくなる春から秋の期間は、稲作に関わる作業が労働の大部分を占め、村での共同作業（普請）として行われる水田への水引きや一家総出の田植えなど、時には想像を絶するような忙しさであったという。ただし、稲作だけが生業として営まれていたわけではなく、畑での野菜栽培、炭焼きや木材生産などの林業、養蚕、冬季の狩猟、一年を通じた植物の採集など、多様な生業が複合的に季節に応じて営まれていた。このような特徴は朽木に限られたことではなく、とりわけ稲作生産が不安定な日本の農山村では、共通して認められる生業形態である。

　朽木の稲作は、季節に応じて次のように行われた。谷間の雪が解ける4月、神武天皇祭（4月3日）の頃にイネの種籾を水に浸す「種籾下し」がはじまる。水につけた種籾は、その後苗床にまかれ、イネの苗が育てられる。5月になると人々は田んぼのなかに肥料（のちに説明するホトラ肥えや踏まし肥え）を一面に撒き、ウシを使って耕耘（荒田起こし）を行う。また、田んぼに水を引くための準備を村の普請として進める。川をせき止め、田んぼの用水路に水を引き込む作業である。

　5月下旬から6月頃になると、苗も大きくなり、いよいよ田植えである。一家総出の作業になり、植え付けの合間には間食としてコビル（小昼）を準備した。7月から8月にかけて、田んぼに生えてくる雑草の除草を行う。そして、9月になると、イネの成長に応じて、田んぼの水を抜いた。

　10、11月が収穫の時期であり、稲刈りを行った。年によっては、台風で収穫前のイネがやられることもあったという。収穫されたイネをイナキとよばれる棒にかけて日干し、千歯こきなどで籾落としを行う。その後、脱穀した籾の殻を外す精米作業を続ける。

　このように、春から秋にかけては、稲作に関わる作業が労働の大きな部分を占めるが、それと同時に、別の生業に関する作業も同時並行で行ってきた。また、作業の時期は、集落によって季節の進行が異なるため、立地環境や年によって前後した。さらに、栽培品種の変化や機械化、人口減少などにより、水

# 第6章 ヤマとタンボを結ぶホトラ

田の作業形態は時代ごとに変わっているのが実情である。

## 6.2.2 ウシの飼養

　上述の稲作と関連して、朽木では各家で耕作や運搬のためにウシを飼育する慣習が昔からあった。この地域でウシが飼育され始めた時期は定かではないが、明治期に出版された『滋賀県物産誌』によると、明治初年には各集落でウシが数頭から約40頭程度飼育されていたことが記されている。

　朽木では、春先にウシに犂(すき)を引かせて水田を耕した。ウシは水田を耕す際に欠かせない労働力であった。農家はウシを大切に扱い、家の母屋の出入り口付近に設けられた部屋で1～2頭を飼育していた。ウシの飼育場所は、なぜか厩(ウマヤ)と呼ばれていたそうで、冬の寒さから守り、毎日の世話が行き届きやすいために母屋の中で飼っていたという。**図6-1**は、朽木の一般的な住居の間取り図であるが、玄関から入ったすぐ前に厩が配置されていることが読み取れる。厩の壁にはウシの絵馬札が張られていた（**写真6-2**）。

　明治期には朽木の畜牛が注目された。明治37年に県農会が産牛事業を開始した際、朽木村と他の一村だけにウシの貸付を許可したという（橋本1974）。朽木村では畜牛組合が作られ、村内に繁殖用の種ウシを置いて増殖をはかり、「朽木の牛市」とよばれる仔牛の品評会が毎年開催されるようになった。

**図6-1　朽木のある住居の間取り図**
（朽木村史編さん委員会編 2010を基に作成）

**写真6-2　古民家のウマヤに貼られていたウシの絵馬**

農耕には、3〜4歳のウシ（雌ウシ）が10年程度、田んぼの耕耘作業などに使役された。年をとったウシは、ばくろうと呼ばれる家畜仲買人を通じて売られ、代わりに仔牛を購入して肥育しながら使役するというサイクルがとられた。ウシは10年の間に5頭ほどの仔牛を出産し、生まれた仔牛は競市や品評会に出品された。昭和27年に朽木村家畜市場がつくられ、家畜の競市はこの施設が利用されるようになったが、昭和37年の219頭の出品頭数をピークにその後家畜を飼育する農家は減少し、昭和42年頃を境に家畜市は行われなくなっていった（朽木村史編さん委員会編2010）。

## 6.3　山村の農業を支えたホトラ

### 6.3.1　ホトラとホトラ刈り

ホトラとは、何を指すのだろうか？ かつて、8月にホトラヤマで毎年行われていたホトラを刈り取る活動は、「ホトラ刈り」や「ホトラヤマの草刈り」とよばれる。草刈りと表現されることもあるが、住民の話によると、ホトラとはコナラの幼木のことである（**写真6-3**）。コナラは、日本の里山に普通に生育している里山の代表的な落葉広葉樹である。通常、人が伐採したりしなければ、樹高10mほどに成長する。しかし、ホトラヤマでは、人がコナラの新芽を毎年刈り集め、さらに後に述べるように毎年火を入れるために低木のまま維持される。また、草本も低木の間に生育してくるため、遠くから見ると草原のような景観であったという。ホトラ刈りの際は、コナラの新芽だけが刈り取られるわけではなく、そこに生える草本も一緒に刈られたため、「草刈り」とも表現されたようである。

ホトラを効率良く刈るためには、樹高10mのような高い木の状態であるよりも、人の手が届きやすい低木の状態で木を維持したほうが良い。また、背の高い樹木があると地表に光が届かなくなり、コナラと共にウシが好んで食べる草本の量が減少してしまう。そのため、ホトラヤマでは毎年火を入れて、草原状の景観を維持していた。火を入れたのは、春先の3月頃であった。雪が消え、枯れた草が残っている時期、集落ごとに山焼きが行われた。ホトラヤマやカリボシヤマ、オシガイヤマなど、刈敷や草肥を採集するヤマおよびカヤが生育

するカヤダイラを毎年焼いていた。火を入れても地表面の枯れた草が焼ける程度で、コナラの木が全て枯れてしまうことはない。むしろ、火を入れて古い枯れ葉を焼くことで、土を肥やし、新芽の発芽を促進する効果があったという。火が入ったのち、焼け跡には草本が芽吹き、焼け残ったコナラ

写真6-3　草本と生育するコナラの幼木

の切り株からは新しい新芽がたくさん生え、8月には数十cm〜1mほどに伸びる。それらがホトラ刈りの対象になった。

　ホトラ刈りは、真夏の8月に毎年行われた。その労働の担い手となったのは、主に女性であった。ホトラ刈りには、特に難しい技術があるわけではなかったため、家の若嫁が労働を担うことが多かった。お盆のときには、嫁は実家に帰るのが一般的であったため、家を留守にする日数分の草を刈りためてから出かける必要があったという。年長の女性に話を聞くと、この時期が一年のなかでも最も厳しく、しんどかったと話す人もいた。

　8月は、稲刈りなど、田畑の作業が一段落している時期であり、他の労働との競合が少ない。また、草木が葉を多くつけている時期であり、多量の茎葉が効率よく得られる時期である。ホトラ刈りが8月に行われるもう一つの重要な理由として、お盆の行事との関連がある。朽木では、女性が刈ってきたホトラを、お盆の数日前の時期から家の玄関口に高く積む風習があった。このホトラの小山はホトケノコシカケ(仏の腰掛)と呼ばれ、ご先祖様(オショライサン)がお盆の時期に帰ってくる際、家の仏壇に入る前に腰かけて休む場所と考えられていた。朽木村志によると、「霧をふくんだその青いホトラが、夕靄の立ち込める山里の萱屋根の軒先に、ひっそりとしめやかに積まれた光景はなかなか印象的であった」と記されている(橋本1974)。

### 6.3.2 田んぼ―ウシ―ヤマの結びつき

ホトラヤマから刈ってきたホトラは、ウシの世話に用いられた。刈り取られた草は、主に"ウシモン"とよばれる餌用の草と、"フマセモン（踏ませもん）"あるいは"ウシノアシモト（ウシの足元）"とよばれる小屋に敷く草に分けられた。ウシモンやフマセモンにはホトラだけが用いられたわけではない。ウシモンには、川べりのヨシダイラに生育するヨシや畑から収穫された野菜の残滓なども用いられた。また、クサカリヤマやカリボシヤマに生える草本も用いられ、ホトラはこのような資源の一種であった。

ホトラはフマセモンとして、厩の敷き藁<sup>わら</sup>にも利用された。これらのホトラは、厩のなかでウシに食べられると同時に、ウシが食べなかったものは糞尿と混ざる。その状態のものを、春先に厩から取り出し、田んぼを耕耘する際に田んぼの土と混ぜ、肥料にした。これは、フマセゴエ（踏ませ肥え）とよばれることもあった。また、ホトラだけを積み上げて腐らせ、堆肥（ホトラゴエ）にして使用することもあった。化学肥料が使われていなかった時代、ホトラはイネの生産量を左右する肥料源でもあったのである。

ホトラが利用されていた当時、田んぼとウシ、ヤマは、ホトラを通じて有機的な連環があった。さらに、食糧の生産を左右するホトラは、地域のご先祖様、すなわちカミの領域と結びつくものであった。杉村（2006）は、ホトラを生み出したコナラが、地域の卓越種であるばかりでなく、「いのち」の再生と結びつくものであり、村人の「安心」「安寧」という民俗的次元で生活と深く連鎖していたということができるだろう、と指摘している。

## 6.4 ホトラヤマの植生景観の変化

### 6.4.1 ホトラ利用の変化

これまで述べてきたように、ホトラは朽木の人々の生業を支える重要な資源であり、同時に死者の世界やいのちの再生というような人々の観念とも密接に結びつくモノであったが、昭和30年頃から急速に進行した産業構造や生活様式の変化にともない、数十年の間に全く利用されることがなくなってしまった。

ホトラの利用が行われなくなった要因は複数あるが、なかでも影響が大き

かったのは、耕耘機やトラクターなどの農業機械と化学肥料の普及であった。農業機械は、人口が都市に流出するなかで労働力を確保するために不可欠な道具となり、それまでウシの仕事であった耕耘作業が次第に機械へと変わっていった。そのため、ウシを飼養する必要性が薄れ、ウシの飼養が次第に衰退していった。前述のとおり、家畜市も昭和42年頃を最後に行われなくなったのである。

　化学肥料の普及は、水田の肥料としてホトラを使用する必要性をなくしていった。作物の栽培に必須となる窒素、リン、カリの成分を最も効果的に配分した化学肥料は、イネの生産性を上げる効果もあった。採集に多大な労働力が必要であり、かつ真夏の厳しい時期に行わなければならなかったホトラに比べると、お金を払ってでも化学肥料に変えていくことは想像に難くない。また、都市での賃労働が経済の中心となるなかで、農山村から都市に人口が移出し、かつてのような生業や労働形態を維持することが困難になっていったことも重要な要因であっただろう。このような変化は、朽木に限られたことではなく、昭和30年という時代は、日本の農山村の生活や生業、ひいては産業構造が大きく転換した節目となった。

## 6.4.2　植生景観の変化

　ホトラが利用されなくなったことは、ホトラの採集地であったホトラヤマの植生変化という形でも影響が現れた。毎年春に火入れが行われ、人々がホトラを刈りやすいように背丈の低い状態に維持されていた草地は、人の関与がなくなると、自然の植生遷移が進行していく。その過程は、標高や地形条件によって異なるため、どのような構造の森林に変化していくのかは複数の地域で調査を実施しなければ不明であるが、草地のままで維持されることはほとんど無い。ただし、近年では別の要因として、野生動物によって樹木の稚樹や幼木が食べられてしまい、野生動物が好まない低木が繁茂した状態で維持されている植生も認められる。

　2005年に、朽木の針畑川上流に位置する生杉において、かつてホトラヤマとして利用されていた場所を対象に実施した植生調査の結果を紹介する（平井2005）。斜面4か所に設置した調査区（計1,425 m²）の毎木調査の結果、**表6-1**

の樹種が出現した。胸高断面積の比率でみると、コナラの割合が最も高く（47.2％）、次いでアカマツ（14.9％）、イヌシデ（9.3％）の順であった。アカマツやイヌシデは、草原などの陽が当たる場所に生育する樹種である。

　同調査区で、胸高直径16.9cmのコナラの年輪を採取し、年輪幅を調べた結果、樹齢が51年であり、樹齢20年から40年頃にかけて、成長幅が大きくなっていたことが明らかとなった。すなわち、コナラが生えてきた初期の頃は成長が抑制されていたが、その後、1974年頃から1994年頃までに急速に成長したことが読み取れる。この結果から、ホトラの利用が行われなくなった後、優占種であったコナラが急速に成長し、同時に、陽があたる場所を好む樹木が増え、現在では直径が太い樹木が生育する森林（**写真6-1**）になったと考えられる。

　また、かつてホトラヤマであった場所は、スギやヒノキなどが植樹され、現在は針葉樹の植林地となっているところも少なくない。朽木では、1960年代から植林事業が本格化し、ホトラヤマに限らず、多くの山の木が伐採された。同時に、パルプの原料として、山に生えている広葉樹が皆伐され、その後に材木用の樹木が植林された地域も多数認められる。

## 6.5　おわりに

　"ホトラ"や"ホトラヤマ"という単語は、今現在、生活の場面で日常的に使われることはほとんどなくなってしまったようである。しかし、年長者に昔の生活の話を聞いていると、これらの単語がしばしば登場する。当時の生活で、ホトラ刈りは本当に辛く厳しい作業であったことが話の端々から伺える。現在では見られなくなったホトラヤマの景観や当時の暮らしを惜しいと思ってしまうのは、地域外に暮らす外部者の身勝手な感想なのであろう。

　他方、かつて人間活動の影響によって全国的に分布していた草地は、生業構造の変化によって全国的に衰退している。かつて自然状態で残されていた草地は、火山地帯や氾濫原など、限られた場所を除き喪失してしまった。人間が居住する宅地となった場所も多く、このような草地に適応してきた植物や昆虫種のなかには、棲息地を追われ、数が減少しているものも少なくない。

　農山村において当時の景観を取り戻すことは、現実的には大変難しい。かつ

第6章　ヤマとタンボを結ぶホトラ　　　*83*

表6-1　**ホトラヤマにおける毎木調査の結果**（平井（2005）を筆者が一部改変した）

| 樹種 | 個体数 [本] | 出現頻度 [%] | 胸高断面積 [cm²] | 胸高断面積比 [%] | 平均胸高直径（最大－最小）[cm] | | |
|---|---|---|---|---|---|---|---|
| コナラ | 65 | 15.1 | 23,732.0 | 47.2 | 19.5 | 42.1 | 4.9 |
| ネジキ | 68 | 15.7 | 2,559.7 | 5.1 | 4.5 | 11.5 | 1.7 |
| リョウブ | 54 | 12.5 | 3,076.0 | 6.1 | 4.6 | 9.8 | 2.2 |
| アカマツ | 6 | 1.4 | 7,482.4 | 14.9 | 38.0 | 52.4 | 16.6 |
| イヌシデ | 23 | 5.3 | 4,669.5 | 9.3 | 14.1 | 30.3 | 1.9 |
| マルバマンサク | 37 | 8.6 | 1,493.4 | 3.0 | 3.2 | 6.9 | 1.0 |
| コハウチワカエデ | 31 | 7.2 | 1,014.8 | 2.0 | 5.6 | 11.8 | 1.5 |
| アカシデ | 21 | 4.9 | 485.3 | 1.0 | 4.3 | 14.5 | 1.8 |
| オオモミジ | 13 | 3.0 | 669.4 | 1.3 | 6.2 | 17.2 | 1.8 |
| ソヨゴ | 9 | 2.1 | 456.2 | 0.9 | 6.2 | 16.0 | 1.5 |
| ウワミズザクラ | 8 | 1.9 | 534.6 | 1.1 | 8.0 | 17.9 | 2.8 |
| ウラジロノキ | 4 | 0.9 | 739.3 | 1.5 | 8.4 | 10.7 | 4.9 |
| ヤマボウシ | 10 | 2.3 | 37.1 | 0.1 | 1.9 | 3.1 | 0.5 |
| カバノキの一種 | 6 | 1.4 | 475.5 | 1.0 | 7.0 | 21.5 | 2.0 |
| ブナ | 9 | 2.1 | 65.1 | 0.1 | 2.5 | 4.3 | 1.0 |
| ハクウンボク | 8 | 1.9 | 133.3 | 0.3 | 4.1 | 8.0 | 1.7 |
| コシアブラ | 5 | 1.2 | 348.9 | 0.7 | 7.8 | 15.5 | 3.1 |
| タカノツメ | 5 | 1.2 | 215.7 | 0.4 | 5.8 | 11.5 | 2.8 |
| ウリハダカエデ | 2 | 0.5 | 476.4 | 1.0 | 12.2 | 16.5 | 7.9 |
| ヤマモミジ | 5 | 1.2 | 51.1 | 0.1 | 3.2 | 3.8 | 2.2 |
| アセビ | 2 | 0.5 | 350.6 | 0.7 | 7.0 | 8.6 | 5.3 |
| タンナサワフタギ | 4 | 0.9 | 59.5 | 0.1 | 2.7 | 4.4 | 1.4 |
| クロモジ | 4 | 0.9 | 33.1 | 0.1 | 3.2 | 3.9 | 2.5 |
| ウリカエデ | 3 | 0.7 | 140.6 | 0.3 | 7.3 | 10.8 | 4.9 |
| ヤマツツジ | 4 | 0.9 | 4.9 | 0.0 | 1.2 | 1.7 | 0.8 |
| ホウノキ | 1 | 0.2 | 317.2 | 0.6 | 20.1 | 20.1 | 20.1 |
| ミズナラ | 2 | 0.5 | 196.0 | 0.4 | 8.0 | 10.5 | 5.4 |
| イタヤカエデ | 3 | 0.7 | 34.6 | 0.1 | 3.2 | 3.8 | 2.1 |
| ナツツバキ | 3 | 0.7 | 20.4 | 0.0 | 2.7 | 4.4 | 1.6 |
| コミネカエデ | 2 | 0.5 | 88.8 | 0.2 | 4.7 | 5.8 | 3.5 |
| ヤマフジ | 2 | 0.5 | 76.0 | 0.2 | 6.9 | 7.8 | 6.0 |
| アオハダ | 2 | 0.5 | 16.4 | 0.0 | 3.1 | 4.0 | 2.2 |
| オオカメノキ | 2 | 0.5 | 10.9 | 0.0 | 2.6 | 3.0 | 2.2 |
| クマシデ | 2 | 0.5 | 6.6 | 0.0 | 7.0 | 11.0 | 2.9 |
| タカノツメ | 1 | 0.2 | 111.2 | 0.2 | 11.9 | 11.9 | 11.9 |
| エゴノキ | 1 | 0.2 | 22.9 | 0.1 | 5.4 | 5.4 | 5.4 |
| タマアジサイ | 1 | 0.2 | 21.2 | 0.0 | 5.2 | 5.2 | 5.2 |
| ガマズミ | 1 | 0.2 | 10.4 | 0.0 | 2.1 | 2.1 | 2.1 |
| タムシバ | 1 | 0.2 | 5.3 | 0.0 | 2.6 | 2.6 | 2.6 |
| イヌツゲ | 1 | 0.2 | 4.2 | 0.0 | 2.3 | 2.3 | 2.3 |
| ヤブデマリ | 1 | 0.2 | 1.0 | 0.0 | 1.1 | 1.1 | 1.1 |
| 総計 | 432 | | 50,246.9 | | | | |

ての状況に比べると、過疎化や高齢化が進行し、農業や林業の方法もかつての
やり方とは全く異なるものとなっている。

　一方、都市に暮らす市民や農山村の住民、研究者などがかつての自然環境を
うまく活用していた生業を見直し、それを新しいやり方で復活させようとする
動きも各地でみられる（例えば、西脇 2005）。そうした取り組みは、地域の自然
環境、社会的状況によって多様であるが、一筋縄で成功するわけではないこと
も多くの取り組みから指摘されている。現代の農山村において地域の自然環境
とどのように向き合っていくべきなのか、地域内外の人達が一緒になって考え
ていくことが必要であろう。

---

### 調査手法

　本章で紹介した内容は、主に(1)過去の生業やホトラの利用に関する年長者
への聞き取り調査、(2)現在のホトラヤマにおける植生調査、によって把握し
た。

　(1)は、複数の集落において、昔の暮らしを経験した年長者に対して、過去
の農業やウシの飼養、ホトラの利用、かつてのホトラヤマの景観などについ
て聞き取りを行った。このような知識は、世帯や個人の経験によって内容が
異なってくるため、複数の方々に個人の経験に基づいた話を聞くように心が
けた。また、これまでに出版されている朽木の民俗調査報告や朽木村志の内
容も参考にした。

　(2)については、生杉集落を対象として、はじめに聞き取りによってホトラ
ヤマの場所を明らかにし、地図上でその場所を確認した。また、現地の方に
一緒にその場所を案内してもらい、実際の場所を把握した。その後、調査地
としたホトラヤマにおいて、その植生の平均的な場所を4か所、斜面の傾斜を
みながら谷から尾根まで入るように配置し、その調査区に生育する樹高1.3m
以上の樹木の個体を対象に、胸高直径、樹高を計測し、樹種を同定した。また、
平均的な直径のコナラの個体を2本選び、成長錐（年輪サンプルを採集するた
めの道具）を用いて年輪サンプルを採集した。採集したサンプルは、研究室に
おいて実態顕微鏡を用いて年輪を数え、年輪幅を計測した。

## 【引用文献】

小椋純一(2012)『森と草原の歴史——日本の植生景観はどのように移り変わってきたのか』、古今書院。

朽木村史編さん委員会編(2010)『朽木村史』、滋賀県高島市。

四手井綱英(2006)『森林はモリやハヤシではない——私の森林論』、ナカニシヤ出版。

杉村和彦(2006)「ホトラヤマの民俗」、エコソフィア 18、18-21頁。

特定非営利活動法人杣の会編(1990)『雑木林生活誌資料——朽木村針旗谷の記録　1988～1990』、特非営利活動法人杣の会。

橋本鉄男編(1974)『朽木村志』、朽木村教育委員会。

平井將公(2005)「里山をめぐる生態史——ホトラヤマとミバエヤマに着目して——」、水野一晴編『日本生命財団環境研究助成報告書　滋賀県朽木谷における里山利用の動態に関する総合的研究』、3-7頁。

向田明弘(2000)「里山の生活誌——近江朽木谷のホトラヤマ」、八木　透編『フィールドから学ぶ民俗学——関西の地域と伝承』、昭和堂、53-74頁。

# 第7章　山林資源の利用1
## ──「山村遺産」としての炭焼き窯跡──

🔍 **興味深い朽木の着眼点**

**写真7-1　朽木の山中にある炭焼き窯跡**(2011年11月3日撮影)

　朽木の山林を歩くと、山肌の斜面の小道沿いに大きな窪みを発見することがある(**写真7-1**)。一つの谷であってもくまなく歩いてみると、様々な窪みが点在していることに気づく。窪みといっても多様であり、明らかに人為的に掘られたことを示すように石が整然と積まれているものもみかける。石積みが苔蒸している様子から、長い年月が経っているようにも推測できる。山中でこのような光景を見ると、人の手仕事が山深くにまで届いていたのだとある種の感動を覚えることもある。このような窪みは、いったい私たちに何を語りかけているのだろうか。窪みの中に入ってみると足元に散らばるいくつもの黒い小片が視線に入る。一つ手に取ってみると、それは炭化した木片だということがわかる。実は、窪みの正体はかつて木炭をつくっていた場所そ

のものであり、人びとが炭焼きを営んでいた名残なのである。
　朽木の人びとにとって、炭焼きはどのような意味を持って長らく営まれてきたのだろうか？　山中の窪みが物語る炭焼きの営みから、朽木の人と森との関係をひも解いていきたい。

## 7.1　滋賀県における木炭生産の推移

　木炭の生産量は時代によってどのように変化してきたのであろうか。滋賀県全体の動向を確認してみよう。赤羽・塩谷(1963)によれば、滋賀県では明治38年(1905年)に12,581トン、明治43年(1910年)に11,979トンにのぼる木炭の生産量があった。また、昭和16年(1941年)〜平成27年(2015年)の滋賀県における木炭生産量の推移(林野庁「特用林産物生産統計調査」に基づく)を見ると(図7-1)、統計の開始年である1941年が最も木炭の生産量が多く、年間2万トンを超えていた。

　第二次世界大戦の末期にかけて生産量は急減し、1945年には6,213トンと1941年に比べて1/3以下にまで生産量が減少した。1949〜1958年にかけては生産量が1万トン〜1.5万トンの間を推移し大幅な回復をみせていたが、1959年から1万トンを下回った。ちなみに、1957年の全国の木炭生産量は約200万トン、近畿地方のそれは約10万トンであった(阿部1965)。当時、近畿地方

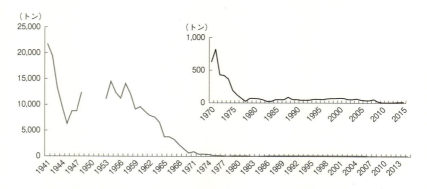

**図7-1　滋賀県の木炭生産量の推移(1941〜2015年)**（林野庁「特用林産物生産統計調査」に基づき筆者作成）　図中の右図は1970年以降のデータを拡大したもの。

の木炭生産量の1割ほどを滋賀県でまかなっていたことになる。

ところが、1970年代に入ると状況は一変し、滋賀県の木炭生産は衰退の時期を迎えた。1970年には1,000トンを下回るまでに落ち込み、1977年以降はおおむね50～100トン台の低い水準で維持されてきた。1970年以降の推移を拡大したものが図7-1中の右グラフであるが、2010年代には生産量が10トンを下回っており、滋賀県全体をみても木炭生産は産業としてもはや成り立っていないことがうかがわれる。

## 7.2 朽木の木炭生産のあゆみ

木炭は、江戸時代の朽木を代表する産物であり、文化11年(1841年)に発行された『近江名所図会』などにも取り上げられている(朽木村史編さん委員会編 2010)。また、『朽木村志』(橋本 1974)に集録されている『滋賀県物産誌』(明治12年(1879年))の記録によると、当時の各村(現在の朽木内の各集落)の木炭生産量(明治11年(1878年)頃)は図7-2のような状況としてまとめられる。

朽木全体では、単純集計で141,975俵の木炭が生産されていた。これは1俵を15kgとしてトン単位に換算すると、約2,130トンである(なお、1俵当たり15kgの換算値は朽木雲洞谷の住民への聞き取りによる)。全体の生産量を14集

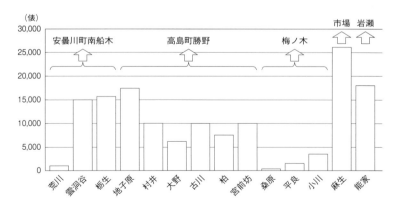

図7-2 『滋賀県物産誌』による各村の木炭生産量(明治11年(1878年)頃)(『朽木村志』の記載に基づき筆者が作図)

第Ⅱ部　山村の暮らしと自然環境

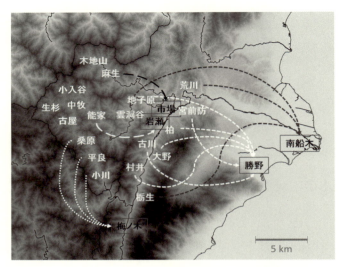

図7-3　朽木の集落位置図（矢印は木炭の販出先を示す。標高が高い場所ほど黒い。）

落で単純平均すると、1集落あたり約11,441俵（約172トン）であった。木炭の生産量が最も多かったのは、麻生(26,000俵)、続いて能家(18,000俵)、地子原(17,425俵)となっていた。一方で、荒川(1,000俵)や桑原(400俵)ではほとんど生産されていなかった。つまり、同じ朽木村内でも、木炭の生産量に差異があったことが理解される。

木炭の販出先は、旧安曇川町南船木(荒川、雲洞谷、栃生から)、旧高島町勝野(地子原、村井、大野、古川、柏、宮前坊から)、梅ノ木(桑原、平良、小川から)、市場(麻生から)、岩瀬(能家から)の5つに大きく区分される(図7-2、図7-3)。同じ安曇川の支流である北川流域でも、地子原は旧高島町勝野、雲洞谷は旧安曇川町南船木、能家は岩瀬といったように、販出先が異なっていたことが読み取れる。こうした販出先の地域的な差異が生まれたのは、峠越えの経路と関連があったものと推察される(図7-3)。

朽木では、江戸時代、炭の生産者は山子と呼ばれ、市場にあった特定の問屋との間で契約を結び、生産品はすべてその問屋に収めることになっていた(朽木村史編さん委員会編 2010)。木炭は問屋からさらに水運などを利用して大津や京都に出荷されており、朽木は木炭の供給地として近郊都市のエネルギー需要

をまかなう機能を担っていた。木炭生産は江戸時代から続く朽木の重要な経済活動であり、朽木の山林は地域経済を支える重要な役割を果たしてきたといえる。

　朽木の木炭生産は、明治時代末期から昭和時代中頃にかけて急激な変化をたどった。明治30年代には10万貫（375トン）、大正10年（1921年）には50万貫（1875トン）が生産され、この間に生産量が約5倍の伸びをみせた（朽木村史編さん委員会編2010）。一方で、昭和25～28年の朝鮮戦争時期には一時2,600トンを超える生産量（検査を受けた炭の総量）があったものの、昭和40年代初頭には900トン台にまで落ち込んだ（朽木村史編さん委員会編2010）。生産者数についても同様の傾向であり、昭和30年代中頃までは300人を超える生産者がいたが、昭和41年（1966年）には200人にまで減少した（朽木村史編さん委員会編2010）。

## 7.3　雲洞谷での炭焼きの状況

### 7.3.1　昭和時代中頃の様子

　朽木の人々にとって炭焼き（木炭生産）はどのような活動だったのであろうか。ここでは雲洞谷集落の事例を取り上げ、昭和時代中頃の様子を知る70～80歳代（年齢は聞き取り当時）の方々の経験を紹介しよう（**表7-1**）。

　雲洞谷では、かつてはほとんどの世帯が炭焼きに従事していた。彼らが子供の頃は、炭焼きは集落の一般的な生業であったといえる。集落では、小学校や中学校を卒業した多くの子どもが親と一緒に山の中に入って手伝いをしていた。「山を買ったら儲かった」（A氏、84歳、男性）との話もあり、当時は炭焼きで十分に暮らせるほどの生産量があり、現金収入の源泉であった。春から秋にかけて雑木林から原木（主にコナラを中心とする）を伐り出し、焼いて炭にしていた。しかし、炭焼きは年中できるものではなく、12月から3月くらいまでの冬季には炭焼きができなかった。

　炭焼き窯づくりにあたっては、世帯を超えて連携し共同作業もみられた。「みんなで助け合って、10軒で共同で土を固めるといった窯づくりも行っていた」（G氏、73歳、男性）というように、炭焼き窯づくりは集落の普請（共同作業）の対象にもなっていたのである。炭焼きそのものは、山主から立木を買いつけ、

**表7-1　炭焼きに関する聞き取り結果**（年齢は聞き取り当時）

| 氏名<br>（年齢、性別） | 炭焼きに関する事項 |
|---|---|
| A氏<br>84歳、男性 | 始めは学校を出て炭焼きをしていた。戦争の時に、林産会社のお偉いさんが（炭焼きを）やれと言って山を買った。手間賃が2円くらいのときに2〜3万円くれた。あの時分は山を買ったら儲かった。山の奥にある谷に何十町とある雑木を出した。 |
| B氏<br>72歳、男性 | 中卒後17歳から20年くらい炭焼きをしていた。この辺りはほとんどが木炭で生活していた。12月から3月までの冬季4か月は収入が全くない。秋に木炭をやっていた山は、1日に6回往復すると薄暗くなる場所にあった。平良越えのてっぺんのところで焼いていた。 |
| C氏<br>81歳、男性 | 炭焼きは今でもやっており、農協などに出している。年に700〜1,500kgを出している。炭にするのはほとんどコナラ。竹炭もやっている。<br>炭焼きは子どもあがりのときからで60〜70年近くになる。子どもの頃、ほとんどの人が炭焼きをやっていた。<br>近いところでは仕事はできないので、かなり奥まで行った。わしの大叔父さんの代に山を越えてこっちまで炭を運んだ。持ち山を炭焼きにすることはまずない。自分の山の木は相手に売って、人の山を買う。自分の山は1,000kgで出して相手の山で1,500kgで出す。目の利く人はよく出る。（山林は）見た目が美しいものよりバラバラのほうがいい。山をぐるっと回って離れて見てやっとわかる。一面コナラ林の山で、1本で何俵の炭が出るかというように木を数えていた。計算はほとんど狂わない。面積があっても量は違う。<br>炭焼き窯はその場その場でつくる。30〜40年周期で伐った山は、人によるが（炭焼き窯は）3〜5年はもつ。ふつうで年に400〜500kgを出せる。1,000kg、1,200kgを焼く人はまずいない。わしら親子でやっていたので1,000kgを越えた。炭にするのに12〜15日くらいかかる。寝泊まりしてやっていても月に3回は無理。月2回出せたらよい。7m³を月に1回出したら生活できた。12月〜3月は仕事ができない。炭焼きできるのは8か月ほどの期間であった。70kgほどの窯だと月1〜2回は出した。1,000kg越える人の炭は（品質としても）疑う人はいない。 |
| D氏<br>79歳、女性 | 炭焼くのはほんまに大変。みなで谷から炭を荷車のつくとこまで追い出した。その時分は、車はあらへん。そこまで出すと炭買いが来てくれた。それと農協もよう扱ってくれた。それで生活してるんやから生活費にするには売れないといけなかった。 |
| E氏<br>84歳、男性 | 昔Yさんのところで炭を焼かせてもらった。昭和37〜40年に炭をやめた。炭焼きは40歳くらいまでおやじ（父）さんと行っていた。 |
| F氏<br>77歳、男性 | 岩瀬に炭問屋があり、そこに炭を持っていっていた。 |
| G氏<br>73歳、男性 | 昭和40年ぐらいまで山（炭焼き）でずっと生活してきた。親父のあとついていって、炭焼きしとったらでいっぱい飯が食えた。ところが、昭和40年ぐらいから炭が売れないようになった。炭が燃料革命でやられた。<br>月給にしたら、炭焼きは、月に2回収入がある。例えば1日に炭焼きに行くと、15日までに窯いっぱいの炭ができる。それから木を伐って月末にもう一度炭を出す。昭和40年ぐらいまでは、3軒くらいが毎月うちの山を焼いていた。みんなで助け合って、10軒で共同で土を固めるといった窯づくりも行っていた。炭焼きを1番遅くまでやった。 |

第7章 山林資源の利用1

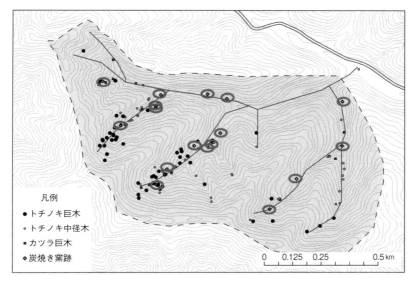

図7-4 Y谷における炭焼き窯跡の分布(丸印で示した箇所)

炭を焼くものであったが、「自分の持ち山ではやらずに、他の人の山で炭焼きを行う」(C氏、81歳、男性)ということもあったようである。年間の木炭生産量が1,000kgに達する世帯はまれであったものの、それを超えるような炭焼きができる世帯もあった。その要因として、技術力が高いことと家族ぐるみで行うため生産にかける労働力に恵まれていたことが挙げられる。生産された木炭は、炭問屋や農協が購入し、住民は現金に換えていた。

しかし、木炭生産が盛んに行われていたのは、昭和40年(1965年)頃までであった。その後は、いわゆる燃料革命によって炭が売れなくなったという。これは、前節でみたような滋賀県や朽木の木炭生産量の推移を裏付ける状況が、雲洞谷にも同様にみられたことを示している。

### 7.3.2 炭焼き窯跡と周辺植生

山林のなかにひっそりと残されている炭焼き窯跡は、以上に述べたような集落の炭焼きの歴史を物語っている。雲洞谷近傍のY谷(約50haの谷)では、炭焼き窯跡が17か所存在することが確認された(図7-4、手代木ほか2015を参照)。

**表7-2　朽木の木炭生産に使用された樹種**（『朽木村志』に基づき筆者が整理）

| 村内での呼び名 | 和　名 | 学　名 |
|---|---|---|
| ホンシデ | アカシデ | *Carpinus laxiflora* |
| シロブナ | ブナ | *Fagus crenata* |
| アカブナ | イヌブナ | *Fagus japonica* |
| アカガシ | アカガシ | *Quercus acuta* |
| クヌギ | クヌギ | *Quercus acutissima* |
| ホウソ | ミズナラ | *Quercus crispula* |
| シラカシ | ウラジロガシ | *Quercus salicina* |
| ナラボウソ | コナラ | *Quercus serrata* |
| クロモジ | クロモジ | *Lindera umbellata* |
| ミズキ | ヤマトミズキ | *Swida controversa* |
| アワフキ | アワブキ | *Meliosma myriantha* |
| コシャブラ | コシアブラ | *Chengiopanax sciadophylloides* |
| アセビ | アセビ | *Pieris japonica* |
| トウネリコ | トネリコ | *Fraxinus japonica* |
| ツバキ | タニツバキ | *Camellia japonica* |
| ヤマハゼ | ハゼ | *Toxicodendron sylvestre* |

　同一の谷に複数の炭焼き窯跡がみられることからY谷の山林が長期間にわたり炭焼きの場として利用されてきたことが推察される。これらの炭焼き窯の多くは、聞き取りの内容から推測すると、おそらく昭和40年代（1965年前後）以前までに構築されたものと考えてよいだろう。

　このY谷の枝谷において、炭焼き窯跡に近い斜面でベルトトランセクト（帯状調査区）による植生調査を行ったところ、調査区内に計241個体、38種の木本種が確認された（手代木ほか 2015）。調査区内でそれぞれの出現種の胸高断面積合計を比較すると、もっとも比率が大きかったのはトチノキの37％であった。次いで、ミズナラ11％、アスナロ10％、アカシデ8％、ミズメ5％、スギ5％が主要な樹種であり、他に、ホオノキ、コナラ、タムシバ、クマシデ、ミズキ、アズキナシ、アブラチャン、アカメガシワ、リョウブなどが出現した。

　『朽木村志』（橋本 1974）によると、木炭用材になる樹種は、村内での呼び名と和名の関係がはっきりとしているものとして15樹種が挙げられており（**表7-2**）、多様な樹種が木炭生産に利用されていたことがわかる。なお、ミズナラ、アカシデ、コナラといった樹種は、ベルトトランセクトの植生調査でも確認できた。

## 7.4 雲洞谷での炭焼き復活の動き

前節で紹介したように、朽木で炭焼きの物語をつなぐことができる最後の世代が70〜80歳代の高齢者である。雲洞谷では、C氏のように現在でも炭焼きを行っている人が少ないながら健在である(**表7-1**)。そうした技術を継承しようと住民有志が集まり、平成30年(2018年)に数十年ぶりに新たな炭焼き窯がつくられた(**写真7-2**)。

この炭焼き窯復活の動きを先導したS氏からその経緯と想いを伺った(以下の小文字部分は筆者が再構成した内容を示す)。なお、一連の取組は新聞記事(同年5月23日付の毎日新聞滋賀版や京都新聞滋賀版参照)にも掲載された。

S氏は幼少期に炭出しや炭の運搬を手伝った経験もあり、当時の炭焼き窯づくりの様子を知る世代である。S氏の話から、炭焼き窯をつくる窯打ち作業(窯の天井をつくる作業)は、かつて集落の人びとにとっては当然の普請(共同作業)であったことがわかる。

当時、炭焼き窯をつくる最終工程である窯打ちは集落総出でやっていた。行って当たり前の結いで集落のみなで協力していた。家の萱葺き作業と同じ発想。生きるためのものであったので、手伝いにきた人にはとくに礼をすることはなかった。ただ、白餅を持って帰ってもらうことはあった。窯打ち自体は一日で終わっていた。そこで、事前に個人で段取りを準備しておく必要があった。窯づくりの場所の目安は、わさびや水のあるところであった。基本的にその場にある土や石で窯をつくっていた。赤土をあげて、カケヤで打ち込むといった人手が必要な作業を一

**写真7-2　新たにつくられた炭焼き窯**(2018年12月14日筆者撮影)

気に仕上げるときに集落の人びとに頼んでいた。炭焼きを数年して周辺の木が無くなったら次の窯を新しく設けるといった具合であった。そのため、こうした普請は、1軒につき数年に1回の割合で、それほど頻度が高いものではなかったが、各自の普請としては年に2回くらいはそうしたことがあったかもしれない。

　かつての炭焼きは雲洞谷に住む人々の基本的な生業であり、さらに集落の共同的な作業によって炭焼き窯づくりが支えられていた。今回、S氏が窯を復活させようとした背景の一つには、S氏自身が幼少期に経験した木炭との直接的なかかわりや木炭をめぐる集落の様子の記憶があったからこそのものだろう。

　炭焼き窯は、川の井堰近くの農道沿いにつくった。2018年の春からつくり始め、夏ごろに完成した。炭焼き窯を復活させようという動きは、元々仲間と寄合などでよく集まっていたこともあり、そうした場で自分の想いを共有したところ実現した。炭焼きは地域にとって大事なものであり、炭焼きの技術もそうだが、炭そのものも大事であると考えている。炭焼きは昔みながやっていたので、誰でもその方法を知っていたと思う。自分自身は、子どもの頃に父親が焼いている姿を知っており、手伝いとして炭を窯の外に出したり、運んだりした経験はあったが、炭を焼いた経験はこれまで実際になかった。

　今回窯打ちを行うことができたのは、役割分担ができる仲間が揃ったおかげ。窯づくりを教えてくれる人がいること、さらに、重機（ユンボ）を扱って土あげをやってくれる人がいるといった具合である。5～6人で中心的にやっているが、とくにメンバーは固定しておらず、声掛け次第で7～8人になる。自分の同級生のIさんとNさんがCさんから炭焼きの技術を教えてもらっている。

　S氏の想いを共有した仲間が集い、それぞれの得意の技術を持ち寄ることで、炭焼き窯をつくるという新たな事業が成立した。つまりは、平成時代のまさしく普請により、数十年ぶりに雲洞谷の炭焼き窯がつくられたわけである。しかし、木炭生産には課題もある。それは、木炭の材料である原木の入手の難しさがボトルネックになっている。

今回つくった炭焼き窯ではすでに2回の火入れを行った。1回目は、窯を熱で乾かして固めるためにスギの間伐材を使って火入れした。2回目には、本格的な炭焼きを行った。炭焼きに利用する原木は、コナラの木。炭焼きは年に3～4回できたらいいが、それはよいほうだろう。というのは、利用する原木は誰の山からでもよいと考えているが、山に

写真7-3　1回目の火入れでできた木炭（2018年12月14日筆者撮影）
右手は年輪がはっきりとみえるスギ。左手はコナラ。

コナラの木がなく、原木の入手が難しいところがある。山の奥に行けばあるが出してくるのがとても大変な作業である。同じ集落の人がしいたけ栽培をしているので、大量にコナラの原木を伐採するようなことは避ける配慮も必要。マキノ町ではクヌギを植林したという話もあり、今後は場合によってはスギを伐った後にコナラを植林することも考えられる。

　S氏は地域づくりの一環として、新しい炭焼き窯で焼かれた木炭をブランド化して販売することも考えている。つまり、雲洞谷をアピールする「まるくも」というブランドをつけて、話題づくりにも取り組んでいく。

　今回、復活させた炭焼き窯の場合、一回の炭焼きで炭15俵分をつくることができる。1俵15kgとして計算すると、225kgの生産量になる。焼いた炭は売るつもりでいる。炭を売る場所はどこでもよい。朽木朝市での販売も選択肢の一つではあるが、重いので売りに行くのが難しい。以前は1kgを200円で売っていたので、それをふまえると1俵3,000円くらいの価格にはなるだろう。ただ、商売を目的にしているわけではないので、それほど儲けなくてもよい。

　S氏はさらに続けて、新しく生まれた木炭で「餅や魚を焼いてみたり、コケ

盆栽をしたり」とアイデアが広がっている。また「できた灰はトチモチづくりの灰合わせにも使える」ことから、特産品づくりと山林利用を同時に進める上で、木炭が重要な結節点となっていくものと予期される（**写真7-3**）。

## 7.5　おわりに

　朽木の木炭生産は江戸時代にはすでに知られており、明治時代から大正時代にかけてはその生産量も飛躍的に増加した。ところが、昭和40年代には木炭生産は滋賀県下全体でも衰退を極めた。朽木で生産された木炭は、そのほとんどが近郊都市の京都などに販売され、製品として流通されるものであった。つまり、谷に残る炭焼き窯跡は、単なる地形的な窪みとしての存在ではなく、山村が都市のエネルギー需要を支えてきた証としての側面も持っているのである。
　雲洞谷では、炭焼き窯の窯打ち作業にあたっては、かつては普請として集落総出で行われていたものであった。しかし、木炭生産の衰退に伴い、炭焼き窯が新たにつくられることもほとんどなくなった。炭焼き窯づくりは、集落の紐帯を維持する役割もあったと思われるが、木炭生産の終焉とともに窯打ちのような無形資産ともいえる共同作業も同時に失われてきたのである。
　当時、炭焼きを親に付いて経験した世代は、すでに70～80歳代になっており、地域で炭焼きが行われていた事実さえも消えようとしている。朽木の山中に残っている炭焼き窯跡は、わずか数十年前までの人びとと森との深いつながりを示す貴重な有形資産として、「山村遺産」とでもいうべきものだろう。炭焼き窯一つ一つに、かつて炭焼きに従事していた人々の暮らしが刻み込まれている。炭焼き窯跡は森を利用してきた暮らしを今に伝える物語の入り口にもなり得る。その存在価値は今後もっと見直されてよい。
　そして、炭焼きによく使われたミズナラ、アカシデ、コナラといった樹種は今でも朽木の山中でみられるものである。実は、炭焼き窯跡と周辺の植生は一つの組合せとして近過去の人の暮らしと森とのつながりを示している。数十年ぶりに新たにつくられた炭焼き窯は、こうしたつながりに再び光を当てる生きた資産でもある。平成最後の年に地域住民によって新たにつくられた窯から生まれる木炭は、古くて新しい山林資源の利用可能性を物語っているのではない

第 7 章　山林資源の利用 1　　　99

だろうか。

## 調査手法

　本章の調査では、(1)朽木や滋賀県における木炭生産の状況の把握、(2)雲洞谷におけるかつての木炭生産の様子や新たな動きの把握、(3)Y谷の炭焼き窯跡の分布調査、(4)ベルトトランセクトによる植生の把握、という4つの手法を採用した。

　(1)については、朽木の地域史を記載した書籍や木炭の生産について整理した学術論文を参照した。また、インターネットで取得できる林野庁の統計情報も活用した。滋賀県や朽木といった空間スケールの違い、江戸時代、明治時代、昭和時代といった年代ごとの違いがあり、一様に比較することは困難であるが、相互に参照することで、朽木の木炭生産の変化を把握することができた。

　(2)については、昭和時代の集落での木炭生産の様子について復元することを試みた。具体的には、雲洞谷を対象に、70～80歳代の7人の炭焼き経験者にインタビューを行った。世代共通の経験として炭焼きが位置づけられることがわかった。また、新たな動きについては、新聞記事の地域版を参照するとともに、現地視察と炭焼き窯づくりに取り組んだ方へのヒアリング調査を実施した。

　(3)については、Y谷を踏査し、GPS受信機で位置情報を記録したデータから分布図を作成した。なお、全踏査は藤岡悠一郎氏らが行った。

　(4)については、調査地の谷部の植生を代表している場所を目視によって選定し、谷底から尾根部にかけての植生調査を実施した。谷底に基点を設置し、左岸と右岸の両岸に水平距離で151mの側線を張り、側線に沿って幅20mのベルトトランセクトを設置して、胸高直径が5cm以上の木本を対象とし、出現した個体の樹種、樹高、胸高直径、位置を記録した。植生調査を実施することで、現植生と炭焼きに利用される樹種との対応関係を比較することが可能となった。

## 【引用文献】

赤羽　武・塩谷　勉(1963)「木炭生産の展開とその地域性　I-明治期」、九州大学農学部附属
　　演習林演習林集報18：1-24。

阿部和夫(1965)「木炭の需給および製炭に関する地域的分析」、東北地理17(1)：24-29。

朽木村史編さん委員会編(2010)『朽木村史』、滋賀県高島市。

手代木功基・藤岡悠一郎・飯田義彦(2015)「滋賀県高島市朽木地域におけるトチノキ巨木林の立地環境」、地理学評論88(5):431-450。

橋本鉄男編(1974)『朽木村志』、朽木村教育委員会。

# 第8章　山林資源の利用 2
## ── 用材と木地を生んだ針広混交林 ──

**🔍 興味深い朽木の着眼点**

**写真 8-1　朽木の針広混交林**(2018 年 10 月 14 日撮影)

　朽木の山を眺めると、どの山肌も一面の森林に覆われ、森林が景観の基盤的な要素となっていることが感じられる。しかし、森林といっても一様ではなく、秋が深まる頃には、紅葉に染まる広葉樹林と常緑のままの人工造林地が明瞭に区別されるのに気づくだろう(**写真 8-1**、口絵 v、上部中央の遠方の山)。朽木の広葉樹林内には、多様な樹種が混生している。自生する常緑針葉樹のアシウスギもその一種であり、広葉樹林の中に分け入ると枝を四方に伸ばしたアシウスギの姿を観察することができる(**写真 8-1**、口絵 v)。このように広葉樹と針葉樹が共に生育している森林を一般的に針広混交林と呼び、針広混交林は朽木の森林を特徴づけている。

　朽木では、針広混交林を利用しながら地域の暮らしが維持されてきた歴史

がある。それは一体どのような営みであったのだろうか？ 朽木の森林利用に関わる歴史的な営為を整理することで、針広混交林と人のつき合い方を探りたい。

## 8.1　はじめに

朽木の総森林面積は現在15,332 ha（民有林が99％。国有林が1％）とされる（朽木村史編さん委員会編 2010）。そのうち、落葉広葉樹を主体とする天然林が7,629 ha（民有林の50.2％）、人工林が7,228 ha（民有林の47.6％）を占める（朽木村史編さん委員会編 2010）。

天然林を代表する植生として、生杉集落に位置する、滋賀県下でも有数のブナの原生林がよく知られている（本書第2章参照）。このブナ林の高木層や亜高木層は、ブナ、ミズナラ、トチノキ、イタヤカエデ、ホオノキなどの木本植物で構成される（朽木村史編さん委員会編 2010）。一方で、山地の源流域となる渓流沿いには、カツラ、トチノキ、フサザクラ、オオバアサガラなどの樹木が生育し（朽木村史編さん委員会編 2010）、谷によってはカツラやトチノキの巨木が多く生育しているところもある。渓流域の斜面上部では、アシウスギ（本地域に自生するスギの変種）が広葉樹に交じって生育している箇所がみられる。

滋賀県では、伊吹山と比良山及び朽木生杉を結ぶ線を境として、その以北にはブナ―オオバクロモジ群集が、その以南にはブナ―クロモジ群集が分布し、両群集が隣接する朽木では、ブナ―クロモジ群集にアシウスギが混生した林分がみられる（滋賀自然環境研究会 1979）。朽木に隣接する京都大学芦生演習林での集水域（16 ha）の森林調査では、アシウスギが最も多く出現し、それにブナ、ミズナラ、ミズメが続くような林分構造が明らかにされている（山中ほか 1993）。現在、朽木の森林面積の約半分は人工林となっているが、芦生演習林の場合、1924年の演習林設定以来、伐採やその他の人為的な攪乱を受けていない（山中ほか 1993）。このことから、多様な広葉樹種で構成される林分にアシウスギが混生する針広混交林が朽木を含めた丹波高地東部一帯の代表的な植生であることが理解される。

本章では、朽木においてアシウスギが混生した針広混交林が長い間人びとの

暮らしを支えてきたことを、朽木の森林資源の利用史をひも解きながら探って
みたい。

## 8.2　中央政権に近い朽木

　朽木は、京都の中心部から市場まで50 kmほどの距離であり、徒歩でも1日
〜2日程度あれば移動することができる。その距離の近さに伴い、朽木は古く
から「都」の影響を受けてきた（**表8-1**）。それは、政治的、経済的、文化的に
も非常につながりの深いものであった。

　歴史文書の記録上、朽木の森林に関係のある記述として最も古いものは、奈
良時代の『正倉院文書』の一つ、「椙樽漕運功銭米注文」（天平宝字6年（762年））
とされる。「椙樽」は、スギの木材を表しており、奈良時代にはすでに朽木は
スギ材の生産地の役割を果たしていたことがうかがわれる。この文書には、奈
良の東大寺を造営する造東大寺司が用材の伐採基地として高嶋山作所を設けた
との記載が含まれる（朽木村史編さん委員会編 2010）。また、津と呼ばれる木材
の集積地が山作所にはあり、高嶋山作所の中に「小川津」という津の記載も合
わせてみられる（朽木村史編さん委員会編 2010）。この「小川津」が朽木内にあっ
たのかどうかその所在はいまだ確定していないものの、いずれにせよ安曇川流
域は木材の生産や運搬を担う重要な土地柄であったことがこれらの記載からも
推測することができる。

　都が奈良から京都に移されて以降の平安時代には、「子田上杣」や「朽木杣」
として朽木は藤原氏一族の荘園や寺院の寺領地に組み込まれ（**表8-1**）、引き続
き中央政権を支える木材の生産地としての機能を維持し続けた。ちなみに、杣
（杣山）とは材木を伐り出す山のことである。

　鎌倉時代末期の弘安10年（1287年）には、朽木氏の祖とされる佐々木義綱氏
が朽木荘の地頭職をその父佐々木頼綱から譲り受け（朽木村史編さん委員会編
2010）、この頃から朽木の政治的な支配体制が確立されていった。一方で、各
集落の記録上の初出を調べてみると、最も古いのが栃生の文永6年（1269年）、
それに続き、明応7年（1498年）までに能家、岩神（現在の岩瀬）、荒川、柏、地
子原、平良、古川、坊村、村井、麻生、雲洞谷、宮前、市場の順に登場する（朽

表8-1　朽木地域における支配形態の変遷(抜粋)

| 年　　代 | 内　　容 |
|---|---|
| 天平宝字6年(762年) | 『正倉院文書』「楲樽漕運功銭米 注 文」に造東大寺司が設けた高嶋山作所(用材の伐採基地)の中に小川津の記載がみられる |
| 嘉祥4年(851年) | 子田 上 杣が藤原家の家領となる |
| 長保3年(1001年) | 平 惟仲が朽木荘を含む所領を白川寺喜多院(後の寂楽寺)に施入(寄付) |
| 寛弘8年(1011年) | 京都の寂楽寺が「朽木杣」のうちにある「杣一所」(針畑荘)を藤原道長の次女である藤 原 妍子に寄進 |
| 平治元年(1159年) | 針畑荘の一部が大悲山寺(現在の峰定寺)の所領になる。その後、宝徳3年(1451年)までに比叡山延暦寺の所領となる。 |
| 鎌倉時代末期 | 佐々木氏(のちの朽木氏)、朽木荘の地頭となる。朽木氏は明治維新まで存続し、約600年間にわたり朽木地域を支配した |
| 明治4年(1871年) | 朽木藩が廃止される |
| 明治22年(1889年) | 21ヶ村が合併し、旧朽木村が誕生する |

朽木村史編さん委員会(2010)より筆者作成

木村史編さん委員会編2010)。これらのことから、朽木氏の支配が確立される鎌倉時代末期前後から室町時代中期にかけて、朽木の集落が徐々に形成されてきたことがうかがわれる。

　その後室町時代には、室町幕府の12代将軍足利義晴(1511～50)と、その子13代将軍足利義輝(1536～65)が、3度にわたり計8年間、朽木荘に滞在した(朽木村史編さん委員会編2010)。その際には、幕府の運営が朽木で行われたとの記録もあり、朽木氏と中央政権との深いつながりが垣間見える。

　朽木氏は、その後明治維新を迎えるまで約600年間にわたり朽木を支配した。その背景として、若狭と京都をつなぐ主要路を抱えていたことに関連して、時の中央政権とのつながりを良好に維持できたことが指摘できるだろう。また、次節で述べるように、朽木氏が豊富な森林資源を持続的に利用できたことや木材の運搬に利用される水運を統治してきたことなども、藩の安定的な経済基盤の維持に貢献しただろう。

## 8.3　近世以前の針葉樹の利用

　朽木の森林は、前述のとおり奈良時代には木材生産の専門組織としての「山

作所」が設けられ、奈良の都の寺院などの大型建造物を建立する際の用材として「榲榑」を供出する場所となってきた。そして、室町時代には、木材を運び出す際の通行料を徴収することもすでに始められていた。例えば、永享4年（1432年）の「室町幕府奉行人連署過書」には、京都南禅寺の風呂建築用の材木を朽木から運び出す際に勘過料（通行料）を支払うとの記述が残されている（朽木村史編さん委員会編2010）。

　山で伐られた木材を運搬する手段としては、長らく河川を利用した流送が行われてきた（本書5章参照）。鎌倉時代末期の永仁2年（1294年）の記録では、同じ安曇川流域で朽木と隣接する久多荘から「舟筏」が朽木荘を通過することをめぐる相論があった（朽木村史編さん委員会編2010）。このことから、安曇川流域での筏流しは13世紀以前から行われてきたことが推測される。また、「室町幕府奉行人連署過書」（永享4年（1432年））や「材木座由緒」（『山本家文書』、正徳6年（1716年））ではそれぞれ「勘過料」や運上金の徴収の記載もみられ（朽木村史編さん委員会編2010）、伐り出された材木を安曇川の水流を利用して輸送する際に課税する税金徴収が行われていた。このように河川を利用した朽木材の運搬は江戸時代に入っても続けられ、用材の多くは安曇川を流下して河口の舟木に集められた。

　現在でも安曇川流域には、流送の安全航行を祈願したシコブチ神社が十数か所残っており、安曇川を利用した木材の運搬が地域の生活文化に深く根差していたことを今に伝えている（本書5章参照）。また、朽木氏が支配していた時代には、朽木荘の住民に対する年貢として、米や労働力に加えて、「榑（材木）年貢」というものも課せられていた（朽木村史編さん委員会編2010）。朽木では、もともと山間地で米作に適する土地が少ないこともあり、木材そのものが地域経済を支える税金の一つとして機能してきたといえる。

　用材は、奈良時代の文書にもあるとおり「榲榑」が重用されてきたのだろう。現在でも朽木に自生するアシウスギはこうした用材生産の格好の材料として利用されてきたにちがいない。朽木では、針広混交林の「針」（針葉樹）の利用が、地理的に近い中央政権との結びつきもあり、地域の経済活動を支える重要な基盤としてその役割を果たしてきたということが理解されよう。

## 8.4 近世以前の広葉樹の利用

針広混交林のうち「広」(広葉樹)の利用は、近世以前に盛んに行われていた木地生産が注目される。滋賀県には、木地屋(木地師ともいう)と呼ばれる集団が木地生産を伝承してきた歴史がある。木地屋は山から伐り出した原木を轆轤で挽いて盆や椀などをつくり、続いて塗師屋がこれらに漆を塗るというように、分業的に漆器が生産された。

木地屋集団のうち、一部は都市に居住し漆器工芸に参加したり、村々に定住したものもいたが、良質の原材を求めて山々を渡り歩きつつ、木地生産に従事したりするものも多かった(滋賀県教育委員会 1965)。このような集団の足跡は、「氏子狩帳」という木地屋集団の所在地を記録した帳簿によって往年の分布を知ることができる。それによると、かつての近江一国(現在の滋賀県)は、木地屋集団が多く所在し、とくに滋賀県東部に位置する旧神崎郡永源寺町(現在の東近江市)の君ヶ畑や蛭谷などの集落には、木地屋集団の発祥の地としての伝承が多く残されている(滋賀県教育委員会 1965)。なお、上記「氏子狩帳」は、君ヶ畑と蛭谷のそれぞれの集落で整備保存されてきたものがある。

朽木において木地製品の生産拠点としての役割を大きく担っていたのが朽木北西部の麻生木地山である。天正14年(1586年)に初めて行われた氏子狩の記録には「当国麻生山木地屋にて帳始め」とあり、このとき木地山に21軒の木地屋が住んでいたと記録されている(橋本 1974)。これらの木地屋が朽木に定住することができた理由の一つとして、朽木氏の御用木地生産を請け負っていたことがあげられる(朽木村史編さん委員会編 2010)。朽木氏は参

写真8-2 2人挽きのロクロ。手綱で軸を回転させ、先端(手前)に取り付けた木地をカンナ(右隣の工具)の刃で削る(高島市立朽木資料館所蔵。2018年12月14日撮影)

勤交代の際の江戸への手土産として、木地山で作られた木地製品に市場や岩神(現在の下岩瀬)の塗師屋によって漆が塗られた盆や椀を持参していた。木地製品が必要になると領内の山を指定し、そこから木を伐り出すよう指示が出されたこともあった(朽木村史編さん委員会編 2010)。

写真 8-3　朽木盆の一つである「菊盆(きくぼん)」(高島市立朽木資料館所蔵。2018 年 12 月 14 日撮影)

江戸時代初期に書かれた『毛吹草』(松江重頼編。正保 2 年(1645 年)板行の俳諧指南書)や『西北紀行』(貝原益軒著。元禄 2 年(1689 年)の紀行文)には、朽木の産物として盆、鉢、椀などがあげられている(朽木村史編さん委員会編 2010)。これらの記録から、木地製品が江戸時代初めごろには、すでに朽木の名産として広く知られていたことが理解される。木地製品の中でも、丸盆の一つである「菊盆(きくぼん)」は有名で、十六菊弁のデザインが施されているのが特徴である(写真 8-3)。

朽木の麻生木地山では、木地生産に使われる原木の採取について「ロクシュノキ(六種の木)」という制をつくり、樹種ごとの用途が整理されている(滋賀県教育委員会 1965)。すなわち、トチ(盆・膳・椀・銚子など)、ブナ(鉢など)、カツラ(ハンゾ(鉄漿(おはぐろ)附用具))、ケヤキ(用途固定せず)、イヅクメ(用途固定せず)、クロマメ(ミズキのこと。ボコ(御供えを盛る器))であった(滋賀県教育委員会 1965)。一方、朽木に隣接する大津市貫井(ぬくい)にも木地屋集団がおり、ロクシュノキのような決まりごとはみられないものの、トチ、ミズネ、ケヤキ、サクラ、ホウ、マツ、タンガ(谷桑のこと)、ブリナ、クルマメ(クロマメのこと)、エンジなどの樹種が木地生産に利用されていた(滋賀県教育委員会 1965)。いずれも周辺の山林の植生を反映しているものと考えられ、生育する広葉樹種に応じて木地生産が工夫されてきたといえる。

木地屋集団が近世以前から保ってきた森林とのつきあい方は、明治時代から昭和時代にかけて大きく変化し、それに応じて木地生産そのものが次第に衰退していった。昭和 7 年(1932 年)の『高島郡朽木村能家民俗資料調査概報』の

記述によると、貫井では4軒が木地を挽いていた一方で、木地山ではわずかに1軒が残るのみであった(橋本1974)。この木地山の1軒の生産者は昭和32年(1957年)の時点でも存命という状況であったが、現在では木地生産の名残を地名に残すのみとなっている(**写真8-4**)。

**写真8-4** 現在の木地山(2018年3月26日撮影)

## 8.5 近代以降の森林資源利用

明治維新以降の朽木では、明治4年(1871年)の廃藩置県令の公布により、朽木氏による領地支配が終焉を迎えるとともに朽木藩が廃止された(**表8-1**)。明治5年(1872年)には、農民による土地所有が認められ、明治6年(1873年)の地租改正条例の公布に合わせて、土地に対する税金のかけ方が新しく決められた。それは、農地だけでなく、山林も同様であった。その後、明治22年(1889年)には町村制が施行され、旧村21ヶ村が合併し、「朽木村」が誕生した(**表8-1**)。

森林資源の利用面では、明治時代以降、7章で紹介した木炭生産が産業として盛んになってくる。朽木での木炭の生産量は、明治30年代には10万貫(375トン)、大正10年には50万貫(1,875トン)、昭和31年には12万3,000俵(1俵を15kgとすると、1,845トン)、昭和25〜28年の朝鮮戦争時期には2,600トンを超える年もあったことが確認されている(朽木村史編さん委員会編 2010)。このように明治時代後半から大正時代にかけては木炭の生産量が大幅に増加し、さらに戦後にかけて生産量が飛躍的に高まった時期もみられた。朽木では、この時期に広葉樹を主とする天然林の利用が急速に進行していったことがうかがえる。一方で、明治30年代後半には鉄道用枕木の用材としてクリが大量に伐り出される状況が出現した(朽木村史編さん委員会編 2010)。

昭和時代前半から中頃は、用材の素材生産(伐採)に関わる生産体制が整えられてきた時期としても位置づけられる。旧朽木村では昭和16年(1941年)に、

木材の素材生産(伐採)や林業に関わる支援事業を行う朽木村森林組合が設立された(朽木村史編さん委員会編 2010)。また、戦後の昭和26年(1951年)に施行された森林法により、従来の森林組合制度の改正が行なわれ、昭和27年(1952年)には朽木村でも森林所有者で構成される協同組織としての森林組合が発足した(朽木村史編さん委員会編 2010)。

このような素材生産事業の強化だけでなく、造林事業へのてこ入れも同時に進められたのがこの時期の特徴である。戦後の復興政策にともなって、木材や木炭の需要の増加を受け、昭和28年(1953年)頃から、朽木村の指導で民有林へのスギの植栽が奨励された(朽木村史編さん委員会編 2010)。その後、紙の原料となるパルプ材の需要増加によって雑木(広葉樹)が伐られ、代わってスギの人工造林が積極的に進められるようになった。

同時に造林事業にかかわる組織体制の充実も図られた。昭和33年(1958年)に制定された分収林特別措置法に基づき森林整備公社の設置が図られたことを契機に、滋賀県においても、昭和40年(1965年)に琵琶湖の水を確保する目的で造林事業を行う「滋賀県造林公社」が設立された(朽木村史編さん委員会編 2010)。さらに、昭和49年(1974年)には、水資源の涵養を図るため、新たに造林する目的で「びわ湖造林公社」が設立されると、森林組合は事業を請け負いつつ、作業班を投入して拡大造林を進めた(朽木村史編さん委員会編 2010)。

以上のように、明治時代から昭和時代にかけては、木炭生産や鉄道の枕木生産などのように広葉樹種を主とする天然林を大量に利用伐採するという時期を経て、伐採跡地をスギの人工造林地に林相転換するような政策と施業が積極的に進められた時期であると位置づけられる。スギの人工造林地が急増したのはこのようにわずか60年ほどの歴史しか持たず、現在朽木の森林面積の約半分を占める針葉樹(スギ人工林)の景観は、比較的新しく成立したものであるといえる。


## 8.6　おわりに

これまでの整理から、朽木の針広混交林は、広葉樹林に混生するアシウスギが奈良時代から都の木材需要を支える用材として安曇川流域の水運を通じて組

織的に利用された一方で、ブナ、トチ、カツラなどは、木地屋集団により木地製品として加工され、江戸時代には朽木藩の参勤交代時の土産物になるなど朽木を代表する漆器工芸に利用されたという特徴が明らかになった。加えて、針広混交林は、樽年貢のような徴税をはじめとして、地域の社会制度と強固に結びつきながら支配者の経済基盤の原資として機能してきたことが理解される。さらに、水運の安全航行を願うシコブチ神の信仰のように地域の宗教習俗にも根深く関わっていることも指摘できる。

　朽木の森林は、前述のとおり近代以降の資源利用の大きな変化に押されて、全体の森林面積のうちの広葉樹を主とする天然林が占める割合が約半分程度にまで減少している。スギの人工林が戦後の拡大造林期から数十年を経て成熟期を迎える中で、針広混交林と地域経済の通史的な見方は、人工林伐採後の森林利用を思い描く際に有用な見方を提供してくれるのではないだろうか。

---

**調査手法**

　本章では、既存の文献調査に基づいて、朽木の針広混交林の特徴を記述するとともに、森林資源の利用に関する情報を通史的に整理した。合わせて、針広混交林の様子を把握するために現地観察を行った。また、滋賀県立図書館（滋賀県大津市）や高島市立朽木資料館（滋賀県高島市）を訪問し、朽木の森林資源の利用に関わる歴史や習俗を現在に伝える書誌資料の収集や民俗学的な現物資料の確認を行った。

---

## 【引用文献】

朽木村史編さん委員会編(2010)『朽木村史』、滋賀県高島市。

滋賀県自然環境研究会編(1979)『滋賀県の自然』、滋賀県自然保護財団。

滋賀県教育委員会編(1965)『滋賀県文化財調査報告書（第1冊）近江の木地屋の生活伝承』、滋賀県教育委員会。

橋本鉄男編(1974)『朽木村志』、朽木村教育委員会。

山中典和・松本　淳・大島有子・川那辺三郎(1993)「京都大学芦生演習林モンドリ谷集水域の林分構造」、京都大学農学部演習林報告 65：63-76。

# 第9章　山林資源の利用3
## ── 山の幸としての植物資源 ──

**興味深い朽木の着眼点**

**写真9-1　朝市で販売される山菜**

　春先、朽木の朝市を訪れると、コゴミやタラの芽、フキ、ゼンマイなど、売り場にみずみずしい山菜が並べられている。売っている方に尋ねると、前日か当日の早朝に家の近くで摘んできたものだという。山間の朽木では、さぞかし多くの山菜を採集することができるのであろうと想像するが、聞くところによると、最近は山に入る機会もほとんどなくなり、昔に比べて山の幸の利用も大きく変わってしまったそうである。この地域では、食料としての植物利用はどのように変化してきたのだろうか？　またその原因は何だったのだろうか？

## 9.1　はじめに

　植物の採集は、日本の農山村で古くから営まれてきた生業のひとつである（赤羽1997、2001）。農業や牧畜などの生業が始まるはるかに前から、野生動物の狩猟と共に植物の採集が行われ、得られた木の実や山菜は人々の重要な食料源となってきた。例えば、琵琶湖の湖底に位置する縄文時代の遺跡（粟津湖底遺跡）からは、トチノミやクルミなどの植物遺物が出土しており、古代の人々が食料としてこれらの植物を利用していたと考えられている。

　食料として利用されてきた植物は、当然ながら、広域植生帯の分布などを反映して地域ごとに大きく異なっている。また、同じ植物が生育している場所であっても、利用の有無や調理方法などが地域ごとに異なっている場合も多い。

　日本の山村では、多様な植物が食料として利用されてきた。後に詳しく紹介するが、クリやクルミ、アケビのような果実や種子、タラの芽のような樹木の茎葉、フキやセリなど草本の茎葉、キノコのような菌類の子実体、ワラビやゼンマイのようなシダ植物の芽など、植物の種類や部位でみても多岐にわたる。このような植物資源は、樹木の幹などを伐採して得られる木材林産物に対し、非木材林産物（NTFPs: Non-timber forest products）とよばれ、持続的に利用できる点に特徴がある。

　四季のある日本では、非木材林産物の種類により、得られる季節が限定される。農山村に暮らす人々は、季節とともに移り変わる農作業や山仕事などの生業暦のなかに植物の採集という活動を組み込んできた。また、家周辺やヤマに生育する植物の芽吹きや開花、果実の成熟などの植物の営みは、季節の移ろいを実感する指標でもあった。

　人が利用する植物は、植物に対する人間の関与の度合いから、栽培植物や野生植物、半栽培植物に分類することができる。栽培植物は、植物の生殖段階から収穫まで、人の手による管理が強く及び、イネやコムギなどの穀物や野菜、果樹など、農林業の対象となる植物種が含まれる。一方、野生植物は、生殖段階や個体の成長に対して人間の影響がほぼ及ばない植物で、野山に自然に生えている植物である。理解が難しいのが、半栽培植物である。これは、栽培植物

ほど人間の管理が及ばないが、植物の成長過程にある程度の人間の関与が及ぶ植物を指す。例えば、種を植えたりはしないが、自然に生えてきた個体に対して、枝打ちをしたり、周囲の邪魔な植物を除去してその個体の成長を助ける、などの管理をする場合がそれにあたる。農山村に暮らす人々は、身近な植物を利用するにあたり、植物に対して何らかの働きかけを行い、所有や採集に関するルールを決めるなど、コミュニティの成員がうまく植物を利用できるような仕組みを作り出してきた。

　日本の農山村において地域の人々に昔から利用されてきた植物資源は、1950年代から全国的にその利用が衰退する傾向が生じてきた。その原因については後ほど説明するが、自然環境と社会環境に関わる複数の要因が関連する。また、近年では山菜などの自然資源が見直され、地域おこしの文脈で商品化が進み、昔よりも利用されるようになった植物も存在する。本章では、朽木における1950年代頃までの非木材林産物の利用の状況について、特に年長者への聞き取りを基に紹介する。そして、1950年代以降の変化について、その原因を含めて検討してみたい。

## 9.2　朽木で利用されてきた植物

### 9.2.1　朽木の食

　山間部に位置する朽木では、琵琶湖に注ぐ安曇川の本流沿いやその支流である北川、麻生川、針畑川に沿って小規模に形成された河岸段丘に住居が立地している。人々は住居の周りに田畑を拓き、そこに隣接するヤマを資源利用の場として利用してきた。田んぼでは、通常のご飯として食べられるウルチ米のほか、モチ米品種が栽培され、さまざまな種類の餅が食されてきた。畑では、昔はキビやアワなどの雑穀が栽培され、ソバやダイコン、カブラ、サツマイモ、ナスなどの野菜が育てられてきた。さらに、山に生息する鳥獣や川に生息する魚、水田のドジョウやタニシなどが蛋白源として利用されてきた。

　朽木におけるひと昔前の平均的なイネの作付面積は、一区画4畝10歩、総収量は5300余石、一反当り3俵（多いところで6俵）であった（高橋 1991）。この収量は、一年間自給のみで暮らすには難しい量である。さらに、朽木谷では冷

害が頻繁に発生し、飢饉がしばしば発生した。そのため、農作物を主体とする食料を補完するという意味でも、多くの非木材林産物が利用されてきた。

　もっとも、山村である朽木では林業が盛んであり、林業を中心とする収入をもとに、購入によって食卓にならぶ食品も昔から数多くあった。京都と福井を結ぶ若狭街道に位置する朽木では、古くから行商人や荷運び人の往来があり、朽木の中心地である市場や岩瀬は、宿場や商業の街として発達した。朽木の人々は、炭などの林産物を市場や岩瀬で販売し、日用品や食料品を買って集落に戻ったという。購入するものの多くは海産物であり、へしこ(サバなどの糠漬け)、塩ます、塩さば、棒だら、こんぶ、塩、醤油、砂糖などであったという。

### 9.2.2 採集の場

　朽木で暮らす人々は、集落周辺の土地利用や環境条件に応じて生育する様々な植物種を使い分けてきた。集落周辺の環境は、**表9-1**のように区別して呼び分けられてきた。住居や庭が位置する"イエ"を中心に、その周囲に広がる"タンボ"、カヤやヨシなどが生育する平坦地"ダイラ"、水流が流れる"カワ"、傾斜が急な山林"ヤマ"に大きく分類される。イエの屋敷地には、カキやクリなど、果実をつける樹木が生育する小規模な屋敷林が成立し、カキなどを採集する場であった。タンボは、イネを栽培する田が広い面積を占めるが、田を区切る"クロ"(畦)や水を引き込む水路などが組み合わされた複合的な環境である。ダイラは、河岸段丘上に広がる平坦地で、タンボに利用されていない土地である。生育する植物種により、カヤダイラ、ヨシダイラと呼び分けられる。ダイラに生育するカヤ(ススキ)は、住居の屋根を葺く建材として用いられる。集落の住民は、毎年少しずつカヤを刈り貯め、屋根を葺き替えるときにまとめて利用した。集落近くにはカワが流れ、河原ではヨシなどの植物が採集されるとともに、魚の採集の場にもなった。ヨシは冬季のウシの餌として重宝された。集落から離れた山林は総称してヤマと呼ばれ、主な用途に応じてホトラヤマやクサカリヤマ、カリボシヤマ、ベベヤマ(べべとよばれるハイイヌガヤの実を採集した山)、マツタケヤマ、スミヤマ(炭山)などと区別して呼び分けられた。また、地形名称も多様で、尾根や背子、谷、淵、瀬などの地形の呼び分けや、○○淵、○○山のような固有名称も多い(本書5章参照)。

第9章　山林資源の利用3　　*115*

表9-1　集落周辺の環境名称と採集される主な非木材林産物

| 名　称 | 主な植生 | 食材として採集される主な植物 |
|---|---|---|
| イエ | 果樹 | カキ、サンショウ、クリ、ウコギ |
| タンボ | 草本 | フキ、ツクシ、ワラビ、ゴマナ、ウド、ヨモギ、ノビル、タンポポ、イタドリ、ギボウシ、セリ |
| ダイラ | カヤ、ヨシ | |
| カワ | ヨシ、河畔林 | ワサビ、ヤマウド、イタドリ、ヤマニンジン |
| ヤマ | 二次林、渓畔林 | 芽・葉：マユミ、リョウブ、ウコギ、コシアブラ、タラ、ゼンマイ、ワラビ、ウド、ヤマミツバ、タケノコ<br>果実・種子：野イチゴ、トチ(栃)、クリ、ケンポナシ、ヤマナシ、ツノハシバミ、ヤマナシ、ヤマブドウ、アケビ、サルナシ、オオウラジロノキ、クルミ、チャボガヤ<br>キノコ：マイタケ、シメジ、ナメコ、マツタケ、シイタケ |
| ホトラヤマ | コナラ幼木、草本 | フキ、ゼンマイ、ワラビ、野イチゴ |
| ベベヤマ | ハイイヌガヤ | |

注：環境区分は、特定非営利活動法人杣の会編(1990)を参考にした。

### 9.2.3　多様な植物利用

　朽木の人々は、日常の衣・食・住に必要となる資材、特別な祭事や年中行事の際に用いる道具、特定の季節にのみ得られる自然の恵みを、集落の内部や外側に広がる多様な環境から採集し、利用することで生活を営んできた(**表9-1**)。炭や材木、木地や道具の材料などとなる木材林産物は本書7、8章でとりあげたので、本章では昭和30年頃までに行われていた非木材林産物の利用について、年長者の語りをもとに季節ごとに整理してみたい。

　雪が消え、長い冬が終わる春先、ダイラやヤマでは、"ヤマ焼き"、"ダイラ焼き"と呼ばれる火入れ作業が行われる(本書6章参照)。この時期、ヤマでは木々が芽吹き、マユミやウコギなどの新芽が食用に採集された。家の庭の片隅にウコギの木を植えておく家も多いという。ウコギの新芽は、油でいためてご飯と混ぜてウコギ飯にした。春の山菜は、保存食を中心とする食事が長く続いた冬の終わりを告げる食材であり、人々は喜んで食べたそうである。

　4月になると、畑での麻の植え付けやタンボでの苗床づくりなどの作業が始まる。この頃、タンボ周辺のクロ(畔)には、フキノトウやノビル、ツクシなどの山菜が芽をだし、人々はそれらを採集した。ヤマでも、ゼンマイやコシアブラ、リョウブ、ワラビなどの山菜を採集した。リョウブは、乾燥したリョウブを米と混ぜて炊いた"リョウブ飯"として食べられることもあった。

5月になると、家で飼っているウシの敷き草と牛糞が混ざった肥料（ホトラ肥え）をタンボに撒き、その後、荒田起こしが行われる。畦塗りを行い、水を引き入れ、代掻きなどの作業が続き、6月頃に田植えが行われる。クロやカワ、ダイラでは、ヨモギやフキが芽吹くため、ヨモギ採り、フキ採りが行われた。ヨモギは、餅米に混ぜて搗き、ヨモギ餅として食べられる。ホトラヤマなどの開けた場所では、野イチゴ類が実をつけ、子供のころに甘い実をたくさん食べたという話もきかれた。

　山菜のなかでも、フキは他の植物と扱いが異なり、採集を開始する日を集落の住民の間で決めておく"口あけ"が定められていた。フキは、冬場の保存食となるため、大量に採集する必要があった。フキの口あけは、年によって違いはあったそうであるが、田植えが終わり、泥落としの休みが明ける頃であった。特に、ホトラヤマは、山焼きによって草原が維持されてきたためフキが豊富に生え、口あけの日には集落の人々が一斉に入って採集した。フキは、葉の部分を落とし、茎だけを乾かして"干しブキ"にし、それらを束ね、その状態で保存した。また、塩と糠でつける"押しブキ"に加工することもあった。また、ゼンマイやワラビなども冬の保存食のためにたくさん採集された。

　夏は、ホトラ刈りの季節である（本書6章参照）。また、畑で夏野菜やアサの収穫が最盛期を迎える。この時期は、ヤマやイエの周囲で甘いクワの実がなり、ヤマナシなどの果実が採集できる。カワでは魚を捕り、お盆の行事が行われる。

　秋は実りの季節で、ヤマでの採集活動が忙しくなる。クリやトチノミなどの種子、アケビやサルナシ、ヤマブドウなどの果実、マイタケやナメコ、シメジなどのキノコ類（**写真9-2**）、ヤマイモやムカゴなどが採集された。クリは、かつては大量に採集することができたため、常備食にしたほか、保存食にもされた。水に漬けて虫出しして干した後、お湯でゆがき、紐で結んでアマの下につるしておいた。紐で括られたクリを"数珠グリ"と呼ぶこともある。秋に採集する実の中で、とりわけ量が多いのはトチノミである。これについては、次の項で詳しく紹介する。

　ヤマだけでなく、この時期はイエの周囲に生えている栽培／半栽培状態のカキやクリなどの樹木からも多くの果実を採集できる。カキは生で食べるほか、渋いカキはさわし柿か干し柿にして食べた。串にさした干し柿を簾状に編ん

だものは串柿とよばれた。

また、食用ではないが、ベベとよばれるハイイヌガヤの実も採集の対象となった。ベベは、洗った後に乾かして粉末にし、せいろで蒸した後に油を搾り、神棚の燈明の燃料として利用された。

このように、朽木では季節や環境に応じて多様な植物資源が食材として利用されてきた。採集は、単純に食料を獲得するだけの活動ではなく、季節の移ろいを感じる営みでもあり、厳しいながらも楽しい労働であったという。

写真9-2　朽木の山でみられるキノコ（タマゴダケ）

## 9.3　トチノミの採集

朽木で、地域の人々が食料資源として採集した植物のうち、採集量が特に多く、食料資源として重要であったものがトチノミであろう。本書10章で詳しく紹介しているが、灰汁抜きしたトチノミと餅米から作ったトチ餅は、本地域で昔から食べられてきた食料である。トチ餅は、今では地域の特産品として販売されているが、かつては自家消費のために各家庭でつくられ、米が不作の年には救荒食として重宝された。

昭和30年頃まで、朽木の大部分の世帯がトチノミ採集を行っていた。例えば、雲洞谷で11世帯に聞き取りをしたところ、その頃までは全ての世帯がトチノミ拾いを実施していたという。

トチノミ拾いは稲刈りが行われる9～10月頃、朽木の人々が「ハヨル」と表現するトチノキの葉が赤く色づく頃に行われていた。「ウシの声の聞こえる場所にはトチノキは育たん」といわれるように、トチノキが生育する場所は集落から離れた谷の奥である。そうした谷は、イエから数キロメートルほどの場所に立地している（**図9-1**）。聞き取り対象世帯がトチノミを拾っていた場所は11

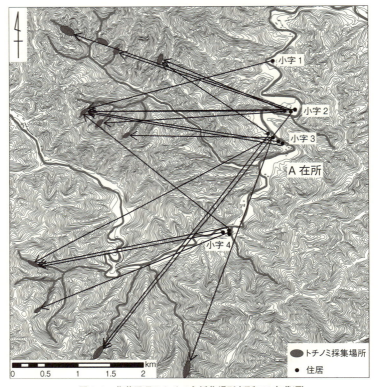

図9-1　集落周辺のトチノミ採集場所(昭和30年代頃)

か所あり、主に谷の源頭部に位置している。小さな木には実があまりならないため、直径の大きな木が採集対象木となるが、この地域は直径1メートルを超える巨木が数多く分布し、それらが密生する巨木林が形成されていた(本書16章参照)。

　トチノミ拾いは、単独あるいは複数名で行われた。早朝に集落を出発し、徒歩で谷に入り、八尺袋(**写真9-3**)とよばれる麻袋に実を入れ、背中に負って持ち帰った。その重量は、ときに20kgちかくにもなり、かなりの重労働だったという。まれに、足を踏み外して重傷を負う人もいた。採集は男女ともにおこない、大多数の世帯が季節の労働として行っていた。採集者は自分の持ち山に生育するトチノキから実を拾う場合が多いが、トチノキを所有していない世

第 9 章　山林資源の利用 3

帯は、多く所有する世帯に一声かけて実を採集した。他世帯の土地で実を拾う際、多くの場合は無償であり、実を拾いに行けない人は他世帯から譲り受けることもあったようである。しかし、なかには、実を拾わせてもらう代わりにイネ刈りを手伝う、あるいは米 1 俵などの返礼をおこなう者もいたようである。

写真 9-3　八尺袋

　トチノキの生育場所は朽木の内部でも地域的な差がみられ、特に川の下流部の集落ではトチノキが少なく、実が採集できなかった。そのような集落の住民はトチノキが多い地域の知り合いを訪ね、ダイズなどとトチノミとの物々交換をおこない、トチノミを入手した。
　本地域の過去のトチノミ採集については、江戸時代の古文書にも記載がみられる。朽木地域内の桑原村(現在の桑原集落周辺)では、「惣中割山切付覚帳」(1732 年(享保 17 年))に「とち・かつら之義ハかふてによらす、少なへによらす、依為御用木、先年之通法度堅く相守可被申事」と記載されている。すなわち、トチノキが御用木として定められ、封建的な規制によって伐木が制限されていたことが読み取れる(原田 1979)。また、同地域古屋村(現在の古屋集落周辺)における 1743 年(寛保 3 年)の記録(古屋村年寄・肝煎より朽木氏役所宛口上書)では、「古屋村百性共近年不作相続殊外困窮仕候、依之御立木栃ノ木御用ニ相立不申(下略)」との記述がみられ、同様に朽木藩でトチノキが御用木であったことがうかがえる(原田 1979：95)。ただし、古屋村の「惣割山定帳」には、「とち・かつらの木ハ惣立木ニ可致事」との記載がみられ、御用木とは異なる取り決めもみられる(原田 1979：95)。また、トチノミの採集については、桑原村の「村中和合ニ而定置法度書之事」に「とち・せんまい・とりもち・ふし惣中入込之事」と記載され、古屋村における「惣割山定帳(1733 年(享保 18 年))」に「とちハ惣立合ニひろひ可申事」とあることから、トチノミは入会という共有制度のもと

で採集されていたと考えられている(原田 1979)。

このように、トチノミは昔から本地域の重要な食料資源であり、住民によって大量に採集されてきた。しかし 1950 年代以降、トチノミ拾いやトチ餅づくりは急激に衰退し、ほとんど行われなくなった。その後、トチモチが地域の特産品となり、1980 年代から再度採集されるようになったが、高齢化や獣害により、近年ではトチノミを採集することが困難な状況が生じている(本書 17 章参照)。

## 9.4　非木材林産物利用の変化

1950 年代から、産業構造の変化や都市部への人口移出を背景に、山の資源を利用する生業や生活様式が大きく変化してきた。炭焼きや刈敷採集などの生業活動は衰退する一方、1950 年代からは林業が盛んになり、かつて資源を採集していたホトラ山やクサカリ山などの草地や広葉樹林は、次第に植林地へと変わっていった。そして、食料として非木材林産物を利用する食文化や採集活動なども次第に衰退し、住居周囲に生育するフキやカキなどの身近な資源を除き、植物の利用は昔ほど行われなくなった。さらに、1964 年の木材の輸入全面自由化以降は国内の林業が衰退傾向にあり、農山村では高齢化が進行したことも重なり、山村の住民が山に入る機会が減るいわゆる"山離れ"が進んだ。

山の資源利用を減少させる別の深刻な原因として挙げられるのが獣害である(本書 17 章参照)。獣害は、イネや野菜などの栽培植物だけが対象となるわけではなく、ヤマやカワ、ダイラなどに生育する野生／半栽培植物に対しても、被害が深刻である。特に、人が食用とする植物は野生動物も好んで食べる傾向があり、人と動物で利益が競合する。近年では、これまでシカによる採食の報告がほとんどなかったトチノミがシカに食べられるようになった(本書 17 章参照)。山の森林の下層には、通常であれば草や樹木の稚樹、幼木が繁茂するはずであるが、朽木の森林ではこのような下層植生がほとんどみられず、地面がむき出しになった斜面が山林の大部分を占めている。一方で、野生動物が食べないアセビやテツカエデ、オオバアサガラやシダ類などの一部の植物のみが数を増やしている。このような、野生動物の採食による植生変化は、人々の採集活動

を妨げる深刻な要因になっている。また、野生動物ではないが、クリに関しては昭和30年頃のクリタマバチという昆虫の大発生により、その後は実をあまりつけなくなったという変化もあった。

以前と比べて利用が衰退した植物がある一方で、朝市などでの販売を目的に頻

写真9-4　栽培されるウド

繁に利用されるようになった植物種もある。2004年度と2009年度に朽木の朝市で出品された商品を調べてみると、フキヤウド、フキノトウ、ヤマイモ、タケノコ、ワラビ、ゼンマイ、コゴミ、タラの芽などの山菜やそれらを加工した天ぷらや味噌など、様々な商品が販売されていた（表9-2）。これらの山菜については、年長者によっては、「かつてはあまり食べなかったが、山菜ブームで最近食べるようになった」と話す人もいた。もっとも、昔からこれらの植物も食べていたと話す人もいるため、これまで全く利用されていなかったわけではないが、都市に暮らす人々による需要が高まるにつれ、利用量が増える傾向があったようである。なかには、畑でこれらの植物を栽培し、定期的に出荷する農家もみられる（写真9-4）。

山菜の採集を阻害する要因として、獣害とともに深刻であるのは、他地域の人が無許可で山菜を採集して盗掘することである。朽木のヤマは大部分が私有地であり、所有者が存在するが、土地の所有者に許可を得ることなく、山菜を採集する人が少なからず存在する。これは、朽木に限った問題ではなく、他の農山村においても深刻な問題となっている。山菜を採集する人のなかには、山登りの際にたまたま見つけた山菜を、所有者がいることを認識せずに採っていく場合もあるが、なかにはそうした状況を認識しているにもかかわらず、盗っていく場合もある。住民のなかには、看板を掲示し、注意喚起をする人もいるが、根本的な解決策にはなっていないのが現状である（写真9-5）。

第Ⅱ部　山村の暮らしと自然環境

**表9-2　朽木朝市における植物資源を利用した出品物と出品回数**

| 商品分類 | | | のべ出品回数 | |
|---|---|---|---|---|
| 中分類 | 小分類等 | 商品名 | 2004年度 | 2009年度 |
| 農産食品 | 山菜類 | ヤマイモ | 1 | 1 |
| | | たけのこ | 6 | 1 |
| | | ふき | 17 | 13 |
| | | うど | 3 | 1 |
| | | ふきのとう | 5 | 7 |
| | | うめ | 1 | – |
| | | 山菜 | 1 | 4 |
| | | わらび | 11 | 16 |
| | | ぜんまい | 2 | – |
| | | かんぞう | – | 2 |
| | | セリ | 6 | 7 |
| | | こごみ | 10 | 6 |
| | | タラの芽 | 6 | 2 |
| | | どくだみ | – | 1 |
| | | 山椒の葉・芽・実 | 2 | 5 |
| | 果実 | ゆず | 1 | 4 |
| | | カキ | 2 | 4 |
| | | ぎんなん | 2 | 8 |
| | | 栃の実 | 1 | – |
| | | やまぐり | – | 1 |
| 畜産商品 | はちみつ | トチ蜜 | 13 | – |
| | | ケンポナシ蜜 | 2 | – |
| 農産加工品 | 野菜加工品 | ふきのとう漬物 | – | 2 |
| | | やまごぼう味噌漬 | – | 1 |
| | | フキピクルス | – | 1 |
| | | 山椒佃煮 | 2 | 1 |
| | | 乾燥ワラビ | – | 3 |
| | 果実加工品 | 串柿 | 1 | – |
| | | 干し柿 | 2 | 6 |
| | 穀類加工品 | ヨモギ餅 | 60 | 60 |
| | | 栃餅 | 84 | 170 |
| | 豆類の調製品 | 栃の実豆腐 | 2 | – |
| その他の食料品 | 調味料（味噌） | 山椒みそ | 1 | 4 |
| | | ふき味噌 | 8 | 2 |
| | | ゆず味噌 | 5 | 1 |
| | | ふきのとう味噌 | 4 | 1 |
| | | 木の芽味噌 | – | 1 |

表9-2 つづき

| 商品分類 | | | のべ出品回数 | |
|---|---|---|---|---|
| 中分類 | 小分類等 | 商品名 | 2004年度 | 2009年度 |
| その他の食料品 | 調理食品 | ふき煮 | 13 | 17 |
| | | ツクシ煮 | 5 | − |
| | | ふき山椒 | 10 | − |
| | | いたどり煮 | 2 | − |
| | | ぜんまい煮 | 3 | − |
| | | つくしうま煮 | 1 | − |
| | | タケノコ煮 | 2 | − |
| | | 山椒の実煮 | − | 4 |
| | | 山菜煮 | − | 2 |
| | | ゆでたけのこ | − | 3 |
| | | ゆでわらび | − | 1 |
| | | 焼ぎんなん | − | 1 |
| | | 山菜てんぷら | 1 | 13 |
| | | コゴミ栃の実和え | 3 | − |
| | | セリ胡麻和え | 1 | − |
| | | 山菜弁当 | 1 | − |
| | | むかごご飯 | − | 1 |
| | | 山菜おこわ | 44 | 38 |
| | | タケノコご飯 | 4 | 4 |

出典 朝市出品カードを基に作成。
注1：2004年度開催の52回の朝市のうち24回、2009年度開催の63回のうち26回を対象とし、各年度10回以上出品された商品を挙げた。のべ出品回数は、1店舗で1回出品されたものを1とし、店舗数および朝市回数で累計した。

## 9.5 おわりに

朽木の年長者に過去の植物利用や自然環境の話を聞いていると、植物に関する詳細な知識や経験の豊富さ、環境に対する観察眼の鋭さに驚かされる。植物の利用に関する経験の多くは、昭和30年頃までのものであり、その後の数十年間にほぼ行われなくなっ

写真9-5 山菜の無断採取に対する警告看板

たものが大多数である。毎年火入れが行われたホトラヤマの景観や下草が豊富に生えていたヤマの話は、現在、朽木でみられる景観からは想像がつかない。失われつつある食文化や変わりつつある景観を惜しいと思うのは、地域に暮らしているわけではない外部者の身勝手な感想かもしれない。しかし、朽木に限らず、日本の農山村においてここ数十年間で生じているヤマの不利用や自然環境の激変は、地域で発達してきた貴重な文化や財産の喪失を目の当たりにしているように感じてしまう。

　他方、朝市での販売や健康食品としての山菜の見直しなどの動きのなかで、新しい形での植物利用が進んでいるという側面もある。地域で歴史的に発達してきた文化やルールと融合し、獣害や山の荒廃などの深刻な問題の解決に結び付いていくような新たな植物利用のあり方を、地域内外の人達が一緒になって考えていくことが必要なのではないかと、調査を通じて考えさせられた。

### 調査手法 ✐

　本章で紹介した内容は、主に(1)年長者への聞き取りによる過去の植物利用の調査、(2)トチノミの採集場所の調査、(3)朝市出店者への聞き取りなどによる現代の植物利用の調査、によって把握した。

　(1)については、複数の集落において、年長者に過去の植物利用について尋ね、特に食用として利用した植物の種類や採集方法、採集の時期、採集場所などの項目について聞き取りを行った。このような知識は、世帯や個人の経験によって内容が異なってくるため、複数の方々に個人の経験に基づいた話を聞くように心がけた。話のなかに登場する植物名は、地域の名称や方言でよばれることも多いため、聞き取りの際に植物種が特定できない場合は、地域の植物図鑑(『朽木の植物』など)を参照し、地域の博物館の学芸員に尋ねることで確認を行った。

　(2)については、聞き取りによってトチノミを採集していた谷の名称を尋ね、実際にその場所を踏査し、トチノキがある場所を把握した。また、現在も山に入っている方がいらっしゃる場合、一緒に場所を訪れ、地図上の位置を確認した。

　(3)については、朝市を訪れて出品されているものを確認すると同時に、観光協会で保管されていた朝市出品表という手書きの資料の情報から、販売さ

れた商品を把握した。詳しくは本書19章に記した。

**【引用文献】**

赤羽正春(1997)「採集」、赤田光男ほか編『講座日本の民俗学5　生業の民俗』、雄山閣、
　　113-129頁。

赤羽正春(2001)『採集——ブナ林のめぐみ』、法政大学出版局。

朽木村史編さん委員会編(2010)『朽木村史』、滋賀県高島市。

高橋静子(1991)「鯖街道朽木谷の食」、日本の食生活全集 滋賀編集委員会編『日本の食生
　　活全集25　聞き書　滋賀の食事』、農山漁村文化協会、303-310頁。

特定非営利活動法人杣の会編(1990)『雑木林生活誌資料——朽木村針畑谷の記録　1988〜
　　1990』、特非営利活動法人杣の会。

橋本鉄男編(1974)『朽木村志』、朽木村教育委員会。

# 第10章　トチ餅
## ── 伝統食からおみやげへ ──

**興味深い朽木の着眼点**

**写真10-1　トチ餅づくりに重要な灰を使ったアク抜き**（2012年10月16日撮影）

　朽木を訪れる人びとの多くは、旅のおみやげとして、鯖寿司やトチ餅を購入して帰る。若狭湾から朽木をとおり京都へと続く通称「鯖街道」は、昔から鯖をはこぶ大事な街道であった。同時に、豊かな広葉樹の山を有する朽木では、昔から人びとはトチノミを採集し、かさ増しを目的にコメに混ぜたり、モチ米と搗いてトチ餅をつくったりしてきた。朽木の人びとにとって、トチ餅は、おみやげである前に、重要な救荒食であり、地域の伝統食でもあった。朽木で出会ったある女性は、トチ餅について聞き取りをするわたしに、こういったことがある。「むかしは一番わるい餅やったのに、今は一番カネになる餅になった。」

　トチ餅が救荒食からおみやげとして商品化される過程は本書19章にゆずる

として、この章ではまず、朽木のトチ餅について詳しく紹介する。トチ餅はどのようにつくられるのだろうか？　また、「わるい餅」が「カネになる餅」へと変貌を遂げる過程には、人びとのどのような工夫がみられるのだろうか？

## 10.1　トチ餅とは

　トチノキ（栃の木）の実（トチノミ）をモチ米と混ぜて搗いたトチ餅は、近年、全国各地のサービスエリアや道の駅で販売されている。個包装され、きれいな箱に並ぶ「ばらまきみやげ」用のトチ餅もあれば、つくり手の個人名が記されたパック入りのものもある。いずれの形にせよ、トチ餅は山の木の実を使ったお菓子という、山村の自然に寄り添う暮らしのなかでつくられてきた「伝統的な食べ物」というイメージが付与されており、そのことが、とくに都市部の買い手を魅了しているのだろう。

　トチノミは、サポニンやアロインといった毒素の一種を含むため、縄文時代から人びとは水さらしや加灰などの方法でアク抜き処理を施して利用してきた（伊藤 2011）。トチ餅をつくる際にも、そうしたアク抜きが欠かせない。そしてこのアク抜きこそが、餅の味を決めるといわれているが、一方で、この作業は決して楽な作業だとはいえない。

　朽木では昔から、トチ餅だけでなく、ヨモギ餅や白餅など、複数の種類の餅がつくられ、食べられてきた。なかでもトチ餅は、米が貴重だった時代に「かさ増し」のためにトチノミを混ぜた救荒食であった。それゆえ、モチ米の分量は少なく、トチノミ独特の苦みが強く残っていたという。しかし 1980 年代後半からのトチ餅の商品化（本書 19 章参照）に伴い、米に対するトチノミの割合が再検討され、今日、朽木でつくられているような、多くの人びとにとって食べやすいトチ餅へと変化した。つまりそれが、冒頭の女性がいった「わるい餅からカネになる餅」への変化である。

　本章では、朽木の人びとのトチ餅のつくり方や食べ方について説明をしたのちに、それらが商品化によってどのように変化したのかを紹介したい。ここで用いるデータの多くは、2012 年に実施した、朽木のトチ餅づくりを担う人びとへの聞き取りや、餅づくりの観察によって得たものである。調査日のほとん

どは日帰りであったが、5日間だけ朽木に泊めてもらい、自転車を借りて集落をウロウロしたことによって、トチ餅をつくる場面を細かく観察する機会に恵まれた。

## 10.2　トチ餅の位置づけの変化

　日本の各地で餅がハレの日の食べ物として重要視されてきたように、朽木では「餅には精霊が宿る」と信じる古代からの風習があり、祝い事には必ず餅を搗いてきた(朽木村史編さん委員会編 2010)。たとえば桃の節句には、白・ヨモギ・トチ・キビ・エビといった多層になった菱餅を供え、女の子の成長を祝ってきた(朽木村史編さん委員会編 2010)。

　一方で、昔のトチ餅は救荒食としての役割ももっていたため、コメに対するトチノミの割合が今のものと比べるとはるかに多く、1：1あるいはそれ以上であった。それゆえか、子ども時代を思い出して「トチ餅は好きじゃなかった」という人も少なくない。かつての朽木の人びとは、学校や山仕事に腰弁当を持って行っていた。その際、囲炉裏で焼いたトチ餅やヨモギ餅に黒砂糖や醬油をつけて昆布で包んだものを竹の皮でくるみ、風呂敷で包み腰にくくりつけて出かけたという(朽木村史編さん委員会編 2010)。わたしが80歳代の男性に聞き取りを実施した際にも、小学生の頃、弁当代わりにトチ餅を持って学校に来る級友たちがいたと聞くことができた。当時、子どもたちは炭2俵を学校へ供出し、寒い冬には炭をくべて火を起こし、トチ餅を焼いていたそうだ。火を起こし、餅を焼くのは、5、6年の女子生徒の仕事だったという。現在でも、白い餅はすぐに固くなるけれど、トチ餅は固くなりにくいといわれて

**写真10-2　朽木で食べたトチ餅**(2013年10月27日撮影)
　きな粉をかける食べ方は、朽木では一般的である。

おり、その意味においても、出かける際に携帯する餅として重宝したのだろう。

昭和30年代まで、朽木ではトチ餅は各世帯でつくられ、自家消費されていた。その頃、トチ餅はつくった世帯から近隣の世帯へとふるまわれていたという。その後、食糧事情が改善されたことによってトチ餅の需要が下がったことや、ガスを使用する世帯が増加し、トチノミのアク抜きに用いる灰の用意が難しくなったことなどの理由により、トチ餅づくりは衰退した。

しかし、昭和60年代になると、過疎化や高齢化が進む朽木でも、地域おこしの一環として、地域の「おみやげ」をつくりだすことが企画されるようになった。話し合いの結果、雲洞谷(うとたに)集落の住民たちが中心となってトチ餅を商品化することが決まった。彼らは活動の母体となり、かつ、補助金の受け皿となる組合(栃餅保存会)を組織した。同じ頃、朽木の中心部において、朝市や道の駅が開設され、トチ餅は鯖寿司とならぶ目玉商品として定着していった。しかし一方で、朽木の各世帯におけるトチ餅づくりは衰退したままで、現在では朽木の人びとは、必要なときに、朝市や道の駅で栃餅保存会の人びとがつくったトチ餅を購入している。

## 10.3 朽木におけるトチ餅のつくり方

### 10.3.1 トチノミの下処理

日本各地のトチ餅づくりは、おおまかな工程は類似していても、こまかな作業のやり方、道具の形や呼び名などがそれぞれの地域によって異なることが、

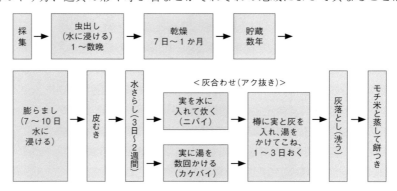

**図10-1 朽木におけるトチ餅づくりの工程**(八塚・藤岡 2015 を改定)

多くの先行研究で報告されている（谷口・和田 2007）。ここでは、朽木におけるトチ餅のつくり方として、栃餅保存会の人びとが実施する方法を紹介したい。

朽木では、トチノミは 9 月上旬から中旬にかけて成熟し落下する。今では高齢者が多く、実の採集に出かける人は少ないが、昔はそ

写真 10-3　トチノミを天日に干す（2012 年 10 月 14 日撮影）

の時期になると、女性たちが声をかけ合って共に山に入り、主に谷筋に落ちた実を採集していた。採集した実は 1 ～数晩水に浸け、実に巣食う虫を殺す「虫出し」をおこなう。

その後、実を筵などの上に並べて干し、振ったときにカシャカシャと音がでるようになるまで天日で乾燥させる（**写真 10-3**）。トチノミは 1 年のうちの一時期にしか採集できないことから、人びとは採集した実を長期にわたって保存したいと考える。そのためには、虫出し後にしっかりと乾燥させることが重要で、乾燥が未熟であれば、保存中にカビが生えてしまうこともある。乾燥期間は 7 ～10 日以上と説明をする人もいれば、1 か月かかると話す人もいる。また、天日で乾燥させるため、雨が降りそうになれば実を回収して屋内に入れなければならず、実の量が多ければ多いほど、たいへんな作業になる。

乾燥したトチノミは、以前はツシ（イ）とよばれる囲炉裏の上部の棚で保存された。そうすれば、囲炉裏の煙によって、トチノミへの防虫効果が期待できたという。今では囲炉裏をもつ家が少ないため、米袋に入れて倉庫に保管する世帯がほとんどである。トチ餅づくりには、その年に採集した実よりも数年たった実を使うほうが、皮を剥きやすく、ツヤのある餅ができるという人もいる。また、朽木で使われなくなった古民家を建て替えた際、屋根裏から大量の、しかも虫も付かずとても良い状態のトチノミが出てきたという話も聞いた。つまり、乾燥作業がきちんとできていると、トチノミはカビたり虫がつくこともな

く、長年にわたり保存ができるということである。

### 10.3.2 トチノミのアク抜き

人びとは、こうして乾燥保存したトチノミを、利用分ずつ取り出してアク抜きをおこない、トチ餅をつくる。まず、乾燥状態で保存していたトチノミを7〜10日ほど水に浸ける。これは、乾燥してカチカチになったトチノミを水でふやかし、実と外皮（オニカワ）のあいだに隙間をつくることを目的にしており、「膨らまし」

写真 10-4　トチヘシ（2012 年 10 月 21 日撮影）
上下の板の間にトチノミを挟み、上板で実を押しひねると外皮が破れる。

と呼ばれる。トチノミがやわらかくなったら、トチヘシとよばれる道具を用いて外皮を剥く（写真 10-4）。近年では、金槌を用いるほうが作業が早いと、トチヘシを使わない人もいる。皮をむいたトチノミは麻袋などに入れて 2〜3 日のあいだ流水にさらす。この水さらしの目的は、アクを抜くことであるが、加灰によるアク抜きの「前座」のような位置づけといえる。「本番」は、朽木の人びとが「灰合わせ」と呼ぶ、灰を用いたアク抜きである。

朽木でおこなわれるアク抜きには、「ニバイ」と「カケバイ」と呼ばれるふたつの方法がある。「ニバイ」とは、トチノミを数時間煮込んでから桶にトチノミと灰を入れ、そこに湯をかけてこねる方法である（図 10-1）。一方の「カケバイ」とは、トチノミに湯をかけ、蓋をして一時間ほど置いた後に湯を捨てる作業を 3〜4 回繰り返し、その後に灰と合わせる方法である。いずれの方法も、トチノミを灰と混ぜた後は、急激に温度が低下しないように容器に軽く蓋をして 1〜3 日おく。その後、トチノミを流水にさらして灰を落とし、モチ米と共に蒸し（写真 10-5）、搗くと、トチ餅の完成である。近年では、アク抜きしたトチノミを冷凍保存し、モチ米を蒸す際にそれと混ぜて餅をつくることのほう

が一般的になった。

　灰合わせでは、ニバイよりもカケバイのほうが、実の減りが少なく、また、つやが出るといわれているが、たくさんの実を一度にアク抜きをする場合、何度も湯をかけては捨てるカケバイは作業がたいへんになる。そのため、量が多ければニバイのほうが効率が良

写真10-5　トチノミとモチ米を蒸す（2012年9月16日撮影）

い。朽木では、各家庭が自家消費用にトチ餅をつくっていた頃、多くの人はカケバイを採用していたという。しかしトチ餅を販売するようになってからは、作業効率を考慮してニバイが採用されている。

　灰合わせは同じように作業をおこなっても、気温をはじめとするさまざまな条件により出来が変わるといわれ、トチ餅づくりのなかでもっとも難しい作業である。失敗することもしばしばあり、朽木のなかでは、近所同士でトチ餅の出来具合を挨拶がわりに聞き合ったりすることもあったと話す人もいた。特に重要になるのがトチノミを灰に合わせる際の温度と灰の質であり、これらがトチ餅の味を左右するという。温度が高すぎるとトチノミが溶けて歩留まりが悪くなり、低すぎると餅が苦くなり、場合によっては苦すぎて食べられなくなる。また、気温が低い時期でないとアク抜きがうまくいかないため、夏にはトチ餅をつくらなかったという。しかし現在では、1年をとおしてトチ餅の販売をするために、アク抜き処理後のトチノミを冷凍保存したり、必要に応じて夏であってもアク抜きをしている。

　従来、灰は各家庭の煮炊きによって出たものを利用していた。朽木では、灰あわせはコナラやクヌギといった雑木（カナギ）の薪の灰しか適さないといわれている。家庭にガスが普及した後にトチ餅の商品化が始まり、その後のつくり手たちはアク抜き用に外部から灰を購入してきたが、それでもやはり、クヌギやコナラの薪の灰にこだわっている。また、そこにトチノミの外皮を灰にした

ものを混ぜることもある。現在、彼らが求める質の灰を入手することが非常に困難になっており、灰が引き続き手に入るかどうかが、朽木のトチ餅づくりを今後も継承できるかどうかの大きなカギになっているといえるだろう。

## 10.4　「おみやげ」になったトチ餅

　先に述べたように、1980年代以降、朽木のトチ餅は自家消費用の食べ物から「おみやげ」になった。朝市や各地の催事における対面販売に加え、道の駅での販売や電話での注文も受けるようになった。とくに1990年代には、テレビで取り上げられたこともあり、トチ餅は「飛ぶように売れた」そうだ（19章参照）。観光バスが朝市にやってきたり、東京のデパートの催事に出展するということもあったという。そうなると、自家消費時代とは比べものにならないくらい、大量につくることが求められるようになった。

　商品化にともなって、アク抜きは効率のよい「ニバイ」が選択されるようになったことは、すでに述べたとおりである。また、それだけでなく、トチノミやモチ米といった材料や、加工のための灰も同様にたくさん必要になった。現在、それらの一部は地域の外から調達しているが（八塚・藤岡2015、八塚2018）、あくまで灰合わせの加工技術は、朽木のなかで維持されている。

　さらに、朽木に暮らす人びとにとって、トチ餅は自分の家でつくるものから、朝市や道の駅で買ったり、雲洞谷集落のつくり手に注文したりするものになったという、トチ餅の位置づけにおける変化も見られる。2012年の秋の彼岸（9月23日）に朝市で調査をした際、わたしはトチ餅を買い求めた21人に話を聞いた。21人のうち、3人は朽木に在住で、6人は本人あるいは配偶者が朽木の出身であった。彼らは、これから集まる親戚にふるまう目的や、墓参りのついでに懐かしい故郷の味を求めて来ていた。朽木出身者のなかには、トチ餅をたくさん購入して冷凍し、少しずつ楽しむと語った人もいた。おそらく、かつて朽木に暮らす人々は、彼岸には餅を自ら用意し、集まる親戚にふるまっただろうし、久々に故郷に帰ってきた人びとは、それらをおみやげとして持ち帰ったことだろう。しかし今日では、トチ餅づくりは作業だけでなく材料の調達すら容易でないということを考慮すれば、手近に購入できるトチ餅の存在が、朽木

に暮らす人々や朽木出身者にとって、とても便利な存在になっていることは間違いない。

## 10.5　トチ餅をつくり続ける

　朽木に暮らす人びとのなかには、「アク抜きに限らず、トチ餅づくりは準備が大変なため、餅つきが嫌いだった」、「トチノミを拾うのは楽しかったが加工は大変だった」と語る人もいて、トチ餅づくりは決して楽な作業ではなかったことが窺える。それにもかかわらず、栃餅保存会の人びとが、いったんは衰退したトチ餅を今日までつくり続けているのは、単に商売として成立するからという理由だけではないだろう。朽木のトチ餅の味を懐かしみ、わざわざ朽木まで来る人、毎年のようにつくり手に電話で注文をする人、「これ、おいしいのよね」と朝市に何度も足を運び購入する人もいる。朝市で話を聞いた人のなかには、さまざまな地域のトチ餅を食べたけれど、「朽木の味がほんまもん」という買い手もいた。つくり手は、対面販売をとおして、こうした人びとの声を直接に聞いているからこそ、彼らの期待に応えること（＝継続して餅をつくり、販売すること）に楽しみを見出せるのではないだろうか。

　また、朽木に暮らす高齢者自身も、「昔はトチ餅を好きじゃなかった」と語るものの、今ではトチ餅を好み、お雑煮にはトチ餅が欠かせないという人も少なくない。朝市でトチ餅を購入する朽木在住者もいる。つまり、朽木のおみやげとしてトチ餅が定着する裏側で、朽木の人びとの生活においても、トチ餅が再度、見直されてきたといえるのではないだろうか。

　トチ餅をつくり続けるためには、作業の大変さだけではなく、隔年結果という性質（谷口 1997）をもつトチノミを毎年手に入れたり、薪を使わない今の時代に灰を探したりとさまざまな苦労が必要になる。また、過疎・高齢化に悩む朽木において、トチ餅づくりの後継者不足も深刻な課題である。しかし、そうだとしても、トチ餅の素朴な味を懐かしみ、「朽木の味がほんまもん」といって買い求めるリピーターがいる以上、つくり手はトチ餅づくりを楽しむことができるのだろう。

## 調査手法 ✐

　地域の伝統的な食文化について調べるために、わたしたちはまず、それを
つくり、食べている人びとに聞き取り調査を実施する。材料は何か。それを
どこから、どのように手に入れるのか。そして、どんなふうに加工し、最終
的にその材料はどんな食べ物へと変身するのか。人びとは、それをいつ、誰と、
どう食べるのか。こうして、生産から消費までの一連の過程をすべてたどる
ことが好ましい。

　また、トチ餅のように商品化されているのなら、それがどう売られ、どこ
から来た誰がどのような目的で買っていくのか、販売の場で調べたい。わた
しは朽木の朝市において、3日間、計85人のトチ餅の購入者を対象に聞き取
りを実施した。詳しく話を聞くことができたのはそのうちの78人で、この調
査によって、リピーターの多さや、地域内の住民も朝市でトチ餅を買ってい
ることを知ることができた。

　そして、忘れてはいけないのは、調査者自身も食べてみることだ。食文化
に関する調査は、おいしく、楽しい。ぜひ、健康な胃袋をもって、調査に臨
んでほしい。

## 【引用文献】

伊藤由美子(2011)「青森県青森市三内丸山(9)遺跡におけるトチノキ利用」、青森県立郷
　　　土館研究紀要 35：43-50。

朽木村史編さん委員会編(2010)『朽木村史』、滋賀県高島市。

谷口真吾(1997)「トチノキの結実周期、結実量および種子品質の年次差異」、兵庫県立森
　　　林・林業技術センター研究報告 44：6-10。

谷口真吾・和田稜三(2007)『トチノキの自然史とトチノミの食文化』、日本林業調査会。

八塚春名・藤岡悠一郎(2015)「山村の特産品づくりを支える資源利用ネットワーク──滋
　　　賀県高島市朽木におけるトチ餅生産とトチノミ利用」、BIOSTORY 24：94-106。

八塚春名(2018)「おみやげをつくる資源の越境──滋賀県高島市におけるトチ餅づくりを
　　　事例として」、観光学評論 6(2)：179-190。

# 第11章　朽木とトチ
## ──京都市久多との比較で見た場合──

**興味深い朽木の着眼点**

**写真11-1　針畑川沿いの古屋の川原仏**(2017年8月15日)
盆の間、仏壇の前に供えていたものを16日未明に川原仏の前に置き、精霊を送る。

　ある地域のことを調べたいと思っても、その地域だけを見ていては、よくわからないことがある。ここでは朽木(滋賀県高島市)の西隣にあり、朽木と似た文化と地理的条件をもつ久多(京都市左京区)と比較することで、朽木、さらには朽木のトチ(トチの木)について考えてみたい。

　朽木も久多も安曇川水系に属し、安曇川流域の地主神で筏乗りに崇拝された志古淵神を信仰し(朽木村史編さん委員会編2010b)、若狭街道沿いにあり、盆には川原仏・六体地蔵・川地蔵(朽木村史編さん委員会編 2010b、橋本1974、久多木の実会編1993)を作り、林業を主産業にしていた。朽木の1人当たりの米の生産高(1.24石ほど・1878年)は久多のそれ(1.17石・1908年)と同じぐらいであっ

た(朽木村史編さん委員会編 2010b、愛宕郡 1911)。江戸時代、久多の大半(平凡社 1979)と朽木は朽木氏に支配されていた。ところがそれにもかかわらず、朽木は滋賀県に属し、久多は京都市左京区に属している。それはなぜか？

## 11.1 はじめに

現在の久多を見ていると、京都市側との結びつきは弱く、滋賀県側との結びつきが強い。久多(海抜 350 メートル前後)から西隣の京都市左京区広河原能見へ行こうと思えば、海抜 653 メートルの能見峠(久多峠)を越えなければならず、

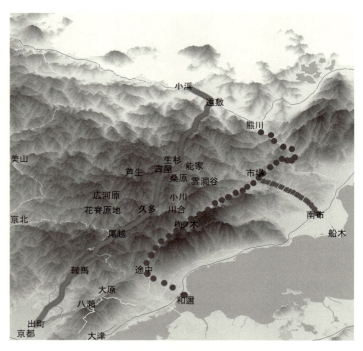

**図 11-1 朽木と久多と小浜と京都の関係地名図**
実線(太)：若狭街道(京都出町〜小浜間・出町〜鞍馬間は明治 27 年(1894)までに車道化)、実線(細)：大原街道(京都出町〜途中間は明治 33 年(1900)頃までに車道化)、点線(太)：和邇港〜朽木市場〜熊川線(大正 9 年(1920)に県道化)、点線(細)：朽木市場〜南市線(明治 30 年(1897)に車道化)

鞍馬への途中にあって約9km離れた南隣の京都市左京区大原尾越へ行こうと思えば、海抜870メートルのオグロ坂峠を越えなければならない（朽木村史編さん委員会 2010a）。他方、久多から久多川・針畑川沿いに東へ約3.4km離れた大津市葛川梅ノ木へ出る道は下りである。戦後、久多の人は炭4俵（1俵＝約15kg）をリヤカーに載せ、梅ノ木へ運んだという。また、京都市立久多小学校が1981年に休校した後、久多の小学生たちは、梅ノ木から安曇川を少し上流へ遡ったところにある大津市立葛川小学校に通っている。それゆえ、現在の道路状況、運搬手段を前提にして考えると、久多が京都市に属しているのが不思議に思えてくる。しかし運搬を人力と畜力に頼っていた時代の道路状況、生業を前提にして考えると、あまり不思議に思えてこなくなるのではないか。以下においては運搬を人力と畜力に頼っていた時代の道路状況、生業を前提にして朽木と久多について考察し、そこから朽木のトチについて考えてみたい。

## 11.2　スギの植林に関する違い

　朽木も久多もともに林業が盛んであったが、林業の中身には少しだけ違いがある。朽木や久多の主たる産業は炭焼きであった（平凡社 1991、朽木村史編さん委員会編 2010b、愛宕郡 1911）。「雑木を育てるために、自然に生えたスギも枯死させてしまうことが一般の常識であった」ため、久多の川合でスギの植林をした人を見て、明治時代に朽木の小川の人が笑ったとも言う（橋本 1974）。炭焼きの方が大切にされていたから、スギを植林する人を見て、小川の人が笑ったのであろう。それゆえ、安曇川、麻生川、北川、針畑川の川筋では、昔から筏による木材の輸送が行われていた（朽木村史編さん委員会編 2010b）とはいえ、筏流しはきわめて盛んというほどではなかったと思われる。ところが明治22年（1889）頃から木材需要が多くなり、明治30年代後半からは、鉄道の枕木としてクリの角材が盛んに朽木で伐り出されたのであった（橋本 1974）。そうなると、安曇川、麻生川、北川、針畑川の川沿いは、木を伐り出して川に流すのに便利であるから、スギの植林や筏流しが盛んに行われたのであろう。ただし、針畑川の支流である久多川は、「上流三十一町は水浅くして筏を流すに足らず」という状況であったので、久多では、針畑川と久多川が合流する所にある川合

村を除き、川沿いにおけるスギの植林が、朽木ほどには積極的に行われなかったのではないか。実際、久多村有林の杉檜林と薪炭樹林の比は 15：85 ぐらいであった（明治 40 年（1907）末調べ（愛宕郡 1911））。もっとも久多でも、戦後、製炭業が振るわなくなり、他方、道路が整備され、トラックが使われるようになると、スギの植林が盛んに行われたのであるが、朽木においてはスギの植林がもっと早くから盛んに行われたのではないか。

## 11.3　炭の運搬先に関する違い──道路事情・運搬手段の変化

　朽木や久多の主たる産業であった炭焼きに関しても違いがある。それは炭の運搬先に関する違いである。

　『京都府愛宕郡村志』によると、久多から梅ノ木に達する道は、久多の人が米穀や日ごろの生活に必要なものを輸入し、薪炭を輸出するための道であったという。ただしその道は、『京都府愛宕郡村志』が出版された明治 44 年（1911）頃でも、旧来の険悪な山道であり、牛馬を通せなかったので、人が背負うよりほかに荷物を運ぶ方法はなかったともいう。しかも梅ノ木〜滋賀途中間の道路はまだ整備されていなかった。

　『京都府愛宕郡村志』によると、滋賀県滋賀郡仰木や伊香立から大原と八瀬を経て京都へ至る道は明治 33 年（1900）頃までに車道化され、人力車の通行が可能になっていた。事実、明治 41 年（1908）における大原村の荷車数は、馬車 1、牛車 46、大七車 136、八瀬村の荷車数は、牛車 6、大七車 78 と記されているので、大原村や八瀬村では、荷車が大いに用いられるほどの道がその頃すでに整備されていたのである。ところがその頃、山城峠（途中越）から花折峠を経て安曇川沿いに朽木へ至る道や、大原村から久多へ至る道は、まだ車が通れる道ではなく、積雪がある場合は荷物を全く運べないという状態であった。それゆえ、久多の人は炭を梅ノ木まで運び出しても、そこから山城峠（途中越）まで炭を運ぼうとすれば、それは容易ではなく、仮に山城峠（途中越）へ運んだとしても、運搬費が高くついて、炭は商品としての競争力を失ったであろう。

　久多の人が梅ノ木まで運び出した炭は、筏に載せて運ばれることもあったようである。明治 22 年（1889）頃からの木材需要急増期以後、筏流しが盛んに行

われるようになったと先に述べた。炭は、その筏に載せられ、安曇川が琵琶湖に注ぎ込むところにある船木港へ運ばれることもあったのである（橋本 1974、京都新聞社編 1990、朽木村史編さん委員会編 2010b）。

　ただし筏に載せて炭を運ぶと、炭が水をかぶり、炭の品質が落ちて、炭は値をたたかれることがあったという。明治 30 年（1897）前後に朽木の市場から野尻を経て、安曇川を渡り、長尾、五番領から西近江路（現在の国道 161 号線）に達する県道朽木線が開通し、物資の運搬が容易になると、その経路が盛んに使われたようである。久多から梅ノ木に運ばれた炭は、明治 44 年（1911）頃なら、主としてその経路を通り、京都へ運ばれたのであろう。梅ノ木へ運ばれた炭が、牛に引かれた荷車に載せられて安曇川を遡り、花折峠、山城峠（途中越）を越えて京都へ運ばれるようになったとすれば、それは朽木から山城峠までの道が県道化されて整備されるようになった大正 9 年（1920）以後のことであると思われる（橋本 1974、朽木村史編さん委員会編 2010b）。

　このような状況を念頭におくと、物資の運搬に荷車を使えず、物資の運搬を人力と畜力に頼っていた時代には、久多の人が主要物産である炭を鞍馬への途上にある尾越まで運んでいたとしても、不思議ではなくなってくる。上記のように、久多から梅ノ木に達する道は、明治 44 年（1911）頃でも旧来の険悪な山道であり、牛馬を通せなかったので、背負うよりほかに荷物を運ぶ方法はなかった。他方、尾越へ行くには、海抜 870 メートルのオグロ坂峠を越えなければならないが、炭を牛の背に載せて運ぶことができた。そして人口 521 人の久多村に 43 頭の牝牛がいた（1908 年）（愛宕郡 1911）。古い道は、平らなところというよりは、少々の自然災害があっても安定している尾根を通っていたのである（朽木村史編さん委員会編 2010a）。しかも、尾越へ運べば、梅ノ木に運んだ場合よりも、炭を少し高く買ってもらえたのであった（上河原善氏 2009 年談）。明治 14 年（1881）頃に記された『京都府地誌』の久多中在地村の項には、炭の輸出先として尾越が梅ノ木とともに記されている。

## 11.4　久多が京都に属し、朽木が滋賀に属した理由

　以上のことから、物の運搬を人力と畜力に頼っていた時代における久多と朽

木の炭焼きに関する相違点として、尾越が梅ノ木よりも炭を少し高く買ってくれたことを利点として活かす状況が久多にはあったものの、朽木にはなかったことを挙げられるであろう。それが、久多が京都市左京区に属し、朽木が滋賀県に属した理由の一つになっていたとしても、不思議ではない。朽木で久多に一番近い集落は針畑川沿いの小川であるが、そこからでも久多の中在地まで約4kmはあり、そこから尾越まではさらに海抜870メートルのオグロ坂峠を越えて約9km歩かなければならない。他方、小川からは、久多の中在地まで行くのと同じぐらいの距離を歩けば、梅ノ木へ行ける。しかもその道は下り道であった。それゆえ、小川の炭の販売先は梅ノ木であった(朽木村史編さん委員会編 2010a)。針畑川沿いを桑原、古屋へと遡って行けば行くほど、そこから久多、さらには梅ノ木への距離が増すので、針畑川沿いに梅ノ木へ出る道が車道化される前は、針畑川沿いに住む人は、叫越、弓坂越、大彦谷越などを通って、朽木の市場の方へ炭を運ぶことが多かったのである。

　しかし朽木の市場の方へそのようにして炭を運んでも、それが消費地の京都や大津へ運ばれるためには、西近江路経由で大津・京都へ行くにせよ、船木から琵琶湖経由で大津・京都へ行くにせよ、さらに運賃が必要であることを考えると、そして「山子」と呼ばれる炭焼人は炭を勝手に売ることができず、朽木藩の許可を得た問屋を通じて売られた(橋本 1974)ことを考えると、炭焼人が炭を高い値で売ることができたとは思われない。

## 11.5　トチの木と朽木の林業

　朽木における林業に関する以上のような性格から、朽木のトチの木について考えてみたい。トチの木は水気を好むので、沢近くに生えていても不思議ではない。実際、芦生や久多などへ行くと、川沿いに生えるトチの木を見かけることがよくある(久多 木の実会編 1993)。しかし朽木では、大きな川沿いでトチの木を見かけることはあまりない。それは、朽木では安曇川、麻生川、北川、針畑川の川沿いでスギの植林が盛んに行われたため、大きな川沿いでトチの木を見かけることがなくなったからではないか。朽木でトチの木を見かけるのは、大きな川沿い以外の場所であることが多い。

次に、炭焼きとの関係で、トチの木のことを考えてみたい。トチの木は、水分を多く含み、炭にしても、あまりよい炭にならないという。それゆえ、朽木が炭焼きに有利な地理的状況に置かれていたなら、トチの木は、炭に不向きな木として、伐ってしまわれていたかもしれない。ところが上述したように、朽木は炭焼きに有利な地理的状況に置かれていなかった。炭の大消費地である京都までの運賃が、京都周辺の山村より高くついたからである。それゆえ朽木では、トチの木は徹底して伐られることがなかったのではないか。

## 11.6　備荒食品としてのトチの実

　朽木では、トチの木は、徹底して伐られることがなかっただけでなく、むしろ意図的に残されたように思われる。その結果、トチの木が好む谷頭凹地の斜面上部では、トチの木は大きく育つことができたのではないか（手代木ほか 2015、本書16章参照）。ではトチの木はなぜ意図的に残されたのか。それは、トチの実が備荒食品として貯えられ、トチ餅などにして食べられたからであろう（橋本 1974、佐々木 1991）。虫出しのために二、三日水に漬けておいた後、水を切ってよく乾かすと、トチの実を何年でも貯えられるという。

　それならばどうして人はトチの木を植林して殖やさなかったのか。谷頭凹地の斜面上部まで登って行って、急な斜面でトチの実を拾うのは、労力のいる仕事であり、シカが増えてきた現在のような状況下では、トチの実獲得をめぐるシカと人との競争も厳しいはずである。家近くでトチの木が好みそうな場所にトチの木を植え、よく育ったものを残すようにすれば、トチの実拾いの労力もあまりいらず、トチの実獲得をめぐるシカとの競争も人に有利になるはずである。ところが人はトチの木を植林してまで殖やすことをあまりしなかったようである。それは、一つには「トチを植えても、よく育たない」（手代木ほか 2015）と思われていたからであろう。それとともに、朽木が、「陸の孤島」と呼ばれるほど交通の不便なところであったものの、食糧に関しては比較的豊かで、備荒食品をたくさん貯えておく必要がなかったからではないか（橋本 1974、朽木村史編さん委員会編 2010a）。しかもトチ餅は「他の餅と比較して低級な餅として扱われ」、地元で結成された栃餅保存会がトチ餅を売ろうとしたところ、

「トチ餅を売るなんて恥ずかしいこと」と言われたのである(八塚ほか 2015)。さらに、トチの実は、クリやクルミの実とは異なり、それを食べられる状態にするまでに、ずいぶん手間暇がかかる(佐々木 1991)。それゆえ、そのようなトチの木を植えてまで殖やそうとはしなかったのではないか。

## 11.7 「納豆餅」、「餅味噌雑煮」と朽木

朽木におけるトチ餅の食べ方について考えてみたい。朽木では、トチ餅を正月用の餅や寒餅として食し、黄な粉と砂糖をまぶしたり、あんこを載せたり、カキ餅、ぜんざい、雑煮にして食べたという(八塚ほか 2015、本書10章参照)。他方、久多では、白餅・ヨモギ餅・トチ餅をこね合わせて拡げ、そこに黒砂糖で練った納豆を置き、半月状に閉じたもの(納豆餅)を弁当代わりに持ち、山仕事の昼食時などにそれを温めて食べた。「納豆餅」という食べ方は、朽木では見られなかったようである。それに、朽木では、塩辛納豆・寺納豆は作られても、糸引き納豆は作られなかったという(橋本1974)。

「納豆餅」は京北(現・京都市右京区京北)や美山(現・南丹市美山町)や日吉(現・南丹市日吉町)などで主として食べられているもので、それを食べる習慣がその周囲に広がっていったものと思われる(中村 2016)。もっとも、「納豆餅」といっても、その食べ方は一様ではない。京北では、白餅と納豆だけで「納豆餅」を作り、正月三箇日に雑煮代わりに食べる。他方、久多や久多に隣接する大原尾越や花脊原地では、白餅・トチ餅・ヨモギ餅を混ぜ合わせたものと納豆で「納豆餅」を作り、山仕事の時などに食べる。それに、大原尾越や花脊原地では、かつては

**写真11-2 二つに切った納豆餅の断面。**
白餅・ヨモギ餅・トチ餅をこね合わせて拡げ、そこに黒砂糖で練った納豆を置き、半月状に閉じてある。黒砂糖で練った納豆が光っている。京都市左京区花脊原地。2008年1月。

貴重であった砂糖を加えて納豆を練っている。これらのことから判断すると、「納豆餅」を食べるという習わしが大原尾越や花脊原地や久多に伝わったのは、砂糖を入手するのが容易になった比較的新しい時代のことであったと思われる。それゆえ、朽木に「納豆餅」を食べるという習わしがなかったのは、「納豆餅」を食べるという習わしが花脊や大原尾越や久多に広まった時代には、朽木が久多や尾越とあまり関係を持っていなかったからではないか。

　さて朽木では、トチ餅は雑煮に入れて食べられもしたという。朽木では餅だけが入った味噌雑煮がよく見られる。この型の雑煮は、京都とその周辺、丹波、但馬、若狭、福井などでしばしば見られ、朽木に近いところでは、京都市の花脊、久多、小浜市内や小浜市の遠敷（おにゅう）、福井県三方上中郡若狭町熊川（くまがわ）などでも見られる。それが朽木でも見られるということは、どういうことが考えられるのか。

　奥村彪生によると、正月に雑煮を食べる記述で最も早いのは京都の吉田神社の日記（貞治3年（1364））である。その後、正月に雑煮を食べて祝うことは寺に広がり、戦国時代末期には京都の大きな商店にも広がり、江戸時代中期には京都の庶民にも広がった（奥村 2016）。そしてその頃から全国に広がって行ったようである。

　その京都では、1700年代初め頃から雑煮祝いが儀礼化していった。年初、一家の主人か長男が汲んだ若水とおけら火（大晦に八坂神社でもらう浄められた火種）で味噌雑煮を作り、年神様と家族が分かち合って食べる。雑煮には、人の頭になるように一家の主人と長男に頭イモを入れ、子イモは子孫繁栄を願って入れる。そして大根も入れる。雑煮を食べて祝うことは、神事であって、精進ではないので、「花鰹」をかける。このような「儀礼化」された雑煮は、現在も京都とその周辺地域でよく見られる型の雑煮である（秋山ほか 2002、相賀1986）。

　ところが、京都とその周辺地域では、サトイモ（頭イモ・子イモ）もダイコンも入っていない「餅だけが入った味噌雑煮」（以下「餅味噌雑煮」と記す）を食べた人も少しではあるが見られる（中村 2016）。サトイモとダイコンは、昔でも入手は容易であった。餅以外に入れる具がサトイモとダイコンであるなら、具を減らすより、増やすことの方が容易であると思われる。「餅味噌雑煮」は、「雑

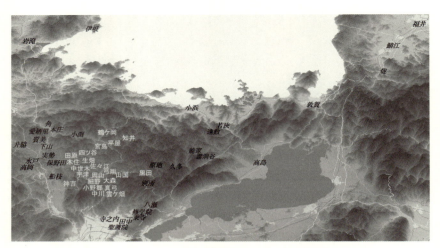

図11-2　正月三箇日に餅だけが入った味噌雑煮を食べた人が見られる地域(斜字)と正月三箇日に納豆餅を食べた人が見られる地域

煮とはこのようなもの」と思って食べるのでなければ、継承していくのが難しい雑煮の型と思われるからである。それゆえ、「餅味噌雑煮」を「儀礼化」された雑煮からサトイモとダイコンが減っていったものと考えるのは難しい。そうすると、「餅味噌雑煮」は、「儀礼化」が起こる前の雑煮の型を示している可能性がある。

　では「儀礼化」が起こる前の雑煮はどのようなものであったのか。一つ考えられるのは、宮中雑煮である。宮中では、二段重ねの鏡餅が飾られ、その鏡餅の上には、「葩(はなびら)」と呼ばれる薄く円い白餅が12枚、さらにその上に赤い小豆汁で染められた菱餅が12枚載せられていた。その「葩」が、公家のほか、雑色(ぞうしき)といった下級役人にまで配られたのである。その時、葩の上にひし餅を載せ、ごぼうを載せ、味噌をつけて、配られたという。それをその場で半月状に折りたたんで食べ、酒の肴にした人もいれば、それを持ち帰る人もいたようである。煮てはいないが、宮中の雑煮とはこのようなものであり、それは「包み雑煮」とも呼ばれていた。そしてその半月状に折りたたんだものに近いものが、今も裏千家の初釜で出される「花びら餅」(川端1990、奥村2016、森田ほか1980)である。

ところでそのような「包み雑煮」(花びら餅)の材料を家に持ち帰った場合、餅は硬くなっていたであろう。硬くなった餅を軟らかくして、食べやすくするには、どうすればよいのか。餅を湯で煮てそこに味噌をとかせば、軟らかくなった餅をおいしく食べることができないか。

もっとも現在の「花びら餅」の材料を湯で煮れば、それにはごぼうが入っているので、厳密には「餅味噌雑煮」にはならない。ところが京都府船井郡京丹波町や南丹市美山町鶴ヶ岡・大野や兵庫県篠山市東部では、ごぼうなしの「包み雑煮」状のものを食べている人が今も見られる。例えば京丹波町角八幡神社では、厄神祭(1月19日)の前日、村人が神社に丸餅と白味噌を持ち寄り、餅を焼き、それに味噌を塗って、半月状に閉じて食べ、酒を飲む。これはかつての宮中での正月の宴会に似たものであると言ってもよいであろう。京丹波町における消防団の正月の集まりでも、団員は丸餅と白味噌を持ち寄り、丸餅に味噌を塗って、半月状に閉じて食べる。味噌を塗って閉じたこのような餅なら、それを湯で煮ると、「餅だけが入った味噌雑煮」になるのではないか。実際この地域では、正月三箇日に「餅味噌雑煮」を食べる人が多く見られる。このことは、丸餅に味噌を塗って半月状に閉じて食べる餅が「餅味噌雑煮」に展開していった可能性を示しているのではないか。

そのような「餅味噌雑煮」が京都とその周辺や丹波だけでなく、若狭街道沿いの京都市の久多、福井県小浜市や小浜市の遠敷、福井県三方上中郡若狭町熊川などとともに、朽木においても見られるのである。このことは、朽木が京都と文化的に強く結びついていたこと、そしてそれは、運搬を主として人力と畜力に頼っていた時代における鞍馬・尾越・久多・針畑経由の若狭街道を介してであったことを示しているのではないか。

## 11.8　おわりに

以上、久多との比較において朽木の性格を浮かび上がらせてみた。朽木の安曇川、麻生川、北川、針畑川は水量が比較的豊かで、筏で木材の輸送を行えた。そのため、これらの川の川沿いは、木を伐り出して川に流すのに便利であるから、スギの植林が積極的に行われた。その結果、朽木では、大きな川沿いにト

チの木があまり残らなかったのではないか。他方、朽木は久多、あるいは久多よりも京都に近い山村と比べると、炭焼に関して有利な地理的状況に置かれていなかった。そのため、朽木では、炭に不向きな木であるトチの木が徹底的に伐られることがなかったのではないか。それに、トチの実は備荒食品の役割も果たした。それゆえ、谷頭凹地の斜面上部のようにトチの木の生育に適した場所では、トチの木が大きく育ったのであろう。

　もっとも、人はトチの木を植林してまで殖やさなかったようである。それは、「トチを植えても、よく育たない」と思われていたこともあるが、朽木が、食糧に関しては比較的豊かで、備荒食品をたくさん貯えておく必要がなかったからではないか。しかもトチ餅が他の餅と比較して低級な餅として扱われていたことも関係しているであろう。さらに、トチの実は、クリやクルミの実とは異なり、それを食べられる状態にするまでに、ずいぶん手間暇がかかることも関係しているであろう。

　このような事情が、朽木の谷頭凹地の斜面上部にトチの木の巨木が見られるようになった一つの理由として、考えられるのではないか。

---

### 調査手法

　トチの木が巨木になるには、200年以上の年月を要すると考えられている。しかも朽木のトチの巨木は、山林を利用する暮らしの中で意図的に残されてきたと言われている。それゆえ、川沿いではなく谷頭凹地の斜面上部のトチの木を朽木の人が意図的に残したのはなぜかという問題について考えようと思えば、山林を利用するかつての暮らし、そして暮らしと密接に結びついていたかつての道、流通について知る必要がある。そのためには、(1)地域におけるかつての暮らしを知る人から話を聞くこと、(2)地域誌から情報を集めることが必要になるであろう。

　(1)に関して、わたしはかつて久多で聞き取りをしていた時、鞍馬へ行く途中にある尾越へ炭を運べば、安曇川沿いの梅ノ木へ炭を運ぶ場合よりも、炭を少し高く買ってもらえたので、久多の人は尾越へ炭を運んだという話を聞いた。他方、朽木の炭は、梅ノ木から安曇川を下ったところにある市場経由で出荷されることが多かったのである。現在の道路事情をもとにして考えれば、久多から炭を梅ノ木へ運ぶ方が、尾越へ運ぶよりはるかに容易なので、久

多から尾越へ炭を運ぶことなど、今の人には考えられないかもしれない。し
かし炭のかつての出荷先に関するこの相違、つまり久多からは尾越へ、他方、
朽木からは市場へという相違が、朽木の谷頭凹地の斜面上部にトチの巨木林
があることに関係している可能性があるとわたしには思えた。そこでまず『京
都府地誌』（1881年頃）を調べたところ、久多からの炭の出荷先として尾越の名
がたしかにあがっていた。
　そこで次に(2)『朽木村志』、『朽木村史』、『京都府地誌』、『京都府愛宕郡村
志』などをもとに朽木と久多のかつての暮らしぶり、道路事情、流通について
情報を集め、久多との比較において、朽木におけるトチの巨木林の成立につ
いて考えていったのであった。

## 【引用文献】

相賀徹夫編（1986）『京都歳時記　4』、小学館。

秋山十三子・大村しげ・平山千鶴（2002）『京のおばんざい』、光村推古書院。

奥村彪生（2016）『日本料理とは何か』、農山漁村文化協会。

川端道喜（1990）『和菓子の京都』、岩波書店。

旧京都府愛宕郡郡役所編『洛北誌』（旧・京都府愛宕郡村志）（1969）、大学堂書店。

京都新聞社編（1990）『琵琶湖疏水の100年　叙述編』、京都市水道局。

久多　木の実会編（1993）『京都・久多——女性がつづる山里の暮らし』、ナカニシヤ出版。

朽木村史編さん委員会編（2010a）『朽木村史（資料編）』、高島市。

朽木村史編さん委員会編（2010b）『朽木村史（通史編）』、高島市。

佐々木高明（1991）『日本史誕生』、集英社。

手代木功基・藤岡悠一郎・飯田義彦（2015）「滋賀県高島市朽木地域におけるトチノキ巨木
　　林の立地環境」、地理学評論88（5）：431-450。

中村治（2016）「雑煮と納豆餅」、京都学研究会編『京都を学ぶ（洛北編）』、ナカニシヤ出版、
　　200-219。

橋本鉄男編（1974）『朽木村志』、朽木村教育委員会。

平凡社（1979）『京都市の地名』。

平凡社（1991）『滋賀県の地名』。

森田武・長南実編訳（1980）『日葡辞書』（長崎版日葡辞書（日本イエズス会・1603年）の全
　　訳）、岩波書店。

八塚春名・藤岡悠一郎（2015）「山村の特産品づくりを支える資源利用ネットワーク——滋
　　賀県高島市朽木におけるトチ餅生産とトチノミ利用」、Biostory 24：96-99。

# 第12章　朽木の生き物と人々の関わり

## 興味深い朽木の着眼点

　6月初旬、針畑川源流の生杉集落を訪れると、住民の方に「面白いものがある」と田んぼに誘われた。山あいの田んぼでは、畦の近くに森が隣接し、多くの木々が田んぼのすぐ傍に生育している。その木々の枝に、白い綿のような塊がいくつもぶら下がっていた。「モリアオガエルの卵だよ。」案内してくれた男性が教えてくれた。遠目にみると、白い大きな花が咲いているようにもみえる。男性によると、毎年この季節には、"白い花"が木の

写真12-1　木に産みつけられたモリアオガエルの卵塊

枝に咲くという。卵は田んぼ側に張り出した枝に産み付けられている。孵化したオタマジャクシが田んぼの水の中に落ちて、そこで生育することができるようになるそうだ。山間の朽木では、山や川、田んぼ、ダイラなどの多様な環境に、多くの生き物が暮らしている。近年では、野生動物による農作物への被害が深刻化し、生き物に対する負のイメージが大きくなっているが、人々は同じ地域に暮らす多くの生き物やその行動に関する知識を有している。本章では、人々が生き物をどのように認識し、ときに利用してきたのか、特に年長者への聞き取りから得られた情報を手掛かりに紹介する。

## 12.1　多様な自然環境と生き物

　清流に棲むイワナやアマゴ、田んぼで生活するタニシやカエル、山に暮らすシカやタヌキ、フクロウなど、朽木には多種多様な動植物が生息している。豊富な動植物が暮らす舞台である朽木の自然環境は、いくつかの要因によって多様性が生じ、多くの生き物が暮らしやすい環境となっている。

　朽木の自然環境は、起伏に富む地形と山を刻む安曇川水系の河川、山を広く覆う森林に特徴づけられる。丹波高地の一角を成す朽木は、面積165.4 km² の92.4％（2010年）が森林に覆われ、大部分が山地域に位置している。安曇川の源流域にあたる本地域は、針畑川、北川、麻生川の3つの支流と安曇川本流の水系から構成され、山々には深い谷が刻まれている。三国岳（959 m）を最高峰とし、中・小起伏の山地とその周辺を取り囲む河川及び小規模な沖積平野が広がっている。このような地形条件のなかで、多様で複雑な生き物の生息地（ハビタット）が形成されている。さらに、この地域は、日本海側気候と太平洋側気候の境界部に位置し、平地では暖帯北部に属するが、山地では裏日本の気候要素を有している（滋賀自然と文化編 1969）。気候的な極相林はシイ・カシ類を優占種とする常緑広葉樹が地域の大半を占めるが、標高500 m以上の高標高域で温帯落葉広葉樹林の主要組成腫であるミズナラが出現し、標高700 m以上ではブナ—ミズナラ林が成立する（滋賀自然と文化編 1969）。また、朽木地域北部ではスギが自生するため、スギと広葉樹が混在した針広混交林（スギ—ブナ群落）が形成されている（井原 1997）。このような植生環境の多様性も、多くの動物種の棲息に繋がっている。

　さらに、人間活動に伴う適度な攪乱が、地域の長い歴史の中で継続してきたことも生き物の生息地を多様化する要因であった。ホトラヤマでのホトラ刈りや定季的な火入れ（本書6章参照）、森林での炭焼き、河川段丘面での水田開拓や用水路網の設置、ダイラのカヤ場での草刈りなどの人間活動は、生物の棲息地を多様化させる営みであった。一方で、このような人為環境に適応してきたドジョウやタニシ、フキやゼンマイなどを人が利用してきたという側面もある。

　朽木に生息する動物については、多数の調査が実施され、報告書が出版され

ている。特に網羅的に実施されたものは、滋賀県全域の自然環境や社会を対象とした総合学術調査の2つの報告書（滋賀自然環境研究会編 1979、滋賀県自然誌編集委員会編 1991）であり、哺乳類から爬虫類、両生類、昆虫類など、滋賀県に生息する生き物について網羅的にその生息状況が報告された。また、朽木においては、麻生川に建設が計画された北川ダムに関する調査で同地域に生息する動植物が報告されている。

　日本の中山間地域における動物と人々との関わりについては、地域の民俗誌のなかで聞き取りを基に詳細な情報が記述されてきた。朽木においても、滋賀自然と文化編（1969）や橋本編（1974）などにおいて、動物種の方名や人々の認識、利用方法などが記されている。狐憑きや禁忌などの迷信や言い伝え、文化的事象についても、地域ごとに多様な報告がみられる。また、ノウサギやクマ、イノシシなど、人との関係が深かった動物種については、多くの研究が報告されている（池谷・長谷川編 2005 など）。近年では、鳥獣害の深刻化により、獣害の実態に関する報告や対策に関する研究が多い傾向がみられる（朽木の獣害に関しては本書17章を参照）。日本全国、地域に生息する生き物と人々との関係は、地域の社会や自然環境とともに過去数十年で大きく変化しており、朽木においても同様である。本章では、朽木の年長者への聞き取りを基に、とりわけ獣害が深刻になる前の生き物の利用や認識について紹介する。そして、生き物と人々との関係性の変化やその要因に関する住民の認識について紹介する。

## 12.2　動物に関するエスノサイエンス

　朽木に暮らしている方々に動物や生き物についての話を聞くと、話題の多くは野生動物による農作物の被害や、ニホンジカ、ニホンザルなど、最近みかけることが多くなった動物の話題になってしまう。他方、少し時を遡り、山での仕事や狩猟、生業としての山菜採りが盛んであった頃の話になると、様々な生き物の話に花が咲く。小学校の帰りにノウサギを捕まえた話、田んぼに現れるタニシやカエル、農作業の合間にみかける鳥、川遊びで捕まえた魚、春の訪れを教えてくれるコブシの花など、話題は尽きない。山や動物との付き合いは昔とは変わってしまったが、今でも朽木に暮らす人々は身近な自然やそこに生息

する動植物と多くの関わり持っている。そのような関わりは、食糧源として利用し、そのために狩猟や採集をするという直接的な関係だけではない。毎年決まった時期に現れる生き物は、季節の移ろいを気づかせてくれる存在であり、生き物の行動や出現の時期や量などは年による気候の差異を予想する手がかりにもなり、生活に豊かさを与えてくれる対象でもある。もっとも、現在深刻化する獣害のように、生き物は人間に対して望ましくない、深刻な被害をもたらすことがあることも忘れてはならない。

聞き取り調査や先行研究において指摘されている、朽木に生息する主な動物は**表12-1**のとおりである。これらの動物は、田んぼや川、山、森、ホトラヤマなど、朽木に広がる多様な環境で生息し、季節によって活動やその場所が異なる。そして、ときには人の目に留まり、人々の季節の指標や自然の認識につながっていく。以下では、聞き取りのなかで話が及んだ生き物やその知識について、季節ごとに追っていこう。

表12-1　聞き取りおよび文献に登場する朽木に生息する主な動物

| 分　類 | 種　名 |
|---|---|
| 哺乳類 | ニホンザル*、ニホンジカ*、キツネ*、タヌキ*、ホンドイタチ、テン*、ノウサギ*、ニホンツキノワグマ*、ホンドリス*、アナグマ*、ヤマネ*、ムササビ、イノシシ*、モモンガ*、ハクビシン*、ホンドハツカネズミ、ニホンクマネズミ、ドブネズミ、アカネズミ*、ヒメネズミ*、ハタネズミ、スミスネズミ、カワネズミ、コウモリ* |
| 魚類 | アユ、イワナ、アマゴ、ビワマス、ウナギ、ウグイ、オイカワ、カワムツ、カマツカ、カジカ、アカザ、ギギ、ナマズ、アブラハヤ、タカハヤ、カワヨシノボリ、ドジョウ、ヤツメウナギ、ドンコ |
| 鳥類 | スズメ、カラス、ツバメ、セキレイ、カケス、コカラヒワ、マヒワ、ウソ、アトリ、ノジコ、ホオジロ、ヒバリ、メジロ、モズ、ツグミ、カワセミ、ヒヨドリ、ムクドリ、トビ、ウグイス、カッコウ、コゲラ、アカゲラ、アオゲラ、シジュウカラ、ヤマガラ、フクロウ、キジ*、ヤマドリ*、ハチクマ、サシバ、シラサギ、ゴイサギ、マガモ、オシドリ、キジバト、アオバト、ヤマシギ、ウズラ |
| 爬虫類 | マムシ*、アオダイショウ*、ヤマカガシ、シマヘビ、ジムグリ*、トカゲ、イシガメ、クサガメ、ヤモリ |
| 両生類 | ニホンアマガエル、トノサマガエル、シュレーゲルアオガエル*、ヒキガエル、モリアオガエル*、ヤマアカガエル*、ツチガエル、タゴガエル、カジカガエル、ヒダサンショウウオ、ブチサンショウウオ*、イモリ |

出典：滋賀県自然誌編集委員会編(1991)、橋本(1974)、聞き取り調査。
注）*は2011〜15年に自動撮影カメラで撮影および直接観察したもの。

## 12.2.1 春

　気温が温くなり、雪が消えると、庭先のウメの花が咲き始め、田んぼの畦には　フキノトウが顔をだすようになる。ある男性は、この時期に川辺で白く輝くネコヤナギの蕾が印象的だという。また、春を告げるウグイスの鳴き声は、春先から初夏の頃まで聞くことができる。

　この時期、渓流釣りが好きな人には、待ちに待った季節である。冬の禁漁期間が明け、イワナやアマゴ釣りが始まる。谷川ではワサビの花が咲き、釣りで谷に入ると春を感じると話す男性もいた。

　山菜採りもこの時期の楽しみの一つである。かつて、ホトラヤマには背の低い低木や草が生える草地が広がり、春先にはワラビやゼンマイ、ウド、フキノトウなどの山菜が顔をだした。「温かい日にそのような山菜を採集したのが懐かしい」とある女性は話していた。

　集落近くの山裾にコブシの白い花が咲き始めると、田んぼの準備が始まる。苗代の準備と共に、現在では使われなくなってしまったが、田んぼに入れるための堆肥であるホトラ（コナラの若枝。草本も含まれる）を各世帯で準備し、田んぼにすき込んでいった（本書6章参照）。田んぼの仕事の合間には、ヒバリの鳴き声を聞いたり、ツバメの姿をみかけるようになるという。

　田植えの時期になると、水が入った田んぼには、ドジョウやタニシ、アメリカザリガニ、カエルなど、多くの生き物が現れる。ドジョウやタニシなどは、貴重な食糧源で、採集の対象でもある。シュレーゲルアオガエルやモリアオガエルは、田んぼ近くの木に産卵するため、この時期、山間の田んぼでは白い卵塊を目にすることも多い。

## 12.2.2 夏

　初夏、田植えも終わり、日差しが強く照り付けるようになると、ウツギの白い花やタニウツギのピンクの花が山裾に咲き、山にはフジの紫の花やネムノキのピンクの花が目立つようになる。谷の奥では、トチノキの白い花が咲き、マルハナバチの大きな羽音が聞こえる。田植えが終わった田んぼでは、夜にホタルが多数飛び交うようになる。今でもたくさんのホタルが6月にみられるが、

「昔はもっと多かった」という声もあった。

釣り好きの人にとって、6月は待ちに待ったアユの解禁の季節である。縄張りをつくるアユの性質を利用した友釣りをするため、地域の内外から安曇川に多くの人々がやってくる。川の上流では、夕方になると、産卵期を迎えたカジカガエルの大きな声が聞こえるようになる。

夏本番を迎えると、ホトラ刈りの作業が最盛期を迎える。冬季のウシの飼料と来年の田んぼの肥料のため、大量のホトラを刈ってこなければならない。今では行う人はいなくなったが、年長者の女性に話を聞くと、当時の作業がいかに大変だったかを話してくれる。ホトラ刈りでは、マムシがでることがあり、注意しないといけないという話もあった。

夏は多くの昆虫と出会う季節でもある。山に行くと、カラスアゲハなどの大きな蝶が飛び、アブラゼミやミンミンゼミの大合唱が聞こえる。子供たちは、カブトムシやクワガタムシを捕まえるため、夜になると街頭の下などを探してまわる。一方で、農作業をしていると、カやブト（ブヨ）に刺される機会も多くなる。

### 12.2.3　秋

夏の終わりになると、セミの大合唱の声が次第に少なくなっていく。変わって、夕方になるとコオロギなどの声が聞こえてくる。虫の音の変化から、季節の移り変わりを感じるという。

秋は収穫の季節であり、家の周りではカキやクリなどの実がなり、動物たちが実を食べにやってくることもある。イノシシやクマ、アナグマが秋に集落近くにやってきたという話をする人もいた。

秋は、川の魚種のなかに産卵の時期を迎えるものがあり、琵琶湖と行き来するものもいる。ウナギやアユは川を下り、一方でビワマスは川を上る。川を遡上するビワマスを捕まえる人も多く、夜に光を照らして捕獲する方法もある。

### 12.2.3　冬

11月になると、早くも雪が降り始める年もある。長い冬の始まりである。昔は、農林業が暇になる冬季は、狩猟の季節であった。雪の上に残されたイノ

第12章　朽木の生き物と人々の関わり　　*157*

シシなどの足跡を追い、猟が行われた。また、後に述べるように、冬眠中のク
マも冬季の狩猟対象であった。

　狩猟は、大人の男だけが行うものではなく、子供たちによるウサギ獲りなど
も冬季に行われた。通学の際にウサギの足跡を手掛かりにして通り道に罠を仕
掛けたという。

　冬季には、家の近くに餌を求めて野鳥がやってくる。カケスやスズメ、ホオ
ジロ、ウソなどの鳥が、住居近くの木の実や水田に落ちた米などを食べに来る。
このような小鳥を捕まえるための籠罠猟も行われた。

## 12.3　狩猟対象としての動物

　朽木では、昔から山林を中心に狩猟が行われ、野生動物の肉や毛皮などが利
用されてきた。狩猟を実施する時期は獲物の肉がおいしい冬季が中心であった。
また、大正7年に施行された狩猟法によっても季節が限定されていた。野生動
物の肉は、冬の動物性蛋白源として重要で、味としても美味であり、牡丹鍋や
もみじ鍋、しし汁などは「冬のごっつぉう（ご馳走）」だったという。

　狩猟は朽木のすべての人々が行うわけではなく、基本的に男性の生業として
行われてきた。また、専業として狩猟を行っているわけではなく、夏は農業や
林業を主生業とし、冬季に狩猟を行うというような兼業の狩人が大部分であっ
た。農閑期となる長い冬の間、稲藁を用いて簑やわらじなどの道具作りが忙し
くなるが、大雪が降った後などに男性達はこぞって狩りにでかけたという。狩
猟の対象とされてきた主な動物は、ノウサギやイノシシ、ツキノワグマ、ニホ
ンカモシカである。

　年長者への狩猟に関する聞き取りのなかで、特に頻繁に言及されたのは、ノ
ウサギの猟であった。ノウサギは、細い針金を使った罠でとるため、子供でも
獲ることができる。細い針金で腕が通るくらいの輪を作り、雪上につけられた
足跡からノウサギの通り道を推測し、何か所か仕掛けを埋めておく。小学校の
通学途中に罠を仕掛け、行き帰りに罠をみてまわることが日課であったという。
ノウサギは夜に活動するため、朝方に掛かっていることがあり、多い時には数
匹が一度に獲れたという。獲れたノウサギは、皮を剥いで肉をミンチ肉のよう

に細かくつぶし、この地域で"じゅんじゅん"とよばれるすき焼きにして大根などと一緒に食べたという。「じゅんじゅんは冬のごっつぉうだった」という回顧談を多くの年長者が語っていた。肉にはくさみがあるため、ミカンの皮などを一緒に入れたという。ノウサギの猟は、当時、子供たちの冬の楽しみの一つであった。

　イノシシは、昔から数が多く、農作物を荒らす害獣であった。現在でもイノシシによる農作物の被害は多く、獣害駆除の対象となっている。かつて、戦前から戦後の早い頃まで、朽木では各戸にイノシシ狩り用の槍が備えてあり、集落総出で雪中のイノシシ狩りが行われた(雲洞谷、男性80歳)。特に、大雪が降った後には、イノシシの動きが鈍くなるため、大規模な狩りが行われた。槍は長さ1.5mほどの木の柄に長さ30cmほどの鉄の穂先がつけられたものであり、投げ槍で猟が行われた。しとめられたイノシシは解体して、集落中で分け合ったという。また、イノシシ狩りについては文献にも記載がみられ(橋本1974)、江戸時代から明治期にはイノシシを生け捕りにするための落とし穴が掘られていた地域もあった(特定非営利活動法人杣の会編1990)。イノシシ肉はボタンとよばれ、冬にとれる獣肉のなかでは最も美味しく、高値で販売もされた。

　冬季の狩猟動物の中で、最も価値が高く、またリスクも高いものがツキノワグマであった。クマの胆(い:胆のう)は薬になるため高額で取引され、一匁(3.75g)が5000円程度になったという。また、毛皮も商品としての価値が高かった。クマの肉は主に家庭で食された。皮下脂肪はとても美味で、鍋などに入れて食べた。

　クマは、初雪が降ったのち、冬至の頃に穴に入り、春のお彼岸の頃にでてくるといわれている。大きな樹木の下に自然にできた穴などを冬眠に利用する。猟師は、山仕事の合間にこのような穴を探しておき、目をつけた穴を冬に回ってクマを探す。クマ猟には、必ず数頭のイヌを連れて行った。イヌは、クマを探し、クマを穴から追い立てる役割もあるという。眠っているクマを棒でつついたりして穴から出し、出てきたところを銃で撃つ。撃ったクマを山から降ろすのも大変な作業であったそうだ。

## 12.4 植生環境と動物種の変化

朽木の年長者に昔の暮らしの話を聞くと、昭和30年頃からの暮らしの変化や野山の景観の移り変わりがきまって話題に上る。野生動物の利用についても同様に、この時期から利用方法が変わり、いくつかの動物種についてはその姿を見なくなったという。高度経済成長期の頃、田んぼで農薬や除草剤を大量に使うようになり、ホタルやタニシ、ドジョウ、カエルなどの生き物が姿を消したという話は、他の多くの地域と同様に、朽木でもたびたび語られた。特に、6月に毎年現れるホタルについては、ある時期、ほとんど見られなくなった。

哺乳類のなかで、その姿を見かけなくなったと話題になったのは、ノウサギ、タヌキ、キツネである。先述のとおり、ノウサギは冬の狩猟対象であったが、ノウサギを食用として食べる習慣は生活の変化とともに廃れていった。キツネは、昔、各家庭でニワトリを飼っていた時期に、たまに山から下りてきてニワトリを襲ったというが、ニワトリを飼う家庭がなくなり、集落でみかけることもほとんどなくなったという。タヌキについても、集落の周辺や山でみかけることがあったが、最近では見かける頻度が少なくなったそうである。

他方、ニホンジカやニホンザル、イノシシについては、見かける頻度が激増し、農林業被害が深刻化するという別の変化も生じている。住民は、このような動物種の変化は、森林の景観変化と関連があると指摘する。生活様式が変わり、住民がホトラ刈りや薪炭利用、トチノミ拾いなどのために山に入ることがほとんどなくなり、他方でパルプ材調達のために山の木を面的に伐採し、集落近くの山にスギやヒノキなどの植林を行ったことが、山の景観を大きく変化させることとなった。その結果、薪炭として利用されることが少なくなった雑木林やスギなどを植えた植林地で木々が大きく成長し、動物の餌となっていた草本が減少し、野生動物種の数や森林の生態系が変わったのだという。また、積雪量が昔に比べて減少したこと、人が山に入らなくなったので動物が人を恐れなくなったこと、集落のすぐ近くまで人に見つからずに接近できるようになったことなど、様々な要因を人々は指摘する。朽木と同様の現象は、日本の大多数の中山間地でも生じており、個々の動物種ごと、あるいは地域の状況によっ

第Ⅱ部　山村の暮らしと自然環境

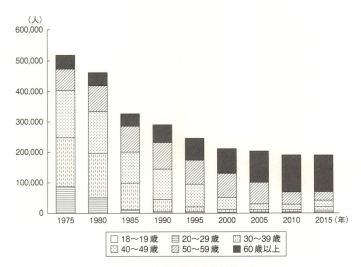

図12-1　年齢別狩猟免許所持者数
出典：環境省が集計・公開した「年齢別狩猟免許所持者数」を基に作成した。

て作用している要因が異なっていることが明らかになりつつある。しかし、住民が指摘していたような多様な要因が複合的に進行することで、全国的に森林生態系が大きく変化していることは間違いない。

　かつて行われていた狩猟活動の変化も、野生動物との関係を変えた原因であるといわれている。全国的な傾向として、狩猟免許取得者数は1970年代から2000年代にかけて半減した（**図12-1**）。また、狩猟免許所持者の年齢構成をみると、2000年代から60歳以上の割合が高くなり、狩猟者の高齢化傾向が顕著となっている。他方、被害をもたらす野生動物に対する有害駆除頭数は圧倒的に増加しており、野生動物の増減と狩猟・有害駆除との因果関係については、単純に結びつけることはできないだろう。それであっても、数十年前まで地域の多くの人々、とりわけ男性が携わっていた狩猟活動が行われなくなっていったことは、野生動物と人々との関係性の急激な変化であることは間違いない。

　最後に、朽木の集落近くの山で実施した野生動物調査の結果について少し触れておきたい。前述のとおり、住民に話を聞くと、ノウサギやキツネ、タヌキなどの姿を見なくなったという指摘があった。このような動物は、実際にいな

第12章　朽木の生き物と人々の関わり

**写真12-2　朽木で撮影された哺乳類**
A) ノウサギ、B) ホンドタヌキ、C) ホンドギツネ、D) ヤマネ

くなったのか、あるいは人々が山に入らなくなったために目にする機会が減ってしまったのだろうか？　雲洞谷集落近くの山林で自動撮影カメラを設置し、野生動物の調査を行ったところ、これらの動物はカメラに映っていた（**写真12-2**）。もっとも、動物の出現頻度に関する過去のデータは無いため、これらの動物種が昔に比べて増えたのか、減ったのかを比較することはできない。しかし、住民が目にする機会が減った動物種も、山の環境が変化する中で生息を続けていることが確認された。他方、ハクビシンなどの外来種が村から数キロメートル離れた山のなかで生育していることも確認された。複数年、広範囲で確認されたことから、これらの外来種は山のなかで定着し、個体数を増やしていることが窺える。外来種の増加は、哺乳類だけではなく、昆虫類や魚類などでも進んでおり、地域の生態系や生物多様性の保全を考える上で深刻な問題となりつつある。

## 12.5　おわりに

　朽木に暮らす年長者の方々に聞いた話をあらためて思い返すと、地域の自然環境や生き物との関わり方が大きく変わってしまったことを実感させられる。野生の動植物だけでなく、昭和30年代頃まで家で飼われていたウシの姿をみかけることはなくなり、庭先で放し飼いにされていたニワトリも今では出会うことはなくなった。他方で、全ての自然環境が激変してしまったかというと当然そうではなく、変わらないものも多い。多様な植物が生育する豊かな森は健在であり、目にする機会は少なくなったものの多様な生き物が暮らしていることは間違いない。地域に暮らす人々のなかには、近くの川で釣りを楽しんだり、山菜を採集したりという活動を続ける方も少なくない。日々の生活の中で、生き物の営みから季節を感じることは今も昔も変わることはない。また、地域で増えすぎたシカやイノシシの肉をジビエとして活用しようとする新しい動きもある。

　歴史的な時間軸でみると、人々の居住地周辺の自然環境がずっとそのまま継続していくということは極めて珍しいことであり、地域の社会や経済、生業や暮らしとともに変わり続けていくのが常態であるという見方もある。しかし、近年の深刻化する獣害や外来種の増加は、これまで地域が経験してきた自然環境の変化とは、少し次元が異なるものかもしれない。生き物たちが現在どのような状況に置かれ、どのような変化が進行しているのかを把握することが、将来の朽木の自然のあり方を考えていく上で重要であろう。

---

**調査手法**

　本章で紹介した内容は、住民への聞き取りによって得られた情報を基に執筆した。野生の動植物に関する知識は、同じ地域に住んでいても個々人の経験によって内容が異なってくる。聞き取りに際しては、そのような経験についての話を収集し、具体的な動植物の名前を挙げてもらうように心がけた。また、地域の環境によって棲息する動植物は異なるため、朽木の中でも標高の低い集落と高い集落で生き物に対する認識が異なることが予想された。そのため、

第12章　朽木の生き物と人々の関わり　　*163*

複数の集落を回り、なるべく多くの地域で聞き取りを行った。

　本文でも書いたとおり、最近では野生動物の話題というと、農作物への被害や増加した野生動物を見かけた話が中心になってしまう。その情報は大変重要であるが、本書に関する聞き取りをする際には、獣害を引き起こす代表的な野生動物に関する話題だけでなく、昆虫や魚、両生類など、身近な生き物についての話を意識して聞くようにした。

　本書17章で詳しく述べるが、哺乳類については、自動撮影カメラ（トロフィーカムBushnell社）を山中に設置し、映像を分析することで実際に生息している野生動物を確認した。

## 【引用文献】

池谷和信・長谷川政美編(2005)『日本の狩猟採集文化──野生生物とともに生きる』、世界思想社。

井原俊一(1997)『日本の美林』、岩波書店。

滋賀県自然誌編集委員会編(1991)『滋賀県自然誌──総合学術調査研究報告』、滋賀県自然保護財団。

滋賀自然環境研究会(1979)『滋賀県の自然──総合学術調査研究報告』、滋賀県自然保護財団。

滋賀自然と文化研究会編(1969)『朽木谷学術調査報告書』、滋賀県。

特定非営利活動法人杣の会編(1990)『雑木山生活誌資料──朽木村針畑谷の記録　1988〜1990』、特定非営利活動法人杣の会。

橋本鉄男編(1974)『朽木村志』、朽木村教育委員会。

# 第13章　朽木の神社地誌
## ── 土地に生きるカミの行方 ──

**興味深い朽木の着眼点**

写真13-1　鳥居のない社（雲洞谷犬丸 下社）

　朽木にはところどころに小さな社がある。鳥居がないので神社ではないかもしれない。が、しめ縄があるのでただの小屋ではない。名の知れた社名がついているわけでもなく、文献等で扱われることもない。集落や道路の片隅にひっそりと佇む社は、めだたないからこそ集落や地域独自の歴史と暮らしの中で今日まで祀られ、そこにあり続けたのだろう。これらの聖地は、どのような思想のもとに、何が祀られているのだろうか？

## 13.1　はじめに

　朽木の暮らしに根付く信仰あるいは思想を、朽木に点在する神社"地"から

考えてみたい。

人は日々の暮らしの中で、目に見えないものを意識して生きている。家族の健康や農作物のでき方、天候など、暮らしの中で起こるいろいろなことについて、それらは目に見えない何かの働きによるものと考えてきた。その目に見えない何かは、一般的にカミと呼ばれることが多い。悪いことが起こったときは、カミが怒っているから。良いことが起こったときは、カミが喜んでいるから。そう考えてしまうから、人はカミを畏れたり、敬ったりしなければならないし、そのための場所が必要となった。その場所は、多くの場合、神社と呼ばれている。神社は、人がカミと対面し、何かを聞き、逆にこちらから何かを伝えようとする場所のことである。このような場所はどのようにして選ばれたのだろうか。神社の土地が人々にとってどのような場所なのか、なぜそこが神社とされたのかを考えることは、人が暮らしの中で何にカミを見出しているのかを考えることにつながっている。

一方で今日、そういったカミへの意識は薄れつつあるものでもある。家族の健康や、農作物の生育具合は科学的に管理できるものになったし、天候はある程度予測することができる。こういう中で、人とカミが接する場であった神社はどうなってしまうのだろうか。

## 13.2 「神社」とは何か──聖地とはなにか──

滋賀県神社庁が発行している『滋賀県神社誌』によると、朽木には16の神社がある。思子淵神社（平良）、思子淵神社（小川）、八皇子神社（栃生）、八幡神社（村井）、市杵島神社（大野）、廣田神社（古川）、若宮神社（麻生）、日吉神社（地子原）、日吉神社（雲洞谷）、山神神社（能家）、大宮神社（中牧）、夷神社（桑原）、志子淵神社（岩瀬）、瓊々杵神社（宮前坊）、山神神社（野尻）、伊吹神社（荒川）である（滋賀県神社誌編纂委員会 1987）。では、朽木の神社はこれだけなのかといえば、そうではない。滋賀県神社庁に属さない神社も、実はたくさんある。例えばゼンリンの住宅地図を見てみよう。朽木地域内を見ると、神社マークが30か所ある（ゼンリン 2015）。ゼンリンの住宅地図は調査員が実際に現地を歩いて情報収集した結果に基づいて地図表記が行われている。だから、その神

社がどこかに登録されていようがいまいが、法人格をもっていようが持っていまいが、そんなことは関係なく、地図には現実の物理的な状況が反映されている。今、そこにある聖地。それがきちんと地図上に示されているのである。ただ、欠点もある。そこが地元で「神社」とか「お宮」と言われる場所であっても、そこに鳥居がなければ、調査員はそこが神社であると識別することが難しく、地図上には神社のマークがつかない場合がある。そしてそこは神社ではなく「祠」のマークや「寺」のマークになっていることもあるから注意が要る。

　ではなぜ、鳥居のない神社や滋賀県神社庁に登録されていない神社があるのか。鳥居などの設備や登録については、明治期以降に設定された新しい「神社」であるためのルールによるものであり、日本にもともとあった無数の神社がすべてそのルールに従ったわけではないからである。ではそのルールに従っていなければ「神社」ではなくなるのだろうか。「そうだ」、という人もいるかもしれない。しかし、私はそうは思わない。日本にはいくつもの多様な聖地があり、その中で神社とよばれる聖地がある。そしてその神社のうちのいくつかだけがが、明治期の日本政府や戦後発足した神社本庁の決めたルールに従っているだけのことである。むしろ、ルールに従っていない神社の方が実際の数は多いかもしれない。だから神社を見るときには、それがルールに従っているものかどうかではなく、我々自身が神社をどうとらえるのかということが大事なのである。

　日本の神社の重要な特徴は、「コミュニティ共有の思想に基づいて聖地と考えられている場所」であり「コミュニティの共有地・共有財産」であることだと考えている。その観点に立つと、鳥居があろうとなかろうと、法人格があろうとなかろうと、その地域の人々がそこを聖地として敬い、共同で祭祀が行われる場所が神社ということになる。そこを神社たらしめるのはその土地の人であって他の何者によるものでもないということである。本章では、この捉え方において朽木の神社を見ることにしたい。

## 13.3　朽木の神社

　現在朽木には少なくとも32社の神社がある（ゼンリン住宅地図と筆者踏査によ

る)。規模は全くさまざまで、生杉の大宮神社のように敷地も建築物も大きいものもあれば家一のシコブチ神社のように小さな祠だけをもつものもある。祠だけの神社の場合、その多くは鳥居をもたず、林の中や道のわきにひっそりとたたずんでいるため、見落としてしまうようなものである。しかしその立地に注目すると、神社の大きさにかかわらずそれぞれの意味をもっており、それを読み解くことで人がなぜそこを神社としたのかを理解することができる。ここでは3つの神社の立地から、朽木の暮らしに根付く思想や信仰を見てみたい。

### 13.3.1 生杉 大川神社

生杉集落の上流部の杉林の中に、小さな社が建っている。大川神社である。そこはクマノ谷から川が出てきたすぐの場所で、山と田地の境界でもある(**写真13-2**)。

川が谷から平野部に流れ出る場所、かつ傾斜変換の地点に置かれている神社の立地特性を水分型といい(樋口1993)、この立地特性をもつ神社の多くは河川の水管理の保護を担う司水の性格をもっている。生杉の大川神社は水分型の典型的な立地であるのだ。

しかし地元の方は「大川神社はイノシシ除けのカミさんや」と言う。確かに山と平野部の境界は、森とヒトの居住区の境界とも見ることができる。暮らしの中で獣害が大きな問題になっている今日、イノシシ退治のカミと位置づけられるのは分かる気がする。大川神社の社の正面には、木の板に描かれた2枚の古い絵が掲げられている。鈴にはまだ新しいたくさんの鈴緒が結ばれている。生杉集落の住民によって奉納されたものだろう。大川神社への信仰は、水のカミからイノシシ除けのカミと、その性格を変えながらも今に続

写真13-2 生杉 大川神社

いていることがわかる。

　このような小さな規模の神社の多くは、明治期の神社合祀政策の際に整理の対象とされ、近隣にある規模の大きな神社に合祀されることで消滅した。大川神社であれば、生杉集落にある大宮神社に合祀されてもおかしくはなかったはずである。しかし、これは大川神社だけでなく朽木に点在する多くの小規模な神社にもいえることだが、合祀はされずにきちんと残っている。目立たず、地図にも示されないが現実社会にはそこに存在して今も大川の守護を、あるいは生杉集落をイノシシの害から守っている。地域社会の歴史と文化、生態をまったく軽視した明治期の神社合祀政策を超えて、規模は小さくとも意味の大きい神社を残しているのが朽木である。

### 13.3.2　柏（かせ）　弁財天

　この弁財天の立地については、地域の伝承によるものとして『朽木村史』に詳しく書かれている（朽木村史編さん委員会 2010）。この弁財天の祠が建っている弁天島は「弁天島遺跡」とされ、自然の岩盤を利用しながら造成された人工地形であるとされている（**写真 13-3**）。弁財天が祀られるこの島の立地の特徴について、村史には興味深い一文が書かれている。「この中島と興聖寺境内の旧秀隣寺庭園との関連」である。旧秀隣寺庭園の座禅石・野点石から川を挟んだ対面に島を造り、河川のカミ、音楽のカミである弁財天を安置して庭園から歌を奉納するための"舞台装置"がこの弁天島であるという。

　この伝承にさらに説得力をもたせたのが、5章で紹介したI先生である。弁天島のことが気になったI先生はいつものように測量をし、地図を作ってしまった。その地図を見て、I先生はあることが気になった。旧秀隣寺庭園から

**写真 13-3　安曇川に浮かぶ弁天島**

見た弁天島と天体の関係である。そこでI先生は冬至の日、庭園から日の出を見てみることにした。すると朝日は完璧に弁天島の真上に上がり、その森の輪郭を照らしていた。谷間に形成された朽木の住空間においては、太陽の日差しが届く時間は短い。この時間が一年で最も短く、最も太陽が貴重な冬至の日に、カミの島である弁天島から太陽が昇るという"演出"がなされている。推測の域を出ることはないが、これ以降は少しずつ日が長くなるということを祝う目的があったのではないか。弁天島は公家や文人が戯れる庭園の単なる借景としてだけではなく、天体の動きを意識して緻密に計算された場所に造られた聖地である可能性がある。

　朽木は山里である。しかし都の公家や文人がつねに行き来し滞在したのもまた、朽木である。朽木には、自然とともに暮らす素朴さとともに、周りの自然環境を楽しむ都会的な術があるように思う。弁天島の立地に現れる自然を愛でる遊び心は極めて大胆で、しかしそこに水と音のカミを安置する点に、自然を敬う繊細な心が表れている。

### 13.3.3　小川　シコブチ神社

　シコブチ信仰というのが朽木を含めた安曇川流域にある。日本の他の地域では聞いたことがない名前のこの信仰は、安曇川の木材流通を担った筏流しの河川交通を守護する神、シコブチ神を祀るものである。

　諸説あるが、相撲の四股名等に使われるように、「恐ろしいくらい強い」ことを意味する「シコ」と、川の屈曲部で深みを指す「フチ」との合成語がシコブチであると考えられている(石田 2013)。つまり、シコブチとは川の流れの大きい場所や淵が形成する深み等、河川の難所を指す言葉であり、こういった難所を航行する筏乗りを守護するのがシコブチ神であるとされる。河童伝承と合体した伝承を持つ場合もあるし、水神としても信仰されているが、当然のことながらシコブチ神は筏乗りたちに共有された職業神でもあった。このシコブチ神を祀る神社が、現在、安曇川流域に14社ある。シコブチという音は共通しているが当てられた漢字は様々で、思子淵神社や志古渕神社などと表記されている。そのうちの一つ、小川の思子淵神社の立地から、シコブチ信仰とはどのようなものかを見てみよう。

第13章　朽木の神社地誌　　　171

　小川は安曇川の支流、針畑川沿いにある集落で、現在、思子淵神社は小川集落の氏神社として鎮座している。境内の覆屋の中にはシコブチ神を祀る社を中心に、蔵王権現社、山の神、夷社、熊野社の5社が並んでいる。

　神社合祀の歴史を踏まえると、それぞれ元々は別の場所にあったものがここに合祀されたのかもしれない。その経緯の詳細は不明だが、5社あるうちのシコブチ神の名前が神社名となっていることからシコブチ神を祀る社が元来からこの地にあり、他の4社は別のところに祀られていた可能性は高い。それは、この神社の立地からも次のように説明できる。

図13-1　小川思子淵神社とドバ

　小川の思子淵神社は、集落を貫流する針畑川と染ケ谷から流れ出る川の「デアイ」(合流点)に位置している。川のデアイは、川と川が合流して水量の多い大きな河川になる場所として、水のカミが祀られる神社の立地になることが多い。同時に、筏乗りにとっては「コバ(木場)」や「ドバ(土場)」と呼び、木材を集積し、それを筏に組む作業場

写真13-4　染ケ谷(小川)と山の神の社

であった。また、他の集落から乗ってきた筏乗りが交代する場にもなり、情報交換や休憩の場でもあった。このような場所の近くに筏乗りのカミ、シコブチ神が祀られたのである(**図13-1**)。

　小川の思子淵神社の立地を見るときに、忘れてはならない社がもう一つある。染ケ谷を挟んで思子淵神社の対岸に鎮座している山の神である(**写真13-**

4)。とても小さな社が谷の斜面にぽつんとあるため、気付く人は少ないはずである。実際、私も思子淵神社の調査時に同行者から教えていただくまでは全く気付かなかった。染ケ谷から流れてくる川の出口であるこの地は、見方を変えれば山への入口であり、ここに山の神が鎮座するのはよく理解できる。

ただ、先述の通り思子淵神社に鎮座する5社のうちの1社も、山の神社であるといわれている。染ケ谷を挟んで山の神の社が二つあることになる。思子淵神社の対面にある山の神が合祀された後、元の地にも社が置かれているのか、あるいは思子淵神社に合祀されている山の神は染ケ谷の山の神とは異なるところに祀られていたものなのか、今ではよくわからない。しかし重要なのは、染ケ谷の入口に今も山の神の社が置かれているという事実である。木々を育む山がなければ、筏流しも存在しない。木材の生産基盤が山なのだから、どのような経緯があったにせよ、山の入り口から遷すことはできなかったのではないか。

2017年、小川の思子淵神社はその社が国の重要文化財に指定された。一方で、染ケ谷の入口にたたずむ雨ざらしの小さな山の神の社は、その物理的価値は思子淵神社のそれには張り合わないだろう。しかし、その存在価値は思子淵神社と対等のものであると思う。

## 13.4　安曇川流域のシコブチ神社

安曇川流域のシコブチ神社は、安曇川の河口から最も遠くにある支流大見川の源流から、安曇川が山間部から平野部へ流れ出る安曇川扇状地 の扇端にかけて点在し、朽木にはそのうちの6社がある（**図13-2**）。これらの神社の立地を見ながら、シコブチ信仰がどのようなものかを見てみたい。

### 13.4.1　川の要所とシコブチ神社

筏乗りが信仰するシコブチ神を祀る社は、その多くが川の要所と密接に関係した場所におかれている。その最も特徴的なものは、大見の思子淵神社だろう。

大原大見の思子淵神社は、集落から少し離れて大見川の遡った杉林の中にある。境内には大見川が蛇行しながら貫流していて、その流れが大きく屈曲する

第 13 章　朽木の神社地誌

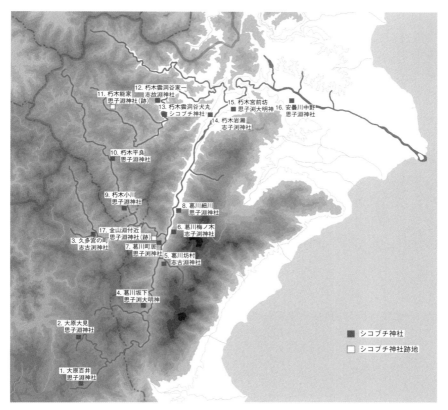

図 13-2　安曇川流域のシコブチ神社

淵にシコブチ神を祀る神殿がおかれている。玉石を積んで淵の両岸が整えられており、そこに 3 本の丸太がかけられ、社に参拝できるようになっていた。流路が大きく変わりやすい川の源流部を神社が取り込み、境内に包含している様は、シコブチ神が司水の神であることをより強く意識させていた。2013 年 9 月の台風 18 号によって、残念ながら神社境内の護岸の玉石が崩壊し、社は淵に落ち、ご神体その他が流失してしまった。現在、大見集落の住民はたった一人であり、再建は不可能に思えたが、旧住民や、大見集落と思子淵神社の持続と継承を支援する人々の努力によって、2017 年、市による護岸工事が行われ、2018 年には社が再建された。

川の要所といえば、合流点（デアイ）がある。先に述べたように、デアイは筏流しにとって重要な場所というだけでなく、二つの河川が出会うことで流量が増して大きくなる地点である。このような祀られたシコブチ神は、久多宮の町、葛川梅ノ木、朽木小川、朽木平良、朽木宮前坊にみられる。

この14社は、すべてが現在の場所に元々あったわけではない。その変遷の様子をいくつか見てみたい。

### 13.4.2　遷るシコブチ神

葛川細川ではシコブチ神は、八幡谷の入口に鎮座する八幡神社境内に祀られている。社は本殿から少し離れた境内のわきにあり、山の神の社と並んで鎮座する。経緯は明らかではないが、谷の名前から考えてここにはもともと八幡神社があったとみるのが自然で、思子淵神社と山の神が後に遷されてきたのだろう。

一方で、先に述べた朽木小川の思子淵神社は5つの社が合祀された状態であるが、元々の祭神はシコブチ神であり、他の4社が遷されてきたと考えられるものもある。

朽木岩瀬の思子淵神社は、もともとは現在地よりも北に位置していた。寛文二年（1662）に起こった洪水によって旧境内が流された結果、現地に遷座したものである。

明治期の神社合祀政策よりもずっと早い時期に、自身の境内を他に譲り、遷座したシコブチ神もいる。そのうえ、遷った先でも他所の神にその主座を譲り、自身は境内の隅にひっそりとたたずんでいるのは、葛川坊村の地主神社に鎮座するシコブチ神社である。

現在は「明王谷」と呼ばれているこの谷の入口の北岸には、平安時代前期以前から司水の神として志古渕神社が祀られていた。その場所に、平安時代前期、明王院が建立されることになり、志古渕神社は明王院の背後に遷ることになった。しかもそこには明王院の守護として地主神社が置かれ、志古渕神社はそのわきに置かれることとなった。さらに室町時代の文亀二年（1502）には明王谷の対岸に遷されることになり、志古渕神社は地主神社のわきから、その背後に置かれることになり、現在に至っている。もともと志古渕神社が谷の北岸に位置

第13章　朽木の神社地誌　　　175

していたのは当然のことで、上流から下ってくる筏乗りにとってはほとんど進行方向に社を見ることができ、筏を操りながらでも拝むことができたに違いない。しかし、それが明王院の背後になったら筏から拝むことはできないし、谷の南岸に遷ってしまえば筏からは谷を過ぎた後振り返らなければ拝むことができなくなる。

　このように神社の立地には、祀る人の神社に対する目線や、祀る人の暮らしや動きの中でいつカミを意識しているのかということがわかりやすく映し出されている。そしてもちろん、その場所が他所に遷されたといって、信仰が絶えるわけではない。志古渕神社は司水の神として昭和初期に至るまで安曇川上流域の筏乗りの信仰を集めてきたという。本当にその信仰が薄れたのは、筏乗りという生業が終焉を迎えたときだった。

### 13.4.3　役目を終えたシコブチ神

　朽木能家には、シコブチ神社跡地がある。今は杉林になっていて、教えてもらわなければそこがかつて神社だったとは分からない。旧境内地の杉は、周囲の杉林よりも太い木が多く、一番大きな木の根元に石積みの基壇が残されている。ここに社が置かれていたのだろう。この地域は大正14年には42戸あり、かつては丸太の単木流しも行われており、シコブチ神社も信仰を集めていただろう。林業や炭焼きの衰退や自動車の普及によってシコブチ神はその役目を終え、能家からは姿を消したのである。

### 13.4.4　シコブチ神社の分布

　シコブチ神社は河川航行の守護であるため、基本的に筏乗りにとって航行の難所や作業の要所に位置している。これは、言い換えれば、難所や作業の場がないところには、シコブチ神を祀る場は必要なかったということでもある。このことは、安曇川流域のシコブチ神社の分布によく表れている。

　図13-3は、安曇川本流と支流において、通称が付けられた川の各か所をさしている。およそ200か所ある。筏乗りが活躍していた当時は、この倍の数はあったといわれる。通称は特異な地形や岩の形、そこで起こった歴史的事実に基づいて命名され、それぞれに物語をもっている。例えば、ガワタロブチと呼

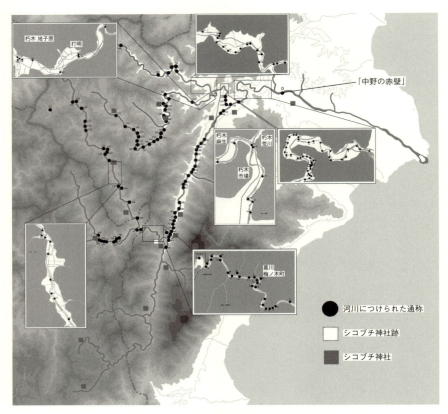

**図13-3　シコブチ神社と河川の通称の分布**

ばれる淵がある。安曇川本流の大きな屈曲部で、相当深く掘られているのだろう、そこだけ水の色が青黒く、怖い感じがする。その地形と様相から、河童の棲み処と人々にイメージされ「ガワタロ(河童)ブチ」という通称ができたのだろう。このような場所は河川を航行する筏乗りにとっては特別注意しなければならない地点として認識されたであろうし、逆に言えば、だからこそ名前が付けられたのである。

　こういった通称は、旧安曇川町長尾に位置する「中野の赤壁」を最後に、それより下流にはみられなくなる。「中野の赤壁」には、文字通り少し赤みを帯びた大きな岩が流路にそそり立っている。車道から川を見下ろしてみると非常

に大きな岩があるのですぐにそれが「中野の赤壁」であることがわかる。まして川を航行する筏流しから見れば、巨大な壁に見えたことだろう。このような壁のようにそそり立つ大岩に川の流れが当たると、波が戻ってきて水が回るのだという。こういう場所が上流域にはいくつもあり、よく考えて用心しないと筏乗りは筏から放り出されることもあったという（渡辺 2006 ）。そしてこの赤壁を過ぎるとようやく安曇川は平野部に出て、川幅は広くなり、ほとんど直進して琵琶湖へそそぐ。特異な地形も岩石もなく、筏乗りにとっては意識するべき危険な場所はなく、名づける必要のある地点はなかったのだろう。

　この通称の分布とシコブチ神社の分布を重ね合わせてみると、その分布の最下流が旧安曇川町の中野で一致している。中野より下流においては、もうシコブチ神が筏乗りを見守る必要のない安全な流路だったのである。シコブチ神社は安曇川流域に点在するが、それが朽木や葛川、大原の上流域に限られているのはそのためである。

## 13.5　神社が表す暮らしの変化

　普段は気付かないような小さな社でも、それが置かれている場所とともにその存在を考察すれば、その小さな社は朽木の暮らしや生業に根付く信仰や自然観をよく表していることがお分かりいただけたと思う。だからといって、神社はただずっと変わりなくそこに在るわけではない。社会の動きや人々の暮らしの変化とともに神社の場所や性格も常に変化してきた。生杉の大川神社は、司水のカミからイノシシ除けのカミにもなっていたし、シコブチ神は今や筏乗りの守護から村の鎮守と、その性格を変えている。神社は、いつも人々の暮らしとともにあり、ともに朽木で生きてきたといってもいいだろう。

### 13.5.1　「神社の名前？　知らないけど、私らの宮さん」

　ここで一つ、朽木で神社の調査をしているときに出会った忘れられない出来事を紹介したい。神社の本質を少しだけ理解できた瞬間であったからである。

　ゼンリンの住宅地図を頼りに、ある集落の神社を訪問した。そんなに大きくはないが、境内には鳥居、神殿、御手洗がある立派な神社であった。女性が箒

をもって境内を掃いておられた。挨拶をして神社へ入って、まずはお参りをするが、社名がどこにも書かれていない。鳥居にも、神殿の中にもそれらしいものは何もなかった。そこで掃除をしておられた女性に「この神社は、何神社ですか？」と尋ねた。すると女性は不思議そうな顔をして、「さあ、何ですやろ。知りません。ここ（私の地域）のお宮さんやから、お掃除さしてもらってるだけです」とおっしゃった。この返事を聞いて、正直、意味が分からなかった。そんなことってあるのだろうかと思いつつ、お礼を言って神社を後にした。このやり取りを帰路で反芻して、家に着くころにようやく「ああそうか」と納得した。この女性は、社名などなくともこの場所を土地の聖地として敬い、お掃除をされていた。つまり彼女にとって重要なことは、この神社の社会的側面ではなく、神社がこの土地の鎮守であるという、存在そのものなのである。

　本章で観察する神社の定義は、その規模や神社庁に属しているかいないかなどは関係なく、土地の人々がそこにカミを見ているかどうかに依ることは冒頭に述べた。自分で設定した調査のための定義であったが、逆にそれを、調査の際に現実に突きつけられて面食らってしまったのだ。神社を考えるための調査で、神社で教えられた。情けなかった半面、カミサマの声を聞いた気がしてうれしかった。

┌─────────────────────────────────
**調査手法** 🖊️

　神社や社などの小さな聖地を見つけるには、ゼンリン住宅地図が最適である。住宅地図の中から、祠や神社マークに印をつけて調査地における神社等の聖地の分布を把握する。次に、該当する神社や聖地に関する記述を、先行研究や村史などの地域史から収集しておくと現地調査の際に手助けとなる。

　そして現地調査に出る。神社地の特徴や機能を特性として明らかにするために、まず境内の形状をノートに写し取り、建物や樹木の配置を記録する。次に境内の周辺の土地利用と自然地形を観察し、境内の立地を考察する。周辺に人がいれば、神社や気になる点について質問してもよいと思う。

　以上の調査で得られた立地の特性に、神社の由緒や祀られている神の性格を照らし合わせることで、人々の思想を読み解くことを試みる。
└─────────────────────────────────

## 【引用文献】

朽木村史編さん委員会編(2010)『朽木村史』、滋賀県高島市。

滋賀県神社誌編纂委員会(1987)『滋賀県神社誌』、滋賀県神社庁。

ゼンリン住宅地図(2015)『高島市(3)朽木』、ゼンリン。

樋口忠彦(1993)『日本の景観——ふるさとの原型』、ちくま学芸文庫。

渡辺大記(2006)『地域学研究 vol. 6』、滋賀県立大学人間文化学部地域学研究室、34 頁。

# 第Ⅲ部　現代の山村

市場の盆踊り

# 第14章　過疎・高齢化の進行と直面する課題

**興味深い朽木の着眼点**

写真14-1　朽木で開催されている集落座談会（2017年2月23日撮影）

　旧朽木村は、戦後の1940年代をピークに人口減少が始まり、現在に至るまで常に過疎化の問題と共に歩んできた地域である。
　これらの問題に対処するために、旧朽木村では古くから行政や住民が様々な事業やまちづくり、むらおこし活動を実践し、過疎地域対策に取り組んできた。村政が発足した戦前から現在に至るまで、朽木では過疎の問題をどのように捉え、時代時代の社会情勢の中においてどのような取り組みを行ってきたのか。また、このような取り組みの積み重ねの結果として、現在朽木に住む人々はその歩みについてどのように感じているのだろうか？

## 14.1 はじめに

朽木は、若狭国と京を結ぶ鯖街道が通り、朽木の杣(そま)と呼ばれるように、古くから京への木材供給地として栄えた長い歴史を持つ地域である。しかし、朽木村の人口の変化について見ると(**図14-1**)、1960年(昭和35年)頃から人口減少傾向が顕著になり(1965年は4,007人)、1970年(昭和45年)には3,501人と4千人を下回り、2005年に合併に至るまで減少傾向にあった。

朽木村当時の人口変動については、森川(1986)や立花ら(2000)の研究が詳しく、森川は、朽木村の人口移動の実態について主に昭和50年代を対象に、後継者の視点から転出者や転出予備者としての中高生の転出要因や帰還要因について分析し、併せて新規転入者であるIターン者についても転入要因の分析を行っている。立花らは、国勢調査を基に1970年から1995年までの25年間を対象に、5歳階級別男女別の人口経年変化と産業別就業者数の変化、1973年か

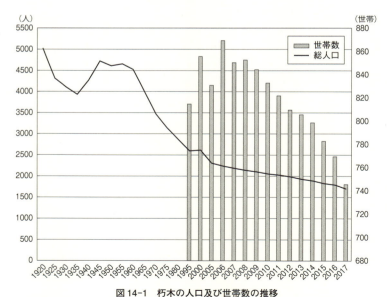

**図14-1 朽木の人口及び世帯数の推移**
1920〜2005年までは国勢調査より2006〜2017年までは滋賀県推計人口年報より作成。

第 14 章　過疎・高齢化の進行と直面する課題　　*185*

ら 1999 年の間に転入してきた 14 世帯を対象に転入要因について分析を行っている。

　これらの研究によると、転出要因は両研究共に、雇用の場が少ない点をあげている。一般に農山村は、高度成長期以降の第一次産業から第二次産業および第三次産業への産業構造の変化に伴い、都市部へ人口が流出する社会減少により過疎化が進んだと指摘されている。朽木における過疎化については、主幹産業である林業の衰退による住民の働き口が無くなったことが重大な原因の一つであると考えられる。

　また、立花らの研究によると、1990 年から 95 年にかけて人口減少率が改善されているが、これは「観光関連産業の拡大による雇用の促進と、道路整備による通勤・通学圏の広域化である」とし、これらの要因により、Ｕターンおよび I ターン者が増加したとしている。Ｕターン、I ターンとは、人口移動のパターンを示す言葉であり、Ｕターンとは、出身地である地方から都市に移住した人が再び故郷に戻ることを意味し、I ターンとは、出身地とは別の地方に移り住むことで、とりわけ都市部から出身地とは違う地方に移住することを指している。Ｕ・I ターン者の転入要因の分析によると、自然志向を持つ転入者が多く、朽木村の自然環境の魅力が重要であるとしている。森川の研究でも、Ｕ・I ターン者の転入要因として豊かな自然環境や農山村の暮らしやすさを高く評価しているとしている。

　このように、朽木村の人口変動要因としては、転出要因は雇用の場が少ない点、転入要因は朽木村が持つ豊かな自然環境や農山村としての暮らしやすさであると考えられる。これらの研究は、市町村合併前の朽木村を対象とした研究であるが、合併後においても人口減少傾向は続いており、2017 年時点で 1,702 人と 1955 年比で 4 割弱程度まで減少している。また、合併前の 2007 年と合併後の 2015 年時点の、年齢階層別人口を比較すると（**図 14-2**）、少子高齢化も併せて進んでいることがわかる。市町村合併後においても朽木では、市の事業としての過疎地域対策事業や市民活動などが継続して行われており、朽木の転入要因である豊かな自然を活用した取組も多く行われてきた。市町村合併自体は、少子高齢化人口減少の解消を直接目指したものではないが、現在においても人口減少傾向が続く状況から、転出要因が転入要因よりも強い影響力を持つ状態

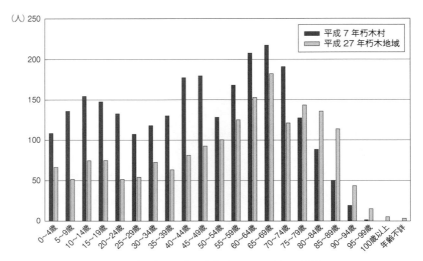

図14-2　平成7年〜平成27年朽木における年齢5歳階級別人口
国勢調査を基に作成した。

が続いていると考えられる。

　このように、朽木は過疎化および少子高齢化が現在に至るまで重要課題であるが、戦後まもなくから高度経済成長期、バブル経済期、バブル崩壊後から日本社会全体が人口減少局面に入った現在において、同じ人口減少および高齢化でも、時代時代で捉え方や対策も異なっていたと考えられる。そこで、朽木における行政計画を読み解き、(1)過疎化が進行する中で、各時代においてどのように地域課題を捉え、対処しようとしてきたのか、また、(2)これら様々な行政事業や市民活動の結果として、そこに住む人々は現在の朽木の暮らしをどのように感じているのだろうか、という点について考えてみたい。

## 14.2　村政発足当時の朽木の課題

　朽木村の人口減少が顕著になる直前の1951年に発行された、朽木村初の村政白書である「農山村二か年の歩み」(朽木村 1951)では、広大な面積を持つものの、大半が山野であり耕地面積が少なく、また農業に関しても先を見通した

文化的生活を営むための経営になっていないとされている。また、林業に関しても「計画的な森林管理とは程遠く、樹齢も樹種も統一感が無く、値が出れば濫伐し植えることを知らず、炭焼きをしても次の炭材の成長について心を致すことがない」と課題を述べている。

　村民の暮らしについては、健康管理について多くのページが割かれており、当時の農家の衛生環境の劣悪さを指摘している。また、古くからの家族制度など封建的な雰囲気が強く、病気治療および健康維持について、「ぜいたく病」であるとの周囲からの目と闘わなければならないなど、村民意識を批判し、封建的な地域社会からの脱却を課題としている。村ではこのような状況に対応するために、直轄の診療所を設置し京都大学医学部との連携により医師の派遣を受けて運営をおこなっていた。

　子供たちへの教育面では、面積が広く公共交通がそれほど発展していなかった当時に、小学校が東西2校の本校と10分校を抱えており、分校においてもより良い環境を望む保護者からの要求に対し、交通の便の悪い西の地区においては、教員の確保や教育内容の質の確保などが課題であり、統一した施設などの教育環境の整備が経費面でも負担となっていた。

　この当時は日本全体が戦後復興の流れの中にあり、朽木村においても生活基盤である農林業をはじめとし、教育環境、生活環境の改善などの近代化に向けて、様々な課題があげられていた時期であった。直接的に過疎化に対する言及は無いものの、朽木が拠り所としていた林業についての課題や農村環境の暮らしの劣悪さ、教育環境など、住民が農村から都市へと流出する原因ついて既に村長をはじめ朽木行政は認識していた。

## 14.3　過疎地域緊急措置法から見る朽木村の課題と方針

(昭和45年〜)

　高度成長期に入り農山村の過疎化が顕著となり、国による過疎地域対策緊急措置法の制定を受けて、朽木村では朽木村過疎地域振興計画(滋賀県 1975)を策定している。本計画では、当時の朽木村は、滋賀県下では最も人口減少率の高い地域で、交通条件は公共交通の未整備のため悪く、冬季の降雪が多いという

気象条件から針畑川、北川、麻生川の流域に点在する集落でしばしば孤立状態となり、地理気象条件の制約から農林業の生産性は低く、広範囲に小集落が分散しているために公共施設など生活基盤環境整備の投資効果も低く、人口流出により社会的連帯性を失い、集落の維持機能は低下し人口の高齢化が進んでいると、過疎化による課題が山積している状況がまとめられている。

このような課題に対して、本計画では村民福祉の向上のために、以下の基本方針が示されている。

- 主要県道と村道の積極的整備による交通網の充実
- 林業経営の合理化のための、林道開設
- 農業経営の合理化のための、圃場整備
- 充実した学校教育および社会教育の推進
- 医療体制の充実化と保健師の設置指導による予防医療の徹底化
- 社会福祉向上施策の推進
- 自然を生かした観光施設整備
- 集落再編の推進

これら基本方針の中では、特に交通面が重視されており、「生活の根幹である道路整備を推進し、集落相互ならび周辺地域との社会的、経済的交流を容易にする。」とされている。また、基幹産業である農林業の育成のために、林道及び農道の整備を進めるとしている。また、公共交通においては、県道の一部で民間のバスが運行されているが、不採算路線として廃止対象となっていることから、村民の移動対策として村内循環バスの運行実施を検討している。

農業については、地理的条件から自立経営の専業農家は多く望めないため、兼業農家対策につとめるとし、就業の場としては限界を認識している。林業においては、林道整備と機械導入による生産性の向上の他、広大な森林などを観光資源として活用し、レクリエーション施設や観光施設の整備など、間接的な利用について目を向けるようになっている。

集落や生活環境改善としては、山間へき地で人口が急減しているため、相互扶助や共同活動の維持が困難になっている地域を対象に、村の中心部である市

場地域に生活環境施設の整備を行い奥地住民の移住を促すとしており、現在のコンパクトシティの考え方によるまちづくりの方針が示されている。

　一方で、この当時にまとめられた朽木村志（橋本ら1974年）で当時の村長である俣野は、「人の数は減りに減ったが、もうこの辺で一段落するのではあるまいか。～中略～ 今こそ疎には疎に適応した新しい村づくりの概念があることを、村民自身が村の内側からしっかりと確かめてかかる必要がある。」と述べている。また、最終章において、財団法人山村振興調査会の報告書「湖西大所有山林のすがたと進路」を基に、過疎対策緊急措置法の前期（1970年からの5か年）を総括し、「前期計画は人口と村の財政力の回復を図るのが目標であったが、この発想は変えなければならないのではないか。」と、問題提起を行っている。人口減少に対しては今となっては楽観的な見通しをおこなっているものの、農村の発展という視点から、住民の暮らしの満足度を高めていく方向性への転換を提起し始めた時期であった。

## 14.4　過疎地域振興特別措置法から見る朽木村の課題と対策
### （昭和55年～）

　昭和55年、全国の過疎地域の振興と雇用の増大などを目的とした過疎地域振興特別措置法が策定された。この法律を受けて作成された、昭和55～59年朽木過疎地域振興計画（朽木村1980）では、旧過疎法の後の社会経済的変化を受けて、当時の朽木村の課題を次のように整理している。

　昭和35年ごろからの高度経済成長期における産業構造の変化により若者が都市部へ移動し人口が急減した。対策として工場誘致により林業従事者を中心に第一次産業就業者の就労の場を設けたものの、全国的な傾向であった都市部への人口移動に対し根本的な対策は打ち出せなかった。旧過疎法の優遇措置により、村道改良、消防施設の整備、学校教育施設の整備、生産施設の近代化や社会教育施設整備、医療施設の整備をおこなったが、日常生活の向上には所得の増大が基本であり、就業の場が少ないため若者の定着が低いままであった。

　これらの課題を受けた基本方針として、次の事柄があげられている。

190        第Ⅲ部　現代の山村

- 集落間の短絡村道の新設、改良、舗装および近隣市町村への距離の短縮
- 村の歴史や資料の保全のための歴史民俗資料館の建設
- 都市との交流促進のための、屋内運動場の設置およびテニスコートなどの施設整備
- 山林の効用を高めるための林道網の整備
- 圃場整備による農業の省力化による余剰労力を活用した所得の向上
- 自然を活用した観光産業振興
- 高齢化社会対応のための老人ホーム建設など老人福祉対策

　本計画より新たに付け加えられた事業としては、歴史民俗資料館の設置、都市部との交流ための運動施設整備や観光産業振興、老人福祉対策である。観光産業振興については、都市部からの観光客などの増大への対応という面から、道路整備が必要とのことで、道路交通対策については依然として優先順位の高い事業となっている。産業振興においては、環境破壊につながらない大手企業の開発が期待されているものの、村主導での企業誘致などの積極的な事業は示されていない。農林業においては、特殊農産物の栽培加工技術の開発を進め、村内の商工業を中心とした企業を育成し、時代の流れである観光産業を進めることで、村民の就労の場をつくるとしている。

　この時期は、旧過疎法を受けてインフラなどのハード面では整備は進んだものの、依然として村民の所得増につながっていない点についての課題認識が強まり、新たに産業振興として観光を中心とした取り組みへシフトしている。

## 14.5　第三次及び第四次朽木村総合発展計画から見る課題と方針
(平成 3 年〜)

　平成に入り朽木村は、平成元年に村政100周年を迎え、昭和後期から様々なイベントが行われ、また日本のバブル期にあわせたリゾート開発により観光保養施設の建設が進み、1986年渓流魚畜養魚施設、1987年朽木新本陣(まちづくりの拠点施設)、1988年グリーンパーク思い出の森がオープンしている。

平成3年に策定された第三次朽木村総合発展計画(朽木村 1991)では、「自然資源、自然立地を生かした、都市住民への自然指向を満たすものとともに、本村の歴史、文化という精神的資源を活かした、商業活性化、住民生活の向上をも本村の大きな課題と位置付ける。」としている。

この時期の特徴としては、人づくりという言葉に代表されるように、ソフト面での対策が重視されている点にある。基本方針では、「森林文化」および「生活文化」が多用され、観光や自然共生型のライフスタイルの提案などが村づくりの中心的な位置づけとなっている。

朽木村としての最後の総合計画となった第四次朽木村総合発展計画(朽木村 2001)では、テーマは「森林文化の里　くつき」とされ第三次計画を継承し、文化的側面を強調した計画となっている。第四次計画で掲げられている基本方針は、以下の六つである。

- ともに支えあう、健康でやすらぎのあるむらづくり
- 出会いと活気のある、ともにつくるむらづくり
- 安定した暮らしを支える力強い産業づくり
- 自然の恵みがあふれる魅力的なむらづくり
- 楽しく学び、ともに育つむらづくり
- 村民参加と効率的な行政運営で発展するむらづくり

第四次計画の特徴としては、村民参加といういわゆる住民参加の視点を基本方針に取り入れた点であると考えられる。第三次計画から、人づくりや村内外での交流機会の増大を目指す方針が示されていたが、第四次計画では、「ともに」というキーワードが多く用いられ、村民参加というキーワードで行政運営に村民の参加を期待する方針へと発展している。

第四次計画は本来では、計画期間は平成13年から平成22年までの10年間であったが、平成17年に合併を行い高島市となったことでその役割を終えている。

## 14.6 過疎地域自立促進特別措置法から見る課題と方針

(平成22年〜)

　平成12年に施行された過疎地域自立促進特別措置法では、平成の市町村合併を受けて合併した市町村について、過疎地域の要件を定め合併前の旧市町村を過疎地とみなし適用の対象としている。朽木村は、合併後も、本要件を満たすことから一部過疎地域として引き続き適用を受けることとなった。

　平成22年度及び平成28年度に策定された滋賀県過疎地域自立促進計画（案）では、森林などの自然環境は、生物多様性や二酸化炭素吸収、水源涵養などの多面的公益機能を持ち、都市部の住民も恩恵を享受している点が強調され、田舎暮らしや農業体験などの自然志向の高まりなど、農山村の持つ魅力が注目され始めている。

　朽木の課題としては、これまでを踏襲したものとなっており、企業立地が進まず雇用の場の不足から、さらに人口減少が進み高齢化も相まって集落機能の低下が懸念されている。若者の就労の場としては、市町村合併をしたことを受けて、通勤圏内である合併後の市域を視野に入れた上で、農林業の6次産業化の他、適地での企業誘致などに取り組むとされている。農林業については、獣害被害が増加し対応が必要になっているとしており、高齢化による後継者不足問題の重要性が増している。

　このような課題を抱える中、基本方針として以下が示された。

- 高齢者が元気で若者にも魅力のある地域づくり
- 最大の資源である自然との共生と調和
- 住民の創意と工夫、協働と協調による地域づくり
- 都市との交流や地域特産物の開発・流通の創出による活性化

　基本方針の変化としては、産業振興の面で農林業が中心となり、農産物の高付加価値化を目指し、ブランド化や農村の魅力の発信などを行うとしている。観光の面では、エコツーリズムなど環境に配慮しつつ、地域の自然と文化遺産

を活用した観光を推進するという方針が示されている。

　以上のように、朽木の過疎地対策は、道路交通や公共施設の整備をはじめとする生活環境の改善による住民福祉の向上など一貫して行われてきたものと、都市部との交流や観光開発、グリーンツーリズム、公益的機能を考慮した森林環境保全など、時代時代の要請を受けて新たに取り入れられたり徐々に変化したりしているものに分けることができると考えられる。

## 14.7　現在の朽木の住民意識

### 14.7.1　インタビュー調査

　前節でみたように、旧朽木村から現在の朽木に至るまで、一貫して行政は過疎地域問題として生活基盤の維持及び向上と産業振興を目指した事業を行ってきた。このような中、住民がどのように朽木での暮らしについて感じてきたのか把握するために、筆者は、2015年に地域サロンに参加し平均年齢が約83歳の高齢者42名に朽木の暮らしについてインタビュー調査を実施した。

　インタビュー調査では、過去と現在の食料品や日用品の買い物先についてと移動、くらしの変化について話を伺った。これらから、行政による過疎地対策が住民の暮らしに与えた影響について考察したい。

　インタビュー調査の結果、40〜50年前頃の買い物は、週1回程度徒歩で市場まで出かけるかまたは行商を利用している人が多かった（本書15章参照）。40〜50年前は、県内外から多くの行商が来たそうで、食品や着物、薬などの日用品については大体そろえることができたそうである。特に魚などは、福井県小浜から行商が複数来ており、家によってなじみの行商が違ったそうである。また、米や野菜については自家栽培でまかなっており、購入するのは魚や塩、肉などで自給自足に近い生活をおくっていたという家庭が多かった。

　移動についてはほとんどが徒歩であり、役場や商店のある市場には旅館が多くあり、針畑地区などからは泊りがけで市場まででてきたそうである。過去においてはそれほど頻繁な移動は無かったが、診療所や開業医がほぼ市場にしかなく（一時期、岩瀬に開業医が1軒存在）、市場から離れた地域では病気に伴う移動には困難が生じていた。桑原に住む方からは、昔は死人が出てから医者が確

認のため来ていたという話を伺った。

　現在の買い物については、ほとんどが自家用車を用いており、市場や安曇川に出かける人が多く、福井や長浜（滋賀県）まで出かけている人もいた。これは、旧過疎法以降の道路交通整備による恩恵と考えられる。自家用車は自身や配偶者が運転していることが多く、運転が困難な人は子供に運転してもらい、買い物に出かけていた。自家用車を持たない人は、市場周辺の方は徒歩で、遠い地域の方は市営バスを利用していた。また、昔からの行商は少なくなったものの、現在では農協や生協、地元スーパーなどが移動販売を行っており、これらを利用している人も多かった。

　現在では、ほとんどの高齢者が月1回程度の頻度で通院しているが、多くが市場にある診療所に自家用車を利用して通っている。自家用車以外ではバスを利用している人が多く、バスと電車を乗り継いで市外の病院に通院している人も少なからず存在した。

　朽木の今と昔の暮らしの変化については、「人口減少」と「仕事の減少」についての話題が大半を占めた。人口減少については、「仕事の減少」に関連するが働き口が無くなった点と、進学率が上がったことにより、高校、大学が無い地域から外に出て、そのまま都市部で就職することで朽木に戻ってこない人が増えたことが原因と感じていた。人口減少が進んだ結果の変化としては、「空き家が増えた」、「お寺やお宮、墓の維持管理負担が増えた」、「区長などの地区の役をいつまでもしなければならない」、「さみしくなった、活気が無くなった」などの意見が多く聞かれた。また、お寺やお宮、墓所の管理に関しては地域外の他人に任せることはできず、高齢化率の高い地区では大きな課題となっている。

　仕事の減少については、古くからの基盤産業である農林業の低迷によることが原因であるとの認識を持っている人が多かった。林業においては、古くはガスなどの普及により家庭での燃料としての炭の需要が低下したことで、炭焼きが無くなったことをはじめ、外国産材の輸入などに伴う木材価格の低下などによる林業低迷が大きな原因であるとの認識を持つ人が多い。また、林業の低迷による放置林の増加により、シカやサルなどの獣が増え、農業での獣害が増えたという意見も多くあった。シカやサルについては、40〜50年前は山仕事を

していてもほとんど見かけることはなく、山から里まで下りてくるシカやサル
は皆無であったとのことである。

　農業においては、機械化による効率化が進んだことで作業が減少したことと、
機械の購入維持管理に現金収入が重要となり兼業化が進んだことで、従事者が
減ったとの認識が持たれていた。農業については、前述したように地理的条件
から大規模化が難しく産業として農業はそれほど発展しておらず、現金収入源
という働き口としての視点よりは、昭和以降においても自給自足的暮らしの中
で、家族総出でおこなわれてきた農業が、機械化により効率化されたことで現
金収入を求める若者の離村につながっているとの認識が強いと考えられる。

　以上のような朽木の地域課題を感じつつも、多くの高齢者の実感としては昔
と比べると圧倒的に「便利になった」や「暮らしやすくなった」という意見が多
く、都市部と比べると幾分不便は感じるものの、住み慣れた土地であるという
点もあり、現在の朽木については満足を得て暮らしていることが分かった。昔
の暮らしについては、女性の方を中心に、朝早くからの農作業や家事、冬季の
除雪作業など大変なことが多く、若いころの話は思い出すのも嫌なぐらいだと
いう話が多く聞かれた。このように朽木に長年住む高齢者においては、生活環
境は劇的に改善されてきたという認識を持つ人が多い。

## 14.7.2　ワークショップ形式の聞き取り調査

　次に、現在人口流出が続いている 20 代から 30 代の若者を対象に、現存の朽
木をどのように認識しているのか、ワークショップ形式で聞き取った結果を整
理する。若者への調査は、「朽木のみんなと円卓会議」として 2015 年 7 月に実
施し、「朽木の好きなところや魅力」、「朽木の課題」についての主に 2 点につ
いて 12 名から聞き取りをおこなった。

　結果、朽木の課題については、以下のような意見が出された。

- 人口が減っており、特に子供が少なくなっている。
- 大学などの学校を卒業後に地域に戻ってきた若者に対して、地域の担い手
  として期待をかけられることが多く、若者のプレッシャーになっている。
- 文化や伝統食など地域への関心が薄れている。

- 獣害がひどく森林環境が荒れている。
- 仕事が無い。
- 移住希望の若者が来ても住むところが無い。
- 災害に弱く、特に交通面において不安がある(特に単身高齢世帯)。
- 子育て世代をはじめとする若者へのサポートや取り組みが少ない。

　高齢者と同じく少子高齢化人口減少と放置森林の増加に伴う獣害被害の拡大、仕事が無い点についての課題があげられた。また、朽木で受け継がれてきたトチ餅やへしこなどの伝統食や六斎念仏踊りなどの伝統文化への関心が薄れている点などについての課題は、高齢者からは聞かれなかったが、継承を期待される若者は課題と認識していた。若者視点としては、大学などを卒業後に朽木に戻ってきた若者に対する、地域を担う人材としての過度な期待感や子育て世代および若者に対するサポートの少なさがあげられていた。このように朽木を取り巻く状況については危機感を抱いているものの、仕事や子育て、または自身の自由な時間を持ちたいなどから、地域活動への参加については慎重な考えを持つ若者が多かった。

　朽木の住民意識としては、高齢者はこれまでの行政事業やまちづくりの結果として、住みやすいまちになったという認識を持つ人が多く、若者はこれからの朽木を担う若者へのサポートが手薄であり、仕事や他地域からの移住者を受け入れるための環境整備が足りないという認識を持っており、世代によって感じる課題感が異なることがわかった。若者にとっては、少子高齢化人口減少および仕事の無さによる同世代のさらなる地域外への流出、放置森林の増加など、朽木の課題が進行する中で成長し、進学に伴い他地域での生活を経験することで朽木の課題を多く認識していると考えられる。

## 14.8　おわりに

　朽木では、少子高齢化人口減少は現在進行形である。朽木村における行政計画においては、絶えず人口減少が重要課題として認識されてきた。旧過疎法をはじめとする対策では、産業振興などの働き場の確保により人口流出を止め、

第14章　過疎・高齢化の進行と直面する課題　　197

自然資源が豊かという朽木村の特性に魅力を感じる都市部の住民の移住を促進することで、対処可能であるとの認識があったものと考えられる。

　日本全体で少子高齢化が進む中、現代の産業構造の中において地理的条件に恵まれておらずこれといった産業基盤を持たない朽木においては、さらなる人口減少は避けることが難しいと思われる。

　村政白書第一号の「村政二か年の歩み」の表紙には、当時の村長である松浦利次の思いとして、「この記録はぜひ村民の全部に、一貫して読んでほしい。そして、自分達の村を、どの様にうけとり、どんな考え方をして、どの様にもつていけばよいかということを、研究してほしい。」と赤字で書かれている。時代の流れの中で地方公共団体としての朽木村は無くなったものの、朽木には豊かな自然環境や歴史、伝統文化がまだ残されており、少子高齢化人口減少が進む中でこれら地域資源をいかにして将来世代へ継承していくのか問われている。今一度、朽木を取り巻く状況を楽観視することなくこれまでの経緯を踏まえた上で把握し、どの様な朽木で暮らしたいのか、将来ビジョンを持ち、これからのまちづくりに取り組むことが求められている。

### 調査手法

　本章に関する調査では、(1)行政計画や村政白書を基に各時代における地域課題の把握、(2)現在の住民が朽木での暮らしをどのように感じているのか、という主に2つの内容を把握する必要があった。

　(1)に関しては、村政白書や総合計画などの朽木に関する行政計画などから、各時代における地域課題に関わる情報を収集した。これらの資料の多くは、滋賀県立図書館に所蔵されており、貸し出しなども可能である。滋賀県立図書館では、滋賀資料コーナーが設けられており、市町が発行している統計資料や行政計画資料も幅広く収集されており、情報収集を効率よくおこなった。また、朽木支所や高島市役所においても、当時の行政計画などに関する資料が所蔵されており、閲覧が可能であった。

　(2)については、各集落で開催されている地域サロンや集落座談会、たかしまし市民協働交流センターのS氏および朽木住民福祉協議会のメンバーと連携して、円卓会議を運営開催し、参加した地域住民にインタビューやワークショップをおこなった。集落レベルでは、社会福祉協議会などの支援を受けて、

地域サロンが定期的に開催されている所があり、高島市社会福祉協議会の朽木担当のＭ氏の協力を得て参加しインタビューを実施することができた。また、市の事業においても各集落の課題を職員が直接聞く事業として集落座談会を開催しており、高島市市民協働課の協力を得て参加することができた。

　また、これらの地域サロンや集落座談会の参加者の多くは高齢者であり、若者が集まる場はまた別に設ける必要があった。朽木においては、青年団や消防団の会合や活動に若者が参加していることが多く、これら活動に参加している若者に対して朽木住民福祉協議会のメンバーから参加の呼びかけをおこなってもらい、主に口コミを通じて参加者を募った。円卓会議の開催においては、主催は朽木住民福祉協議会およびたかしま市民協働交流センターとし、研究者はサポートに回った。地域でワークショップを開催するにあたっては、外部からの研究者などが主催となる場合は、地域コミュニティにおける信頼性や必要性の観点から、参加者を集めることが困難である場合が多い。本研究においては、地域住民が主体となった朽木住民福祉協議会の協力を得て開催することができ、参加者を多く集めることができた。

　このような、住民インタビュー調査や住民参加ワークショップなどに参加して頂いた地域住民の方には多大な時間を割いて頂いた。特に、調査研究活動に連携して頂いた、朽木住民福祉協議会メンバーや高島市社会福祉協議会のＭ氏、たかしま市民協働交流センターのＳ氏には多大なる協力を頂いた。地域住民を対象とした調査研究を進める際は、まずはすでに活動を実践し地域コミュニティにおける信頼を得ている団体などと連携することが重要である。このためには、研究者の興味関心だけではなく、これらの団体や地域住民が実践している活動やその中で感じている疑問、課題を事前に把握し、これらを取り込んだうえで調査プログラムを一緒に作り上げることが重要となる。

　また、地域において研究者が調査プログラムを実践した後において、特に協力した地域住民はその結果を知りたいという要望を持っている。論文として研究成果を発表するのみならず、地域住民に対しても研究結果をわかりやすく紹介し、今後の地域活動に役立ててもらうためのアウトリーチ活動も求められる。

## 【引用文献】

大野 晃(2008)『限界集落と地域再生』、京都新聞出版センター。

朽木村(1951)「農山村二か年の歩み　村政白書第一号」、朽木村。

朽木村(1980)「昭和55〜59年朽木村過疎地域振興計画」、朽木村。

朽木村(1991)「ふれあい　きらめく、こころの郷土　朽木村総合発展計画」、朽木村。

朽木村(2001)「第4次朽木村総合発展計画　森林文化の里　くつき」、朽木村。

滋賀県(1975)「過疎地域振興計画書」、滋賀県、43-71頁。

滋賀県総務部自治振興課(2010)「滋賀県過疎地域自立促進方針(案)」、滋賀県。

滋賀県総務部市町振興課(2015)「滋賀県過疎地域自立促進方針(案)」、滋賀県。

立花 敏・高松明子・永田 信・井上 真(2000)「朽木村における人口変動とその要因に関する研究」、森林文化研究21：81-93。

橋本鉄男編(1974)『朽木村志』、朽木村教育委員会。

森川 稔(1986)「農山村における人の帰還と新来に関する環境計画学的研究」、大阪大学博士論文。

# 第15章　住民の暮らしと行商

**興味深い朽木の着眼点**

**写真15-1　行商から買い物をする利用者の様子**(2012年11月3日撮影)

　朽木は、「鯖街道」と呼ばれる街道筋に位置しており、古くから行商人が行き交う地域であった。かつての行商人は、徒歩や自転車により移動し、朽木のような山間部にも様々な商品を届けてきた。また、行商人を泊めるなど個別の社会関係も存在していた。すなわち、行商は、朽木という地域社会の一部として存在していたのだ。

　一方、交通アクセスの改善や自動車の普及、そして産業構造の転換により、人々の働き方、生活スタイル、行動範囲は1960年代から劇的に変容してきた。この流れの中で、全国的にも行商人は大きく減少している。しかし、写真のように、現在の朽木では自動車で行商人が訪れている様子を見ることができる。

　何もかもが便利になったように思える現代社会において、いったいどのような人々が行商を利用しているのだろうか？　また、彼ら／彼女らの生活において、行商人からモノを買うことはどのような意味を持っているのだろうか？

## 15.1　はじめに

　日本には古くから「行商」という商業形態が存在してきた。行商は、商品を携行して各地を訪問するという移動性によって、小売店が立地しにくい人口希薄地域へモノやサービスを供給する主体として重要な役割を担ってきた（高向1975；塚原1970）。しかし、近代化にともなう流通構造の変化や交通網の発達により、小売媒体としての行商の重要性は低下した。また、高度経済成長期以降の雇用機会の拡大により、行商人の主要な輩出地であった農山漁村の住民にとっても行商を営む必要性は低下した。しかしながら、水産物行商をはじめとして、行商からモノを購入することが依然として根づいている地域も残されている（中村2009）。口絵にみられるように本書が対象とする朽木もそのひとつである。

　筆者は、高齢者の生活という曖昧な関心をもとに朽木を何度か訪れるなかで、岐阜県や福井県から行商人が車で朽木を訪れているという情報を知った。行商に焦点をあてて調査を始めた当初、行商は買い物に出かけることが困難な一人暮らしの高齢者にとって、貴重な買い物手段を提供しているのではないかと考えていた。しかし、朽木には中心集落の市場に生鮮食品を販売するスーパー、コンビニエンスストアなどが立地しており、生協の宅配サービスもあるため、買い物が全くできないという訳ではない。聞き取り調査を進めてみると行商を利用している住民にとっても、行商は必ずしも唯一の買い物手段ではないことが見えてきた。

　「人々の生活において、行商人からモノを買うことはどのような意味を持っているのだろうか？」という疑問が、筆者の中に浮かんできた。

　筆者は、行商利用の変遷や、現在の利用について聞き取り調査を行った。また、幸いにも行商を営む方の協力を得ることができ、GPS受信機（人工衛星により情報を受信し位置を記録できる）を携帯してもらうことで販売ルートのデータを取得することができた。これらの結果から、本章では住民が行商を利用することの意味について考えてみたい。また、本書全体で描かれている朽木という地域社会の過去と現在を、「行商」というレンズから見つめてもらいたい。

第 15 章　住民の暮らしと行商　　　　203

　次節以降では、調査対象集落の概要を述べた後、昭和30年代前半頃まで
の行商人の特徴や利用の様子、昭和30年代後半以降の変化について説明す
る。そして、現在の行商について、利用者の特徴、行商人の商売にみられる特
徴、個別の事例からみる関係性、の3つに分けて紹介し、最後に行商を利用す
ることの意味について考えてみたい。なお本章の記述や使用するデータは伊藤
（2015）を加筆・修正したものであり、住民の年齢は調査当時のものである。

## 15.2　調査対象集落

　朽木にある21の行政区のうち、調査対象としたのは針畑川沿いに点在する
生杉・小川と能家の3集落である。針畑川沿いには8つの集落があり「針畑」と
総称される。若狭から根来峠を超えて針畑を通る道は、若狭街道のなかでも
最短ルートとして知られてきた。そのため朽木のなかでも針畑は、水産物行商
をはじめとした行商人が多く行き交う地域であった。8集落のなかから、現在
でも行商利用者が存在していた上述の3集落を選定し、聞き取り調査の対象と
した。
　朽木の中心部である市場からの距離は、能家および小川まで約17km、生杉
まで約24kmである。市場から能家まではバスで40分程度、小川までは30分
程度、生杉までは1時間程度を要する。
　2010年の国勢調査によると、能家の人口は9世帯15人、生杉は16世帯35人、
小川は15世帯24人であった。2005年と比べると、生杉では唯一人口が増加し
ていた。これは生杉に市営住宅が2棟建設され、他地域からの転入があったた
めである。
　実際に聞き取り調査が可能であったのは、能家7世帯、生杉12世帯、小川
10世帯の29世帯である。そのうち6世帯は朽木域外からの移住者であった。
世帯主の年齢は、29世帯のうち約6割が75歳以上であり、65歳以上をあわせ
ると約8割に及ぶ（年齢は全て2012年調査時点）。40〜50歳台の世帯は5世帯あ
るが、他地域からの移住者であった。60歳台の世帯には、退職後にUターン
した者が含まれている。60歳台以上の世帯では、5割がひとり暮らしであり、
次いで夫婦のみの世帯が4割弱を占めていた。すなわち、調査対象世帯の多く

は65歳以上の高齢者であり、独居または高齢夫婦のみでの居住が多い。別居子の多くは、滋賀県内や京都市、大阪府などの都市部に居住していた。

## 15.3 朽木における行商：過去

### 15.3.1 行商の多様な機能と住民との関係：昭和30年代前半頃まで

聞き取り調査によると、行商のなかでも特に若狭からの魚売りが多かったという声が聞かれた。林業や農業を主な生業としている朽木では、インフラが整う以前、鮮魚やへしこ、ちくわなどの水産物加工品は貴重な品であり、住民は行商を利用して入手していた。また、その他の食料品売りや、骨董屋、金物屋、石鹸・洗剤などの日用雑貨など様々な物売りがこの地域に来ており、遠くは富山からも薬屋が来ていた。行商への支払いは、この地域で取れる米や山椒などとの物々交換やツケ払いも可能であったと言われている。

この時期には、行商人は徒歩もしくは自転車で朽木を訪れていた。朽木には市場のほか、針畑川流域の古屋に旅館があったが、ほとんどの行商人は一般家庭に定宿があった。行商人は朽木に来ると、まず定宿にしている家に寄り、荷解きをして荷物を軽くしてから、周辺集落へと行商に周っていた。多くの場合、行商は売り物の魚や石鹸などを宿賃として置いていった。

住民の話からは、行商は単に特定の品物をやりとりするだけでなく「便利屋」の役割も担っていたことが明らかになった。朽木のなかでも特に針畑川流域の集落は、車が普及せず道路も整備されていない当時、中心部の市場まで出かけるのは困難であった。この地域の人々にとっては、買い物に行くとなると市場へ向かうよりも、峠を超えて上根来から小浜に向かう方が近かった。しかし、夜明けに出発しても、小浜に到着するのは昼頃であり、買い物後に帰るとなると、1日がかりであった。そのため、行商が来たときには「こんなもん、これだけ欲しい」と特定の品物をリクエストし、次に来た時に買ってきてもらうようにしていたと話す住民もいた。また当時は、結婚式や葬式を自宅で執り行い、来訪者にごちそうをふるまっていた。このような行事の際には、住民自ら小浜に買い出しに行く場合もあったが、行商人にいつもより多く注文して持ってきてもらうということも行われていた。

第 15 章　住民の暮らしと行商　　205

　また、90 代の男性は、呉服屋が行商に来たとき、いつものように雑談して
いるなかで「どこか（奉公先として）いいところないか」と話をしたところ、小
浜の建築業の事業所を紹介してもらったという経験を持っていた。交通手段が
未だ発達していなかった当時の朽木において、地域の「外」からやってくる行
商人は、情報や機会を媒介する役割も担っていたと考えられる。

　行商人は朽木の住民の生活を支える一方で、朽木全体の商業の発展にも一役
買っていた。昭和 20 年代後半ごろから、これまで福井県から行商として訪れ
ていた者が、定住し始め、店を構えるようになったのである。例えば、現在朽
木の市場にあるスーパーのひとつは、その当時から続いている店である。初代
の店主は福井県の熊川出身であった。現在店を継いでいる三代目の店主の話に
よると、熊川宿から歩いて朽木で行商をしていたが、この辺りでの商売がうま
くいっていたので住み始めたのではないかとのことであった。昭和 30 年代前
半には鮮魚やへしこ、パンなどを売る小さな商店であり、朽木に店を構えてか
らも行商を続けていたという。現在は店の規模も拡大し、食料品や惣菜、日用
品などを扱うスーパーとして営まれている。これまでの行商人との関わり合い
が、この地域の初期の商業の発展における素地となっていたと考えられる。

　以上のように、この時期にはモノの売り買いだけでなく、行商人を家に泊
め食事をともにしたり、行商人は便利屋や情報・機会の媒介者としての役割を
担っていたり、様々な場面での関わりがみられることが明らかになった。また、
行商人が定住し、朽木で商売を始めるようになったことで、朽木全体の商業の
発展にも寄与してきた。すなわち、日々営まれてきた行商人と住民の関わりは、
朽木の地域社会を構成するひとつの要素であったといえる。

### 15.3.2　地域社会の変化と行商利用の衰退：昭和 30 年代後半以降

　これまで見てきたように、昭和 30 年代前半ごろまでの行商は、モノの売り
買いだけでなく、様々な場面において、住民の生活と関わりがあった。しかし
昭和 30 年代後半以降、日本全体の構造的変化に飲み込まれていくなかで上記
のような関係は変容していくことになる。

　朽木の総人口は、1965 年頃から減少に転じてきた。1960 年から 1965 年にか
けての人口減少率は 11.6 ％、1965 年から 1970 年にかけての減少率は 12.6 ％と

高い値を示した。朽木における人口減少には、木材自由化による国産木材価格の低迷、減反政策など、主たる生業であった農林業の衰退が影響している。この時期、日本各地で起こっていた農山漁村の人口減少は、社会問題として取り上げられ、1967年には初めて公文書に「過疎」という言葉が用いられた。1970年に制定された過疎地域対策緊急措置法により、1971年に朽木は過疎地域の指定を受けた。

　一家総出、あるいは若年層のみの出稼ぎという形で人口が流出していく一方で、朽木では工場誘致により人口を留めようとする動きもあった。過疎地域の指定を受けた同年、農村地域工業等導入促進法が制定された。朽木では、1972年に電気部品の工場、1973年に朽木の中心地に位置する宮前坊と岩瀬にベアリング工場が誘致された。また、1972年には地元出身者が経営する開発業者により、宮前坊地区にゴルフ場がオープンした（朽木村史編さん委員会編 2010）。朽木の中心部に新たに創出された雇用だけでなく、安曇川や今津などの近隣の町に通いで働き口を見つける者も現れた。そのため、住民は農林業と兼業しながら働くことが可能となった。

　このような状況において、朽木における住民と行商の関係はどのように変化していったのかだろうか。個別の事例から見ていきたい。

　Ａさん（70代・女性）は、1972年にオープンした上述のゴルフ場で、キャディとして働いていた経歴を持つ。Ａさんが働き出したのとほぼ同時期にＡさんの夫も近隣の今津町に職を得て働き始めた。Ａさん夫婦が勤め始めてからは、同居していた夫の両親のみが家に残る形となった。Ａさんは「ゴルフ場で働いている間も、田んぼは8反ほど耕していたし、子どもの弁当や食事も作らなければいけないし、朝早くから毎日忙しく働いていた」と話した。

　こうして働き方が変化していくなかで、Ａさんは仕事帰りに市場で買い物をするようになり、特に忙しいときは「市場のスーパーで出来合いのものを買って帰るようになった」と話していた。Ａさんが働き始める以前は、義母は薬売りや呉服屋など様々な行商を利用しており、家に泊めることもあったという。Ａさんは義母について、「行商が来ると一度も断っているのを見たことがない。市場で買い物するときにも『行商の人が来るから買わんとこ』と言うときもあった」というくらい行商をよく利用していた人だったと話した。しかし、

Ａさん夫婦が勤め始めてからは、家に人がいないこともあり、泊めることが少なくなってきたということであった。

またＢさん（80代・女性）も同じくゴルフ場に勤めていた経験を持つ。Ｂさんは「当時は炭焼きもだめで、木も売れない時代だった」と話した。Ｂさん自身はゴルフ場で、夫は今津町に働き口を得た。この時期の生活についてＢさんも「仕事帰りにみな買い物して帰って来た。月給もよかったからおじいさん（義父）にごちそうにあてがっていた」と話した。しかし家に残っていた義父について、「自分らが家にいないときでも、行商から少しくらいはモノを買っていたようだ」と話していた。

近隣の市町に働き口を得たことは、車の普及もあいまって、住民の行動圏を拡大させた。そして、仕事帰りに朽木の中心部や職場のある町で買い物をするスタイルが一般的となった。同時に、家には隠居した親夫婦のみが残るようになり、一部では利用され続けていたが、行商人を泊めるといった家族ぐるみのつき合いは減少してきた。行商人の側からみれば、この地域の人口減少は、当然ながら顧客の縮小を意味していた。また、先行研究が指摘するように、行商人にとっても自らの暮らす地域に新たな雇用機会が増加したことを受け、行商人の数自体も減少した（溝口 1976）。

## 15.4　朽木における行商：現在

### 15.4.1　行商の種類と利用者の特徴

2012年調査時、対象集落に月1回以上訪れる行商は、岐阜県から訪れる行商（以下、行商Ａ）と、福井県から訪れる魚行商（以下、行商Ｂ）であった。行商Ａは、岐阜県に住む70代の夫婦が営んでいる。もともとは岐阜で商店を営んでいたが、現在は店を閉め、行商のみを行なっている。利用者から「なんでも屋」と呼ばれるように、食料品や日用品、衣類・履物など様々な品物を取り揃えている（**写真15-2**）。行商Ｂは、福井県に住む50代の男性が1人で営んでいる。親の代から魚行商として朽木を回っていた。特に先代は、住民にとって馴染み深い存在であり認知度が高かった。現在は、息子が引き継ぎ、先代の得意先を主に回っている。

写真 15-2　軒先に並ぶ商品の一部（2012 年 10 月 3 日撮影）

　調査対象29世帯のうち、行商Aもしくは行商Bのいずれかを利用しているという世帯は12世帯（41％）であった。行商Aを利用する世帯は7世帯、行商Bを利用する世帯は8世帯であった。行商A・Bのどちらの行商も利用している世帯が3世帯あった。残りの17世帯（59％）はどちらの行商も利用していなかった。

　一体どのような人々が利用しているのだろうか？ **表15-1**は、行商を利用している世帯と利用していない世帯の特徴を示している。利用している世帯では、世帯主のほとんどが70代以上となっており、平均年齢は79.2才であった。利用していない世帯では、世帯主の平均年齢は67.1才であった。40代や50代の若い世代や移住者の世帯では、行商を利用しない傾向がみられた。世帯構成を見てみると、行商を利用している12世帯のうち、6世帯が単独世帯、5世帯が夫婦のみの世帯、1世帯が夫婦と子どもからなる世帯であった。行商を利用していない人々も、行商Aや行商Bが定期的に訪れることを見知っていた。また同じ集落内で誰が利用しているかということを知っている人も多かった。

　筆者の予想とは裏腹に、行商利用者の多くは、行商以外の買い物手段にもアクセスできていた。頻度の差こそあれ、市場のスーパーやコンビニエンスストアに買い物に出たり、別居子が食料品を宅急便でまとめて送ってくれたりする家も多かった。利用者の50％は車を持たない単独世帯であるが、バスを利用

第15章　住民の暮らしと行商　　*209*

**表 15-1　行商利用・非利用世帯の特徴**

(a)利用　　　　　　　　　　　　　　　　　　　　　　　(b)非利用

| | | 世帯主の年齢 | | | 合計 | 世帯主の年齢 | | | 合計 |
|---|---|---|---|---|---|---|---|---|---|
| | | 40〜50歳台 | 60〜70歳台 | 80歳台以上 | | 40〜50歳台 | 60〜70歳台 | 80歳台以上 | |
| 同居家族 | 単独 | 1 | 1 | 4 | 6 | 0 | 3 | 3 | 6 |
| | 夫婦のみ | 0 | 3 | 2 | 5 | 2 | 3 | 1 | 6 |
| | その他※ | 0 | 0 | 1 | 1 | 3 | 2 | 0 | 5 |
| 居住集落 | 能家 | 1 | 1 | 1 | 3 | 1 | 1 | 2 | 4 |
| | 生杉 | 0 | 1 | 3 | 4 | 3 | 4 | 1 | 8 |
| | 小川 | 0 | 2 | 3 | 5 | 1 | 3 | 1 | 5 |
| 出身地 | 朽木域内 | 1 | 4 | 7 | 12 | 1 | 6 | 4 | 11 |
| | 他地域 | 0 | 0 | 0 | 0 | 4 | 2 | 0 | 6 |
| 車の所有 | あり | 0 | 3 | 3 | 6 | 5 | 7 | 1 | 13 |
| | なし | 1 | 1 | 4 | 6 | 0 | 1 | 3 | 4 |
| 生協の利用 | あり | 0 | 2 | 2 | 4 | 3 | 3 | 2 | 8 |
| | なし | 1 | 2 | 5 | 8 | 1 | 5 | 2 | 8 |
| | 不明 | 0 | 0 | 0 | 0 | 1 | 0 | 0 | 1 |

注：(a)は行商A・Bのどちらかを利用している12世帯、(b)はどちらも利用していない17世帯を示す。
※「その他」には「夫婦と子どもからなる世帯」、「片親と子どもからなる世帯」、「その他の親族世帯」が含まれている。
出所：伊藤(2015)

して近隣の安曇川や堅田の大型店舗に買い物に出るという人も多かった。また、この地域では生協による宅配サービスがあり、行商利用者のうち33％は生協を利用していた。

## 15.4.2　行商の商売にみられる特徴

　次に、行商Aを対象とした移動経路のデータを用いて、行商の商売にみられる特徴を説明したい。GPS受信機によって得られたデータは、2012年10月の10日間と2013年2〜3月の15日間分である。分析では、10月と2・3月のデータ取得期間中、2回以上停止した場所を得意先として扱った。行商Aは朽木を巡回するときには、朽木と行政境界を接する滋賀県大津市葛川も同時に周っている。行商Aの得意先は、全部で23あったが、うち4つは葛川地域に位置していた。行商Aは、利用者宅を一軒一軒訪問する場合がほとんどである。家がいくつか連なっている場所では、その中心の開けた場所に車を止めて複数

表15-2　朽木域内における行商Aの行商活動の諸特徴

| | 訪問得意先数 | 開始時刻 | 終了時刻 | 総滞在時間<br>（分） | 総移動距離<br>（km） |
|---|---|---|---|---|---|
| 平均 | 7.15 | 14：33 | 19：10 | 276 | 64.8 |
| 最小値 | 3 | 13：00 | 17：42 | 93 | 24.6 |
| 最大値 | 12 | 16：33 | 20：29 | 402 | 92.2 |
| 中央値 | 7 | 14：27 | 19：15 | 276 | 62.5 |
| 標準偏差 | 2.57 | － | － | 72 | 16.6 |

注：開始時刻は朽木域内に入った時刻、終了時刻は朽木域内から退出した時刻を意味する。滞在時間・移動距離は朽木域内での合計値であるが、朽木と同時に巡回する大津市葛川地域での移動記録も含まれている。
出所：伊藤（2015）

の利用者相手に商売をすることもあるが、ここでは停車した地点をひとつの得意先として扱う。

　10月期では、依頼した期間17日のうち10日間、朽木を訪れていた（10日間のうち2日間はGPSデータが欠損していたため、位置情報の分析では完全なルートが取れている8日間のみを対象とした）。2・3月期の雪が降る時期でも、40日のうち15日間、朽木を訪れていた。10月期にはおよそ2日に1回、2・3月期にはおよそ3日に1回の割合で朽木を訪れていることになる。行商Aは、朽木を訪れない日には、滋賀県長浜市余呉町や木之本町などを巡回していた。

　表15-2は、朽木域内での行商活動の諸特徴をまとめたものである。行商Aは毎回必ず全ての得意先を訪問するわけではなく、1日の行商活動における訪問得意先数は平均7.15であった。朽木を巡回する時間帯は、多くが昼過ぎから19時頃にかけてであり、総滞在時間は平均276分であった。訪問得意先数、総滞在時間や総移動距離にはばらつきがみられ、毎回同じように巡回するわけではなかった。

　図15-1は、10月に朽木を訪れた8日間の訪問得意先を示したものである。行商Aは朽木を連日訪れる場合もあれば、1日や2日おきに訪れる場合もみられた。行商Aは、スケジュールについて「その日に行く場所を決めることがある」ため、「朽木へ行こうと思っていたけれど、余呉や木之本を巡回していたら時間がなくなって行かなかった」という日もあると話した。

　図15-2は、10月の3日間の朽木域内での巡回ルートを地図上に示したもの

である。まず10月8日（図15-2b）は、10月で最も多い9軒を訪問した。国道367号の北側から朽木に入り、中心部周辺から域内を一周して巡回した。一方で、10月14日（図15-2c）は、8日と同様に国道367号の北側から朽木に入るが、中心部の集落や葛川を巡回した後に引き返し、生杉、雲洞谷を訪問した。この日は、8日に訪れた桑原や小川には寄らずに引き返した。そして10月6日（図15-2a）は、16時頃に朽木に入り、雲洞谷集落のみを巡回して帰宅した。他の日についても同様に、行商Aが朽木域内を巡回するルートは類型化することが困難であった。そのため、朽木を訪れる頻度は平均すると2〜3日に1回となるが、実際に各得意先に行商Aが訪れる頻度は一定ではない。一方、行商Aは利用者

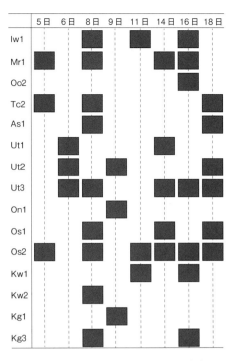

**図15-1　行商Aが10月に訪問した得意先**
注：アルファベットは訪問得意先が属する集落名の略称を示す。略称と集落名の対応は以下の通り：岩瀬（Iw）、村井（Mr）、大野（Oo）、栃生（Tc）、麻生（As）、雲洞谷（Ut）、小入谷（On）、生杉（Os）、桑原（Kw）、小川（Kg）。ここでは停車地点をひとつの得意先としているが、実際に利用する世帯が複数いる場合もある。
出所：伊藤（2015）

が依頼すると特定の曜日・時間に訪れるように調整する、あるいは依頼した商品を決まった日時に届けるという柔軟な対応も行っている。

　行商Aの商売にみられるもう一つの特徴として、滞在時間の長さが挙げられる。データが得られた期間中、各得意先宅での平均滞在時間は12分であった。滞在時間にはばらつきがあり、顧客が留守のため数分のみの滞在になっている場合も含まれている。他方、20〜30分と同じ場所に留まることも多くみ

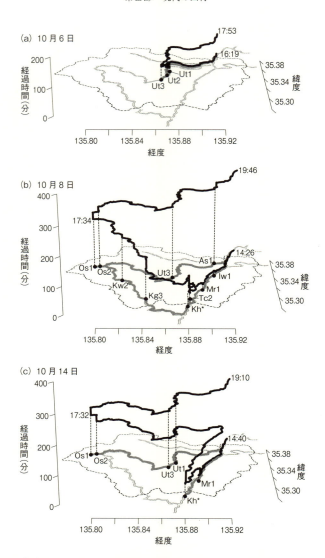

**図 15-2　朽木域内での行商 A の巡回ルート【a) 10 月 6 日、b) 10 月 8 日、c) 10 月 14 日】**
注：行商 A の巡回ルートを位置と経過時間（垂直方向）を用いて 3 次元で表した図である。右上に記載された時刻は、それぞれ朽木域内で行商を開始・終了した時刻を表す。
アルファベットは訪問得意先が属する集落名の略称を示す。略称と集落名の対応は以下の通り：岩瀬（Iw）、村井（Mr）、栃生（Tc）、麻生（As）、雲洞谷（Ut）、生杉（Os）、桑原（Kw）、小川（Kg）Kh*は大津市葛川地域を示す。
出所：行商 A から得られた位置情報データより作成

られた。これは次項にて述べるように、行商Aが顧客に商品を販売する際は、軒先に商品を並べ、会話をしながら販売していることが影響している。

### 15.4.3　個別の事例からみる利用者と行商の関係：関係への働きかけ

　ここでは利用者がどのように行商からモノを購入し、行商と接しているのかについて個別の事例から見ていきたい。

事例1　Cさん（90代女性・ひとり暮らし）

　Cさんは、行商Aの顧客の1人である。行商Bも先代の時代は利用していたが、現在は利用していない。行商Aは、Cさん宅に到着すると商品を軒先に出して見せる。Cさんはその中から「今日はあれあるか？」などと聞いて品物を選んでいく。Cさんは、生協を利用していないが、バスを使って市場に買い物に行くこともある。Cさんは生協に入らない理由について、「なんでも見て買いたい」からだと話した。Cさんは以前、他の集落のDさん（70代女性）に頼まれて、行商Aを紹介したことがある。Dさんは、一度目に行商Aが来たときは品物を買ったが、2度目に来た時にちょうど買い物をした次の日に来たので、何も買わずに断った。それ以来、行商AはDさん宅に寄らなくなったという。Cさんは、「そういうことがあると行商の人は得意先しか回らないようになる。せっかく寄ったんだから何か一つでもいいから買わないといかんよ。遠いところから来てくれたのだから何か買わないと。今日はよろしいとは言われへん。義理買い、やな」と話していた。

事例2　Eさん夫婦（80代男性と70代女性の夫婦・2人暮らし）

　Eさん夫婦は、先代から行商Bの得意客であり、現在でも行商Bが来ると毎回買い物をしている。Eさん夫婦は畑を耕しているため野菜には不自由していない。また、1週間に2〜3回程度は寄り合いや買い物のために中心部の市場まで出かけている。朽木で揃わないものは安曇川まで買い物に行くこともある。買い物には不自由していないEさん夫婦であるが、行商Bが来ると平均5,000〜6,000円ほど使っており、正月など多いときは1万円ほど使うこともあるという。Eさんは「（行商Bは）うちが一番派手（な客）だから喜んでいる、昔から

の馴染みだからね」と話した。

事例3　Fさん(80代女性・ひとり暮らし)

　Fさんは腰が悪く、一人でバスに乗り市場まで買い物に出ることはほとんどない。Fさんは、現在買い物のほとんどを行商Aに頼っている。「行商Aが来ないとやっていけない。命綱だ。市場の店で売っているものと値段を比べたことはないけれど、すごく高いわけではないし、家の軒先まで来てくれる。来た時に「今日は何もいらんわ」とは言ったことなどない」と話した。Fさんは、行商Aが来たときに、次にほしいものを注文したりすることがよくある。Fさんは行商Aについて、「薬も探してきてくれたこともあった。あの人らはいろんな人の家を回っているから、その人達がどんな症状でこういった薬を飲んでいるということを教えてくれる。病院行くよりよっぽどいい」と話した。Fさん宅の近隣には、親族の家があり、彼らは生協に入っている。Fさんに「生協に入りませんか」と声をかけてくれたことがあるが、Fさんは、軒先まで品物を取りに行かなければいけないし、「気を使うし、迷惑をかける。行商が来るから入らなくてもよい」と思い断った。

## 15.5　行商を利用することの意味とは？

　上記の結果から、行商を利用することの意味を2つに分けて考えていきたい。1点目は、買い物手段としての行商の役割である。利用者のほとんどは高齢者であるが、彼らは自立した生活を営んでいる。しかし、朽木のなかでも針畑地域は中心部・市場へのアクセスが悪く、毎回買い物のたびに片道1時間程度かけてバスで出かけることは、負担が大きい。そのため、自宅の軒先で食材や日用品の調達が可能であることは、利用者の日常生活に関わる物理的・精神的な負担を和らげていると思われる。

　また、他の買い物手段にアクセスできるにも関わらず、それを使いたくない、使うことができない場合に、行商はその隙間を埋めてくれる存在として重要性を増す。例えば、品物を直接見て買えないのが嫌で生協に入っていないという場合や、人に迷惑をかけたくないという理由から生協には入らず行商から買い

物をするという事例が該当する。そのため、行商は移動性や「よそ者」の利点を活かして、山間地域に数少ない代替的な買い物手段をもたらしていると考えられる。

2点目は、行商とのやりとりが社会的相互作用の場としての機能していることである。ほとんどの利用者は、行商以外にも何らかの買い物手段を持っており、行商が食材や日用品調達の唯一の手段として位置づけられる利用者は稀であった。しかし、行商人が得意先に滞在する時間や、利用者への聞き取りから読み取れるように、利用者は買い物だけでなく行商との社会関係を大切にしている。そのことは「馴染み」の関係から買い物を継続することや、「義理買い」という行為にみられる関係を継続するための「投資」にも表れていると言えよう。そのため、行商と利用者の関係性は、経済原理に基づくサービスの「供給者—受益者」という関係性として理解するよりも、双方の働きかけによって成り立つ社会的相互行為であると考えられる。

一方、行商からモノを買うことは、スーパーやコンビニエンスストアで自分の欲しいときに、欲しいものだけ買うという定式化されたサービスのやりとりとは異なっている。行商は「不定期の定期」で朽木を訪れるため、欲しいときに欲しいものが手に入るとは限らない。また、上述したように買い物は行商人とのコミュニケーションを伴う。このような行商特有の「サービス」は、人によっては煩わしく感じる場合もある。そのため、行商が担う機能や役割は利用者にとって一様ではなく、個別の文脈に依拠していると考えられる。

本章で示したように、かつての行商は物資の調達だけでなく、住民との社会関係、機会や情報の媒介、地域の初期の商業の発展といった形で、住民そして朽木の地域社会にとって様々な意味を内包していた存在であった。現在では、数は少なくなったものの、行商は高齢者の生活にとって買い物手段、社会的相互作用の場として重要である。行商は朽木の利用者にとって必ずしもなくてはならない買い物手段とは言い切れないが、それでも利用者が行商人との関係性に投資し、継続的に保っていることは、行商人との相互行為が山村住民の日常を豊かにし、生活を成り立たせている一つの要素となっているからではないだろうか。

## 調査手法

　本章に関連する調査手法として、聞き取り調査、参与観察、GPS受信機による移動経路の調査、が挙げられる。

　まず予備調査を行い、どのような行商が来ているのかを把握した後、対象集落を定めて悉皆調査（全世帯を対象とする調査）を実施した。聞き取り調査では、就業・移住の経験、過去の行商の利用や行商人との関わり、買い物や通院など日常生活に関わる項目、そして現在の行商利用について質問した。聞き取りは、対象者に自由に話してもらいながら、時折こちらから質問をする形式で実施した。調査で興味深かったのは、現在の行商利用だけでなく、過去にどのような行商がいたのかについて多くの方が自身の記憶や経験を語ってくださることであった。本書で多く扱われる山林利用や食文化等とあわせて、「行商がいた風景」に関する記憶や経験も、放っておけば失われてしまうため、様々な形で残していく必要があると感じた。

　調査で最も難しかったことは、行商人に出会うことであった。既に述べたように定期的に訪れるがいつ来るかはわからない行商人に出会うことは、朽木在住ではない調査者には難しいことであった。かといって、例えば朽木で調査をしているときに行商人らしき車を発見し、声をかけるのも怪しまれそうだと考えていた。そのため自然なのは、得意客に紹介してもらうことだと考えていた。1週間ほど朽木に滞在して本調査を行っていた際、何度も訪問して話を伺っていたCさんから「今、行商の人が家に来ている」という連絡があった。このとき、ちょうどCさんと同じ集落内に暮らすGさん宅に宿泊していたため、走ってCさん宅に向かった。こうして出会えた行商の方には、朽木を訪れる際に何度か時間を作っていただきインタビューをすることができた。また、GPS受信機を携行していただき、移動経路のデータを利用させてもらうことができた。この方のご協力がなければ、行商という商売の形態が持つ意味を移動販売と比較して考えるという視点は生まれなかったように思う（詳しくは伊藤 2015）。

## 【参考文献】

伊藤千尋（2015）「滋賀県高島市朽木における行商利用の変遷と現代的意義」、地理学評論 88（5）: 451-472。

朽木村史編さん委員会編(2010)『朽木村史』、滋賀県高島市。

高向嘉昭(1975)「行商の研究(3)――存在条件と存続理由ならびにその弊害等について」、
　　鹿児島県立短期大学紀要・人文・社会科学篇 26：1-13。

塚原美村(1970)『行商人の生活』、雄山閣。

中村周作(2009)『行商研究――移動就業行動の地理学』、海青社。

溝口常俊(1976)「御勅使川扇状地畑作農村における行商活動」、人文地理 28：141-170。

# 第16章　トチノキの巨木と伐採問題

### 興味深い朽木の着眼点

**写真 16-1　朽木のトチノキ巨木林**（2011 年筆者撮影）

　2010 年の秋ごろから、朽木は度々新聞記事に取り上げられた。それは、朽木に生育するトチノキの巨木の伐採問題や保護・保全に向けた運動に関する記事であった。一般的に、トチノキをはじめとする木材資源は、人間が古くから生活の中で利用してきたものである。そのため木が伐採されること自体は、珍しいことではない。しかし、どうして新聞に取り上げられるほどにトチノキの伐採は問題となり、保全活動が展開してきたのだろうか？　そして、この報道の主役となったトチノキの巨木は、朽木のどのような環境に生育しているのだろうか。

## 16.1 はじめに

トチノキは、大型の葉をつける落葉広葉樹であり、日本の冷温帯における山地渓畔林の代表的な構成種である。本州、四国、九州の山地部を中心に分布し、分布の北限は北海道の積丹半島、南限は宮崎県の高千穂地方である（谷口ほか2007）。また、トチノキは巨木になることが知られている。例えば石川県白峰村には、幹周13m（推定樹齢1300年）の国内最大の個体が生育している。

トチノキは、縄文時代から人々に利用されてきた。特に種子（トチノミ）は、トチモチなどに加工され、日本各地の山間部における主食や救荒食となってきた（例えば野本2005など）。トチノミはそのままでは食べられず、アク抜きが必要である。トチノミのアクは非水溶性であるため、加熱処理、アルカリ化、流水処理など複数かつ複雑な工程が必要である。そのため、アク抜きの技術は地域ごとに発達し、日本各地でトチノミ加工食品がつくられてきた（本書9、10章参照）。

一方、トチノミを食べる文化は、山村の高齢化や産業構造の変化の中で1960年代以降に急速に衰退してきた（谷口・和田2007）。このような状況の中、自家消費が中心であったトチノミ加工食品が地域の特産品として販売されるという動きがみられるようになっている（本書19章参照）。

また、トチノキは古くから材木として利用されてきた。例えば、木地師は山中に生育しているトチノキを伐採し、碗や盆の材料としてきた（本書8章参照）。さらに、近年では内装材やテーブルの原料として重宝され、高値で取引きされている。本書9、10章でも述べられているように、杤木においても、トチノキは古くから利用されてきたことが報告されてきた。したがって、古い時代からトチノキは杤木の人々の暮らしと密接に関わって存在してきたということが推察される。

それでは、杤木においてトチノキは一体どのような自然環境に立地しているのだろうか。また、なぜ杤木にトチノキの巨木が残されてきたのだろうか。そして、なぜ最近伐採が問題として認識され、それに対してどのように保全運動が展開されてきたのだろうか。本章では、こうした点について紹介していきた

い。なお、本稿では便宜的に巨木という語を胸高直径（地上から約130cmの位置の幹の直径を指す：以下DBHと表記）が100cm以上のものとして扱うこととする。また、DBH50cm未満を小径木、50〜100cmを中径木と呼称する。

## 16.2 なぜ朽木にトチノキが数多く存在するのか

### 16.2.1 トチノキ巨木林の立地環境

　朽木には、トチノキの巨木が数多く存在していることが近年明らかになってきた（青木 2012）。それでは、朽木において、どのような環境にトチノキが存在しているのだろうか。ここでは、朽木のひとつの谷で実施した調査結果をもとに、トチノキの巨木やそれ以外の中小径木の分布を示し、トチノキが生育している環境の特徴を明らかにする（詳細は手代木ほか 2015 を参照）。調査を実施した谷は、トチノキの巨木が多数生育し、「トチノキ巨木林」と呼べるような場所である（**写真 16-1**）。

　まず、トチノキが谷のどのあたりに生育しているのかについて示す。調査した約 50 ha の谷には、大小あわせて 230 個体のトチノキが出現した。その分布を示したのが**図 16-1** である。トチノキの DBH の平均値は 62 cm、最大の個体は 220 cm であった。**図 16-1** の凡例の大きさは、トチノキの個体サイズを示している。出現したトチノキの個体数をみると、DBH50 cm 未満の小径木が 117 個体、50 〜 100 cm の中径木が 66 個体、100 cm 以上の巨木が 47 個体であった。この図から、トチノキはその多くの個体が尾根よりも谷の近くに生育していることが読み取れる。

　胸高直径の大きさ別にみると、それぞれの分布には特徴的な傾向が確認できる。まず小径木は、谷の出口付近から上流部にかけての谷底付近に広く分布している。一方で、中径木の分布は小径木よりも上流側に限られる傾向があった。さらに巨木は、より上流部に密集して分布していることがわかる。

　次に、トチノキの立地環境をより詳細に明らかにするために、谷の中での分布の特徴に注目した。**図 16-2** は、谷底からどの程度の高さにトチノキの分布が生じやすいのかについて、DBH 別に示したものである（DBH 別の確率分布）。これをみると、小径木が出現した比高（谷底からの高さ）は平均値が 9.2 m であ

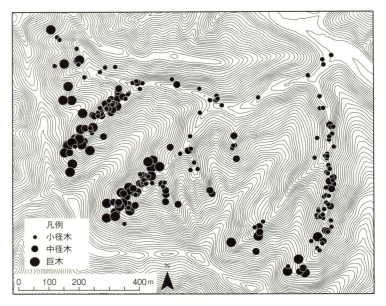

**図 16-1　調査を実施した谷におけるトチノキの分布**
基図は国土地理院基盤地図情報 10 m メッシュ数値標高モデルより作成。等高線間隔は 5 m。手代木ほか (2015) を一部改変

り、その分布の多くが谷底からさほど離れていない場所に集中していた。次に中径木では、出現した比高の平均値は 14.1 m であり、小径木よりも高い位置に存在していた。さらに、巨木の分布をみると、出現した比高の平均値は 19.9 m であり、15〜20 m を中心とした範囲に存在している個体が多かった。これらの結果から、トチノキの巨木は、より小さな個体と比べると、谷底からの高さが最も高い場所に立地していると言える。

したがって、トチノキはその大きさに応じて分布の特徴が異なっているということが読み取れる。まず、谷全域での分布には、巨木が谷の最上流部に密集して生育しているという特徴がある。すなわちトチノキの巨木は谷のどこにでも生育しているわけではなく、谷の最上流部の限られた場所にのみ存在している傾向があるといえる。また、より詳細に分布を検討すると、渓畔林の構成種であるトチノキは、谷沿いに分布するにも関わらず、そのサイズによってどのくらい谷底に近いのかという点が異なっていた。具体的には、巨木は谷底から

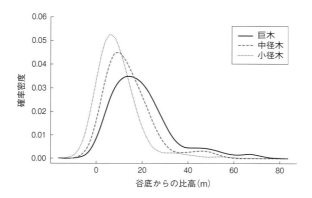

**図16-2　トチノキの生育場所と谷底との比高の確率分布**（手代木ほか 2015）

最も離れた高い場所に生育するという特徴を持っていた。

　これらのトチノキのサイズによって異なる分布の特徴は、一体なにに起因しているのであろうか。この要因を考えるためには、トチノキの巨木林が成立するまでの経緯、すなわち生育してきた時間をふまえて考えていく必要がある。朽木のトチノキの巨木の樹齢は300年〜700年程度とされている（金子 2012）。したがって、現在の巨木林が成立するまでには数百年が経過している。数百年の時間スケールを考える際には、植物の生育にとどまらず、トチノキが生育する土台となっている地形の形成過程を検討することが欠かせない。

　トチノキが分布しているような山地渓畔域における地形変化は、斜面崩壊や土石流に代表されるように極めて突発的で、規模もさまざまである。そして、これらの地形変化は植生に大きな影響を与えることが指摘されてきた。例えば、東京都三頭山で土石流の植生への影響を調査した赤松・青木(1994)は、100年に1度程度発生する土石流による樹木の被害は集水域の下流側ほど高くなることを示している。朽木の谷における調査でも、トチノキの巨木は谷の最上流部に多く、下流部には少ない傾向がみられた。この結果は、土石流の被害を受けやすい下流域では、数百年に一度発生するような土石流によってトチノキの生育が難しくなっているためであると推測される。すなわち、地形変化が植生に影響をおよぼす撹乱の頻度と関係していると考えられる。

　また、斜面の地形形成過程との関連についても考える必要がある。例えば、

トチノキの巨木が数多く分布するのは、谷底から少し離れた斜面であった。巨木が分布する高さよりも谷底に近い部分は、崩壊をはじめとする地形変化が最も活発な部分である（羽田野 1986；田村 1990；鈴木 2000）。したがって、生育期間が数百年程度と長くなる巨木ほど、自然攪乱の頻度が低く、比較的安定した地形面に立地していると考えられる。一方で、トチノキは乾燥に対する耐性が低い樹種であり（谷口・和田 2007）、これらの地形面は必ずしもトチノキの生育適地とは言えない場所である。それにもかかわらずこのような地形面に巨木が分布しているのは、根系を谷底部や斜面の下方へと伸ばして水分を利用しているからと示唆される。

　したがって、トチノキの成立環境を地形発達史的な時間スケールを加味した視点で検討すると、土石流などの被害が相対的に小さくなる最上流部であること、樹木個体を倒壊させるような大規模な攪乱を受けにくい地形面に立地すること、及び生育に適した水分環境が存在するような斜面下部に根を伸ばすことができる範囲の比高にあることが重要であると指摘できる。そして、こうした環境条件が線的、面的な広がりを持つことにより、巨木が密集するトチノキ巨木林が成立しているのである。

### 16.2.2　住民に利用されてきたトチノキ巨木林

　一方で、はじめに述べたとおり、トチノキは人々の暮らしと密接に関わる樹種である。そのため、立地環境は自然条件だけでなく、人々の暮らしとの関係によっても決まってくる。そのため、以下ではトチノキ林の立地環境を人為的な影響に着目して簡単に説明する。

　朽木のトチノキ林は、集落の遠方にある奥山に成立しているのではない点に大きな特徴がある。巨木が生育する谷におけるトチノキの分布域から、その土地の所有者が暮らす集落までの距離は3〜6km程度、すなわち徒歩でアクセスできる距離である。

　聞き取り調査によると、住民は9月頃に集落周辺の谷にトチノミを拾いに頻繁に足を運んだと語っていた。一方で、近年ではトチノミ拾いはごく一部の世帯のみが行い、多くの世帯は数十年前から実を拾っていなかった。生活様式の変化や獣害によって、トチノミやアク抜きに必要な灰が手に入りにくくなり、

トチモチ作りがあまり行われなくなったことがその原因である。

　その他にも、炭焼き、ホトラ刈り（本書6章参照）、パルプ材の伐採、植林、養蜂、山菜の採集といった活動で住民はトチノキ巨木林の周辺を利用してきた。炭焼きは先に述べた通り朽木の広い範囲で昔から行われてきた（本書7章参照）。その証拠に、トチノキ巨木林が立地する谷においても、炭焼き窯の跡が谷底付近に多数存在していた。このような状況下にあったため、トチノキ林周辺の樹木は、人々に採集されるために定期的に伐採され、トチノキ以外の樹木の樹高は低く抑えられていたであろう。結果として、トチノキは他樹種と光や水をめぐって競合することが相対的に少なくなり、良好な生育環境に恵まれてきた可能性が高い。一方で、パルプ材の伐採の際には皆伐が行われ、ほぼすべての木が搬出された。特に、材の大きなトチノキはパルプ材として積極的に利用された。そのため、パルプ材の伐採が行われた谷ではトチノキは伐採されることとなった。

　以上のように、トチノキ巨木林は炭焼きや植林、パルプ材の伐採など、地域住民が生活の場として活動している山林の中に、人々の営みを強く受けて成立してきた。そして、山林は異なる所有者によって細分化されているため、各所有者のトチノキに対する認識や山林の利用方法に強く依拠するかたちで巨木林が成立する谷としない谷が分かれてきたものと考えられる。

## 16.3　巨木の伐採問題とその背景

　ここまで述べてきた通り、朽木にはトチノキの巨木が一つの谷の中だけでも多数生育しており、それは調査を実施した谷以外にも複数の場所に存在している。2010年秋ごろから、これらのトチノキ巨木の伐採や保護に向けた運動が新聞記事などで度々取り上げられるようになり、トチノキ巨木の大量伐採の重大性が市民に問題提起された。例えば、下記のような内容の記事が新聞に掲載された：

1. 「高島市朽木地域に多く残るトチ巨木の観察会が9日、現地で行われ、市民ら約20人が参加した。幹回りが5.5メートルもある樹齢300～400年の

巨木を観察し、木材業者による伐採が進む状況も見て、保全策を考えた。」（2010年10月10日付京都新聞）
2.「幹回り7.2メートルの県内最大のトチから沢を越えた急斜面に、最近伐採されたとみられる大きなトチの切り株があり、下方に、搬出へロープを巻き付けたトチが転がっていた。幹回りは8.8メートルあり、幻の県内一と判明した。」（2010年10月14日付毎日新聞）
3.「伐採は2年ほど前から始まり、幹回り3メートル以上の巨木は安曇川支流の北川で約40本、針畑川で11本伐採されていた。麻生川と安曇川本流を合わせた4流域、数十平方キロには150本近くの巨木が点在し、半分以上が伐採の危機にあるという。」（2010年10月21日付朝日新聞）
4.「滋賀県は2011年度、独自に課税している『琵琶湖森林づくり県民税』を活用し、高島市朽木のトチノキ群落の保全活動支援に乗り出す。保存に取り組む地元団体や巨木の所有者に補助することで、巨木の伐採を防ぎ、県民が巨木とふれあえる環境づくりを目指す。」（2011年2月10日付京都新聞）

記事にも確認されるように、朽木では2007年から2010年にかけて、民間業者によって幹回り3メートル以上のトチノキが多数伐採された（**写真16-2**）。具体的には、県内や神奈川県、京都府在住の複数の所有者が素材生産業者とトチノキの伐採および売買の契約を締結し、約60本が伐採されている。それに対して、地元住民や行政が伐採されていないトチノキ巨木や未確認の巨木の調査に乗り出し、巨木の保全に向けた取り組みを官民一体で今後積極的に進めていこうとしてきている。

それでは、これまで住民にとって重要だったトチノキは、なぜ伐採されるに至ったのであろうか。これ

写真16-2　伐採跡地に残されたトチノキ巨木の切り株
（2011年筆者撮影）

には、単にトチノキが高級材として価値を持つことだけが関係しているのではない。現在の山林は、薪炭材の利用やホトラ刈りの場として利用されることはほとんどなく、人々が山に入ることは少なくなった。そして、山には人工林が増加している一方で、林業従事者は減少している。こうした様々な要因によって、山村の人々の間には「山離れ」が進んでおり、トチノキやトチノミやは日々の暮らしからは遠い存在になってしまった。トチノキ巨木の伐採は、日本の山間部における社会の変化を背景として起こってきたともいえるのである。

## 16.4 巨木を保全する取り組み

　朽木は、琵琶湖・淀川水系の源流部に位置しているため、トチノキ巨木林は、近畿地方の4割を占める琵琶湖・淀川水系の水源涵養林として位置づけられる。したがって、トチノキの巨木が伐採されることは、水源涵養能力の低下や大雨などの気象災害時の被害の増大、土壌侵食量の増大等の様々な問題につながる可能性があり、それらは下流に暮らす都市住民の生活にも関わっているといえる。

　トチノキが大量に伐採されたことが公になった後、水源域のトチノキ巨木の重要性を認識する地元住民や大学の研究者らが巨木の売却を防ぐ緊急措置や巨木林保全の仕組みづくりを滋賀県知事に要望した。また、民間レベルにおいても巨木が伐採の危機に瀕していることを周知するための観察会や、集落座談会などが開催された。このように保全の機運が高まっていく中で、2010年10月に「巨木と水源の郷をまもる会」(以下、まもる会)が設立され、朽木における巨木の保全活動を中心的に担う存在となった。

　まもる会の初期の活動は、伐採をめぐる裁判への対応や、巨木所有者への売却阻止を訴える働きかけが中心であった(中川2014)。また、まもる会は結成以来、巨樹・巨木調査を重ねてきた(青木2012)。これらの調査によって、朽木にトチノキの巨木が多数生育していることや、それが特定の地域に集中的に分布しているわけではなく、朽木のさまざまな地域に分布していることが初めて明らかになり、巨木林の重要性が再認識された。

　それにともない、滋賀県は、トチノキの多面的な価値や巨木保全の公益性

を認識した上で、2011年度から「琵琶湖森林づくり県民税」を充当した保全施策を推進してきた。同年度から「巨樹・巨木の森整備事業」として事業化され、まもる会を中心としてさまざまな整備事業が進められている。

さらに、まもる会はトチノキ巨木の重要性や保全の意義をわかりやすく伝えるために、様々な企画を開催している。代表的な企画が「トチノキ発表会」と「栃の木祭り」である。トチノキ発表会は2012年3月から毎年1回開催され、巨木の保全活動の紹介や調査研究の報告などが行われてきた（**写真16-3**）。発表会には地元住民が集まるだけでなく、同様のトチノキ巨木林が存在する京都府綾部市古屋の住民も参加している。そのため発表会は、地元住民、行政、研究者といったネットワークだけでなく、トチノキを通じた地域間の交流も促している。

写真16-3　トチノキ発表会（2015年筆者撮影）

「栃の木祭り」は、毎年一回開催され、トチモチの餅つきや販売、巨木林観察ツアーなどが行われている（**図16-3**）。栃の木祭りには、京都や大阪といった滋賀県外からも参加者がみられ、都市住民が水源域の自然環境を知る上で貴重なイベントになっている。また、普段トチノキ巨木林を見るチャンスが少ない人達が、実際に目にすることができる機会としても重要である。

これ以外にも、トチノキの植林活動や他地域との交流事業などのイベントが定期的に開催されている。例えば、安曇川の上流である朽木で採取したトチノミを、獣害の少ない安曇川下流部の針江で苗を育て、それを再び朽木の山に移植する試みなど、上流と下流をつなぐイベントも行われてきた。このように、まもる会が主催する保全活動を通して、人々や地域のネットワークが拡大している（中川2014）。また、活動の中でトチノキ巨木の重要性や伐採の問題点を提示することで、琵琶湖・淀川水系に暮らす一千万人以上の人々に水源域で起こっていることと日々の暮らしの接点を提供しているといえる。

**図16-3 第二回栃の木祭りのスケジュール・イベント内容**
第二回栃の木祭りのチラシ

## 16.5 おわりに

本章で明らかになったように、朽木に存在するトチノキの巨木は、自然環境に起因する要因だけでなく、地域住民の山林資源の利用という人為的な要因とも密接に関わりながら残ってきたものである。そのため、トチノキの巨木やその実であるトチノミを食べる食文化は、朽木の自然や文化を語る上で欠かせない。

2010年頃からはトチノキの巨木が伐採されたことが新聞報道でも取り沙汰されるようになった。重要な地域資源であったトチノキが伐採された背景には、日本全国の山村でも起こっている住民の山離れが間接的に関係していると考えられる。

「伐採」と「保全」に対する個々の住民の思いは様々であり、問題は複雑である。しかし伐採を契機として、トチノキ巨木林の調査が進み、その生態的・文

化的重要性が学術的に認識されるようになった。さらに、まもる会の活動を通して、地域住民もこうした重要性を改めて認識するようになってきたといえる。また、本来朽木とは関わりが薄かった水源の森の恩恵を間接的に享受している都市住民にとっても、水源域の問題を考える機会になった。

　このように、まもる会の活動やトチノキの調査を通じて、朽木という水源域に存在する自然環境や歴史・文化について考え、それをイベントを通して紹介してきたことは、下流に暮らす多数の受益者と朽木をつなげる動きとして重要な契機となっている。今後も地域により添った活動が展開されることを期待したい。

---

### 調査手法

　本章では、トチノキの巨木がどこにあるか（立地環境）に関する調査と、トチノキの利用や保全活動の実態に関わる現地調査から得られたデータを利用している。はじめに、特定樹種（トチノキ）の立地環境を明らかにするためには、トチノキそのものの調査はもちろん、地形との関係といった環境要因や他樹種との関係なども含めて検討していく必要がある。調査を実施した谷の現状を明らかにするためには、空中写真判読と現地調査を組み合わせて谷全体の植生や地形を把握した。そして、トチノキの分布を把握するため、胸高周囲長が1cm以上のトチノキ個体を対象に、各個体の生育場所をGPS受信機によって記録した。同時に各個体の胸高周囲長を計測して胸高直径（DBH）を算出した。さらに、トチノキの生育場所と谷地形との関係をより具体的に明らかにするために、レーザー光の反射をもとにして距離を測定するレーザー距離計を用いてトチノキが谷底からどれくらいの高さに生育しているか（比高）を計測した。また、トチノキ巨木の立地と斜面の微地形との関係を明らかにするため、谷底からトチノキ巨木までの斜面の高さと水平距離を一定間隔ごとに計測することで、地形の詳細な縦断面図を作成した。

　さらに、トチノキの立地環境は人為的な影響を強く受けている可能性があるため、近隣の集落において、山林利用やトチノキ・トチノミの利用等について聞き取り調査を実施している（聞き取り調査の手法については第7章等を参照）。

## 【引用文献】

青木　繁（2012）「安曇川流域のトチノキ等巨樹の現状と役割」、地域自然史と保全34(1)：69-71。

赤松直子・青木賢人（1994）「秋川源流域ブナ沢におけるシオジ―サワグルミ林の分布・構造の規定要因――地表攪乱と森林構造の関係について――」、小泉武栄編『三頭山における集中豪雨被害の緊急調査と森林の成立条件の再検討』、東京学芸大学、31-77頁。

金子有子（2012）「安曇川源流域のトチノキ伐採に関する一考察」、地域自然史と保全34(1)：53-63。

鈴木隆介（2000）「河谷地形」鈴木隆介『建設技術者のための地形図読図入門――第3巻 段丘・丘陵・山地』、古今書院、685-750頁。

谷口真吾・和田稜三（2007）『トチノキの自然史とトチノミの食文化』日本林業調査会。

田村俊和（1990）「ミクロな自然環境のとらえ方 1微地形」、松井　健・武内和彦・田村俊和編『丘陵地の自然環境――その特性と保全』古今書院、47-54頁。

手代木功基・藤岡悠一郎・飯田義彦（2015）「滋賀県高島市朽木地域におけるトチノキ巨木林の立地環境」、地理学評論88(5)：431-450。

中川宏治（2014）「滋賀県高島市朽木のトチノキ群落保全活動におけるガバナンスの展開と変容」、農林業問題研究194：11-22。

野本寛一（2005）『栃と餅――食の民俗構造を探る』岩波書店。

羽田野誠一（1986）「山地の地形分類の考え方と可能性（シンポジウム「山地の地形分類図」要旨11）」、東北地理38：87-89。

原田敏丸（1979）「近江朽木谷の山割について」、徳川林政史研究所研究紀要昭和53年度：82-95。

# 第17章　獣害問題の深刻化

**興味深い朽木の着眼点**

写真17-1　朽木でみられる多様な柵
A) 集落の周囲を広く囲む柵、B) ナイロン製のメッシュ、
C) 作物を覆うネット、D) 電気柵

　朽木を車で走っていると、集落や畑の周囲に設置された無数の柵に目が留まる。ナイロン製のカラフルな網や針金のメッシュ、電気柵などを見ると、野生動物との壮絶な戦いが起きていることが容易に想像できる。森林を歩くと、本来ならば草本や樹木の稚樹が生えているはずの林床は、土がむき出しになっている。日本全国で野生動物と人々との関係が変わっていることが報告されているが、朽木ではどのような変化が生じているのだろうか？

## 17.1　深刻化する獣害

　数十年ほど前から、日本各地において野生動物をめぐる環境が少しずつ変化していることが認識され始めた。その変化は、"少しずつ"どころか、森林の景観や生態系を劇的に変化させ、農業や採集活動など、人々の経済活動や日常生活に深刻な影響をもたらすようになった。現在、野生動物をめぐる問題は、日本の社会における深刻な課題の一つである。他方で、その被害の深刻さや野生動物との闘いの実態がきちんと理解されていないという問題もある。日頃、野生動物を滅多に見かけることが無い都市に暮らす人々の中には、野生動物を日常的にみることができる状況を羨ましく思う人もいる。また、動物愛護の観点から、「野生動物も棲み処を追われた被害者である」と捉え、駆除することに強く反対する人もいる。「動物が来るなら柵をしておけばよい」と短絡的に考える人もいる。しかし、農山村に暮らす住民にとっては、いつ来るともわからない野生動物に備え、野生動物との共存を図ることは決して簡単なことではない。また、人が日常的に立ち入ることが難しい森林においては、さらに困難な状況が生じている。本章では、深刻化する野生動物被害の事例として、朽木における野生動物をめぐる状況について紹介する。なかでも、全国的にあまり知られていない、林産物であるトチノミ（栃の実）に対する野生動物による被害について報告する。

　野生動物による生態系や人間活動への影響は、様々な形で生じている。経済的な観点で問題視されているのは、農作物への被害である。全国の市町村からの報告を基に被害状況を取りまとめた農林水産省の統計情報をみると、農作物に被害を及ぼした野生鳥獣種として、ニホンジカ（以下、シカ）、イノシシ、ニホンザルをはじめ、ハクビシン、アライグマ、クマ、カモシカ、タヌキ、ネズミ、ウサギ、ヌートリアなどの獣類とカラス、カモ、ヒヨドリ、スズメ、ムクドリ、ハトなどの鳥類が挙げられている。被害状況を金額ベースでみると、2016年度において最も被害をもたらしたのはシカであり、次いでイノシシ、カラス、ニホンザルの順であった（**図17-1**）。1999年度からの推移をみても、これらの4種による被害が大きいことがわかる。また、近年、ハクビシンやア

第 17 章　獣害問題の深刻化　　　　　　　　　　　　　　　　　235

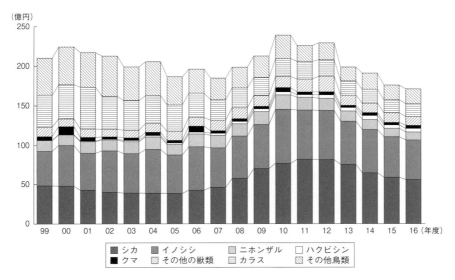

**図 17-1　野生鳥獣による農作物被害**
出所：農林水産省が公表した「野生鳥獣による農作物被害状況(平成 28 年度)」資料を基に作成。

ライグマなどの外来種による被害が増加傾向にある。

　野生動物による被害は、全国的に生じており、被害が皆無であるという地域のほうが珍しいだろう。農林水産省では、都道府県別の被害状況について、被害面積や被害量、被害金額の情報を公表しているが、各都道府県でもともとの面積が異なり、また動物の生息地である森林や湖沼の面積なども異なるため、被害の大きさを一概に比較することは難しい。その点を踏まえた上で、2016 年度の被害金額を県別に比べてみると、北海道が約 44 億円ととびぬけて高く、次いで長野県(約 6 億円)、山形県(約 6 億円)の順であった。

　農作物に対する被害金額の推移をみると、2012 年度以降、減少傾向にあるようにみえる。しかし、これは決して被害が少なくなったことを意味するわけではない。日本の中山間地域では、1985 年以降、耕作放棄地が増加する傾向があり、2000 年以降においてもその面積は増加の一途を辿っている。その原因の一つとして、野生鳥獣による農作物被害の深刻化が指摘されており、野生動物による被害が原因で農業をやめてしまった世帯が少なからず存在する。こ

うした被害が数値として上がらなくなったことで見かけ上、被害額が減少していることに留意する必要がある。

　野生動物による影響は、農作物だけに留まるものではない。クマやイノシシとの遭遇による人的な被害やカワウなどによるアユ漁への被害など、様々な形でこれまでとは異なる影響が生じている。

　野生動物が人の居住地域に現れ、農作物に被害を及ぼすことは昔からあったことである。しかし、これほどまでに深刻な被害が全国的に生じるようになり、かつ被害の中身が多岐にわたるようになったのは、比較的最近になってからである。なぜそのような状況になってしまったのだろうか？

　その理由は、地域固有の条件や動物種によって異なるため、一概に説明することは困難だが、様々な説や要因が指摘されている。野生動物の本来の生息地であった森林で植林や伐採が進み、餌資源が無くなったために人里に現れるようになったという説明は多くの地域に当てはまるであろう。また、積雪量の減少による冬季の死亡個体数の減少、狩猟頭数の減少、人の山離れ、木の実の結実数の減少、農山村における人口減少、里山の荒廃など、指摘されている要因は多岐にわたる。また、アライグマやハクビシンなど、外来種の増加も獣害全体の増加の一因である。

　このような問題に対し、当然ながら、国や地方自治体では、野生動物の個体数の管理や農林産物への被害防除のため、地域の実情に合わせた様々な取り組みを行っている。詳しくは滋賀県の取り組みを事例に次項で述べるが、ここではそうした取り組みが法律に基づいていることだけ述べておきたい。獣害の深刻化を受けて、2007年12月に「鳥獣による農林水産業等に係る被害の防止のための特別措置に関する法律」（鳥獣被害特措法）が成立した。農林水産大臣が被害防止施策の基本方針を作成策定し、その方針に基づき、被害が発生している市町村が被害防止計画を作成し、必要な支援措置を実施するという手順がとられることとなった。被害防止計画の内容は地域によって異なるが、対象鳥獣の捕獲等に要する費用の補助、農地や集落周囲への防護柵の設置などとともに、捕獲鳥獣を食肉（ジビエ）として活用するための食肉処理施設の整備充実、流通の円滑化などの措置が含まれている。それでは次に、滋賀県や朽木を事例に、被害の状況や対策、住民の認識などについて、概要を紹介する。

## 17.2 滋賀県における鳥獣害と対策

### 17.2.1 滋賀県における鳥獣害

　冒頭の朽木の事例で紹介したように、滋賀県においても、野生動物による森林や農作物への影響は小さくない。農林水産省の報告によると、2016年度の被害面積は200 ha、被害金額は約1億2700万円にのぼる（農林水産省2016）。農作物の被害を金額ベースで鳥獣種ごとにみると、イノシシによる被害額が約6786万円と最も大きく、同時にニホンザルやシカによる被害額もそれぞれ約2557万円、2050万円と小さくない。すなわち、全国的に被害量が大きい3種であるイノシシ、ニホンザル、シカの全ての被害がみられることが本県の特徴のひとつである。また、滋賀県では、カワウのコロニーが琵琶湖の島や湖岸に8か所（2012年調査）存在し、漁業や植生に大きな被害を与えていることも特徴の一つである。さらに、各自治体が作成している鳥獣害被害防止計画の対象鳥獣をみると、上記の4種以外にも、アライグマ、ハクビシン、ヌートリア、カラス、ドバト、カルガモ、アオサギなどの被害があることがわかる。朽木が位置する高島市では、とりわけ、イノシシ、ニホンザル、シカを対象鳥獣と指定していることから、以下ではこれら3種について扱っていく。

　滋賀県および県内の各自治体においても独自の調査を実施し、被害の程度を数値として把握している（**図17-2**）。集落に対する聞き取りを基に2009年から実施してきた調査では、イノシシ・ニホンザル・シカの被害の合計金額は、2010年が約4億3200万円で最高となり、その後、緩やかに減少し、2016年度では約1億1400万円と依然として大きな被害が生じていることが読み取れる（滋賀県農業経営課2016）。ただし、被害金額の減少は、全国傾向と同様に、獣害によって農業自体が経営できなくなった世帯の被害分が含まれていないため、一概に被害が少なくなっていることを意味していない。

　これらの動物は、滋賀県内のどの地域に分布し、どの程度の数が生息しているのだろうか？ 自治体では、鳥獣害管理計画を策定するにあたり、動物種ごとに定期的な調査を実施している。それらの報告書から、滋賀県における各動物種の分布と推定生息数について概観してみよう。

第Ⅲ部　現代の山村

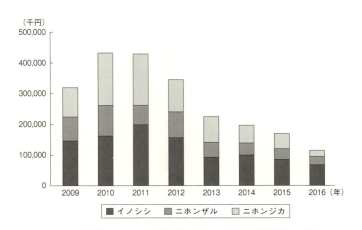

**図17-2　滋賀県における主な野生動物による農作物被害状況の推移**
出所：滋賀県が公表した「滋賀県における主な野生獣による農作物被害状況の推移」（平成28年度）資料を基に作成。

　イノシシについては、県内を181の区画に区切り、1978年と2003年に各区画における生息状況を確認している。その結果、1978年には80.1％の区画、2003年には89.5％の区画で生息が確認されており、県内の東南部から南部の湖岸の一部を除くほぼ県内全域に生息していることが明らかになっている。また、報告書はイノシシの生息地が、近年の暖冬の影響による積雪の減少などによって拡大傾向にあることを示唆している。県内の推定生息数は報告されていない。イノシシの被害については、農林業被害と人身被害、掘り起こしによる被害などが認められる。被害金額の作物別割合（2010年）をみると、イネが86.5％と最も割合が高く、次いでマメ類（4.3％）、野菜2.9％の順であった。また、タケノコ等の林産物への被害が増加している。市街地に出没し人身被害を引き起こしたり、ゴルフ場や公園の芝を掘り返したり、田んぼの畦を掘り返したりといった被害も指摘されている。
　ニホンザルについては、群れ単位で把握され、個体数が推定されている。2008年から2011年にかけて県が実施した調査では、県内に125群の群れが存在し、約8000頭のニホンザルが生息していると見積もられている。その分布は、山地域を中心に県の西部、北部、東部、東南部に分布が多く、南部でも大

津や信楽周辺にいくつかの群れが存在している。ニホンザルによる被害では、農業被害が特に大きい。被害金額の作物別割合(2010年)をみると、水稲42％、野菜42％、果樹6％、イモ類5％の順であった。ただし、被害の発生状況は群れによって異なり、被害を発生させない群れもある。市町

**写真 17-2** 林床の下層植生が少ない朽木の山林

別の被害額(2010年)をみると、北部の長浜市で最も多く(約2900万円)、ついで東部の日野町(約2200万円)、西部の高島市(約1900万円)が多かった。

シカについても、県内を181の区画に区切り、生息状況の確認が行われている。1981年の調査では、51.9％の区画で生息が確認されていたが、2015年の調査では96.1％と増加しており、県内のほぼ全域に分布域が拡大した。また、滋賀県では、2006年から目撃効率と糞塊密度という2つの生息密度指標を各区画で測定し、シカの密度分布を把握している。それぞれの指標で若干異なる結果が生じているが、目撃効率でみると、2011〜2014年にかけては湖西、湖東で数値が高い傾向がみられたが、2015年になると県全体で値が低下し、湖北や湖南で高い値が認められるなど、年や地域によって分布密度が異なっていた。なお、県内の生息個体数は、2015年時点で7万1154頭(中央値)と推定されている。シカについては、農業と林業被害とともに、森林植生の被害が深刻である。農業被害量でみると、2010年時点では水稲に対する被害が最も大きく(76％)、次いで麦類、マメ類の被害が大きかった。林業被害では、植林地での剝皮(はくひ)被害が大きい。また、シカは森林の下層植生を食べることで、森林の階層構造の変化や更新阻害などを引き起こす(**写真17-2**)。滋賀県内の森林の下層植生衰退度を調べた2012年の調査では、特に湖西と湖東の山地域、湖東の湖岸山地域で被害が深刻である状況が認められた。

### 17.2.2 滋賀県の鳥獣害への対策

　野生動物による被害が深刻化する中、滋賀県においても農林業被害を軽減するため、各自治体による取り組みが実施されてきた。とりわけ、2007年以降は、鳥獣被害防止特措法に従い各市町が被害防止計画を作成し、総合的な対策を講じている。被害防止計画の内容は、自治体の被害状況や動物種によって異なるが、基本的な考え方としては、個体数管理と被害防除対策、生息環境管理、食肉（ジビエ）活用の促進、などを総合的に実施することで農林業被害を軽減させる方針をとっている。

　個体数管理については、農地や集落に被害をもたらす加害個体を対象とした集中的な有害鳥獣捕獲や個体数調整のための捕獲、狩猟によって実施されている。イノシシに対しては、被害をもたらす加害個体を対象とした有害鳥獣捕獲と狩猟によって個体数が調整されている。1998年頃まではほぼ狩猟による捕獲のみであったが、1999年以降、有害鳥獣捕獲も徐々に増加している。2010年度には、約3,800頭が捕獲され、そのうち1,400頭が有害鳥獣捕獲であった。また、県内全域で狩猟期間を延長することで、捕獲を推進する取り組みも実施された。

　ニホンザルについては、有害鳥獣捕獲が1968年に県内で初めて実施されて以降、捕獲数は増加傾向にある。個体数調整については、県内では群れの個体数や被害発生状況などを配慮しながらこれまでに3回実施されている。有害鳥獣捕獲および個体数調整により、2008年～2010年にかけては県内で1,708頭のニホンザルが捕獲された。なお、ニホンザルは狩猟鳥獣には指定されていないため、一般の狩猟は行われていない。

　シカについては、有害鳥獣捕獲および狩猟による捕獲が行われている。県内のシカの狩猟数は1989年以降徐々に増加し、2005年にはメスの狩猟解禁など規制緩和が行われ、大幅に増加した。とくに、わな猟（くくりわな、箱わな、囲いわな）による捕獲が約半数を占めている。2014年の捕獲頭数は、狩猟と有害鳥獣捕獲をあわせて約14,000頭であった。しかし、計画の目標捕獲頭数は16,000頭であったため、目標には達していない。

　このような個体数管理と同時に、農林業被害を防ぐための防除対策も実施されている。特に、防護柵の整備が積極的に進められ、金属製の防護柵で大規

模に農地や集落を囲う恒久型防護柵（棲み分け柵）、小規模な農地をネットや電気柵などで簡易に囲う簡易防護柵が設置されている。また、林業被害に対しては、防護柵と共に、剝皮被害防止のためのテープ巻き（**写真17-3、17-4**）、単木防除用ネットなどの設置、忌避剤の散布などが行われている。

写真17-3　皮剥ぎ防止のためのスズランテープ

生息環境管理では、野生鳥獣と人間の生活域を隔離するため、森林で野生動物が生息できるようにするための森林管理や放置人工林の整備などが進められている。また、野生動物が人間の生活の場に近づかないように、放置竹林の拡大防止、ゴミや野菜の収穫残差の放置を避ける、耕作放棄地の管理、追い払い活動などが行われている。

捕獲された野生動物を資源として活用する取り組みも進められている。先に紹介したとおり、ニホンジカは2016年には年間16,000頭を目標に捕獲が進められ

写真17-4　皮剥ぎ被害にあったスギ

ていたが、食肉用として有効活用されたものは4～5％に留まっている。そのため、資源を有効活用すべく、2016年に「滋賀県ジビエ活用検討プロジェクトチーム」が立ち上げられ、シカ肉やイノシシ肉の活用に本腰を入れている。捕獲された動物の活用には、運搬の労力や処理場所の限定、衛生管理など、多くの課題が指摘されているが、滋賀県では解体処理加工施設の整備や商品開発、学校給食への提供、普及啓発のためのイベント開催などが実施され、徐々に活

用が進められている。

## 17.3 朽木住民の野生動物に対する認識

　朽木では、地域の住民に対して野生動物がどのような影響や被害を及ぼしているのだろうか？ 私たちは、2004年から2005年と2011年から2013年にかけて、朽木の複数の在所(集落)に暮らす十数名の農家の方々を対象に、断続的に聞き取りを行ってきた。調査から明らかになったことはこの地域で生じている被害のごく一端であるが、この問題を理解する際に重要と考えられる数点を紹介したい。

### 17.3.1 経験による具体的な語り

　野生動物の話題になると、多くの方々が話に熱を入れて、雄弁に語り始める。「サルやイノシシによって田畑が荒らされる」、「今年はシカを見かける頻度が多い」など、その語りは具体的だ。その背景には、朽木に暮らすほぼ全ての方が、日常の暮らしのなかで、野生動物の直接的、間接的な影響を何らかの形で経験していたことがある。

　**表17-1**に、聞き取りの際に住民が発言した内容の一部を整理した。一人の方の話の中でも、個人の経験や動物に対する認識、被害の状況など、様々な内容が入り混じる。その会話の中身を記録し、大まかな内容ごとに区分した。

　はじめに、言及された動物種に注目すると、ニホンザルやイノシシ、シカに関する内容が多かったが、ハクビシンやアライグマなどの外来種、クマやキツネ、カラスなど、多くの鳥獣種が挙げられた。滋賀県の琵琶湖近辺では、カワウなどの鳥害が深刻な地域も多いが、朽木で言及された動物種は、山間部の特徴が色濃くみられた。年長者のなかには、昔の動物との関係に話が及び、かつて行っていたウサギ狩りやイノシシ猟などについて熱く語って下さる方も多かった(本書12章参照)。

　住民の方が最初に話すのは、多くの場合、それぞれの経験である。**表17-1**の「動物の行動・出現」に挙げたように、「最近、(中略)6頭のシカを見た」、「シカが家の前で餌を食べていた」「アライグマを見かけた」など、動物種や場所、

その時の行動などについて、事細かな説明を聞くことができる。また、野生動物の状態や行動、出現の傾向などについて、独自の解釈や認識を有している。「動物の分布、地理的差異」に挙げたように、「桑原はシカが多い。そのためかイノシシは餌が少なく痩せている」、「群れのサルは、今のところ平良まで来ているらしい」というように、自分の集落周辺の情報だけでなく、他地域の状況についても把握し、その違いについて解釈している。特に、集落間の差異については、気候との関係を指摘する声が聞かれた。このような説明からは、住民が個人的に動物の状態や行動をよく観察していることに加え、住民同士の日常的な会話のなかで動物に関する内容に話がおよび、絶えず情報交換している様子が窺える。

　野生動物が増加した理由についても、様々な解釈が示された。特に、複数の住民が述べたのは、森林の状態との関係である。かつては、薪炭やホトラ（コナラの若枝。草本も含まれる。本書6章参照）の採集などにより、集落の周辺には灌木の交じる明るい草原が広がっていたが、そのような樹木の利用がなくなり木々が成長したこと、さらに植林地が広がり森が暗くなったことで、食べ物がなくなり動物が集落近くまでやってきたという説明が複数の住民から聞かれた。また、かつては毎日のように山に人が入ったが、そうしたことが無くなり、動物が人里近くまで来るようになったという説明も多かった。さらに、猟師が減少したことや積雪量の変動との関係などについても言及された。野生動物の増加の背景については、他地域での研究によって示されている説を含め、朽木での状況について裏付けとなる検証が必要であるが、長らく地域の自然をみつめてきた住民の話には説得力がある。

### 17.3.2　被害金額や面積では量れない心理的な影響

　野生動物が日常生活に対して及ぼす影響について、地域の住民は様々な不満を口にしていた。特に顕著であったのは農作物に対する被害で、「春先にサルが現れて、イネの苗を食べた」、「お盆用に栽培していたキクの花をサルに食べられた」、「カラスやキツネがトウモロコシを食べる」、「イノシシにサツマイモを食べられた」など、内容は多岐に及んだ。畑に残された足跡や作物の食べ方、作物に残された噛み跡、落ちていた糞の形状、時には食べている最中を目撃し

## 表17-1　野生動物に対する住民の認識

| 内　容 | 発　言 |
|---|---|
| 動物の行動・出現 | 最近、21時頃に車で京都から（朽木の）家まで帰って来たときには6頭のシカを見た。<br>シカは1年中現れるが、サルは冬には少ない。サルは昼、シカは主に夜に活動する。<br>ハナレザル（群れに属さないサル）が悪さをする。群れのサルはある程度人間と距離を置いているが、ハナレザルは家の横の柿の木にいたことがある。柵の中の畑にも大きなサルが入って作物をとり、柵の外で食べていた。<br>シカが家の前で餌を食べていることがある。<br>アライグマを見かけたことがある。<br>動物は夜に餌を食べに来る。犬を放し飼いにしていると、夜中動物を追いかけている。<br>クマは家のとこまでこない。クマにはあったことはない。 |
| 動物の分布、地理的差異 | 桑原はシカが多い。そのためか、イノシシは餌が少なくやせている。<br>能家はシカが多い。田畑が放棄されてシカの住処になっているのではないか。<br>桑原よりも雲洞谷のほうがチューリップの開花が早く、気温が温かいようだ。なので、サルが多いのではないか。<br>小川にはサルが多い。平良にはいない。あのあたりで気候が変わることが関係しているのかもしれない。<br>桑原には1匹サルが多い。団体では押し寄せてきていない。群れのサルは、今のところ平良まで来ているらしい。 |
| 動物の増加理由 | 30年前には山奥は木があまりなく、草地が多かったので明るかった。今は森が暗くなったから、食べ物がなくなり、下にシカが下りてきた。<br>昔は猟師が多かったが、今は少なくなった。<br>山仕事をしていた人に話では、昔は山でも人（子供）の声がしていた。だから、動物が恐れて近寄らなかったのではないか。特に子供の声は高くて通る。<br>今年は大雪で大きなシカがたくさん死んだ（林道で死体も見た）ので、小さいシカが多い。 |
| 農作物の被害 | 春先に早くもサルが現れ、イネの苗を食べた。<br>シイタケを栽培しても、サルに食べられる。<br>お盆用にキクの花を栽培しているが、サルに食べられる。年1回だけ農協に出荷している。<br>ミョウガ、サツマイモがシカ、イノシシに食べられる。<br>野菜の苗はシカやノウサギに、イネはシカやイノシシに食べられる。<br>カラスやキツネがトウモロコシを食べる（30年以上前から）。<br>シカが一番困る。サルはウドなどの山菜は食べない。イノシシはサツマイモを食べる。<br>トウモロコシを30年くらい前から作り、販売もしていたが、10年くらい前から獣害が気になりだし、ここ2～3年は極めてひどくなった。獣害があまりにもひどすぎて去年から作るのをやめた。<br>米・野菜づくりをやめて、何もしない人が増えた。昔は農業をやっていたのに、「シカの餌つくっとんのかいな？」と他の人に言われる。 |
| 果樹・山菜 | 庭のカキの木にサルが食べにくる。<br>クリの木があるが、この頃ならんし、シカやサルが食べてしまう。クリは水に漬けて湯がいて、あまにかわかしてそのままたべた。<br>ゼンマイ・フキ・ワラビ・タラの芽などの山菜をとるが、最近ではフキはシカに食べられてしまってほとんどない。<br>タケノコもサルに食べられた（実際に見たことはないが、サルの糞は落ちている）。タケノコは根元からきれいに食べられていた。<br>春にはフキノトウ、ウドの芽が被害にあう。朝市で販売する予定だった。 |

第 17 章　獣害問題の深刻化　　　*245*

表 17-1　つづき

| 内　　容 | 発　　言 |
|---|---|
| 果樹・山菜 | 山菜を人が採るときは来年のために残してとる(1つの株から全ての葉はとらない)しかし、シカは全ての葉をたべてしまう。都会の人も株ごととってしまう。<br>大雪の年には山菜がよく取れると言われるが、今年は大雪にもかかわらず食害で駄目。まず、ワサビが消えた。<br>トチはなくなった。昔は動物が食べなかったが、シカが食べ始めた。<br>サザンカやネムノキは良く皮はぎされている。特に冬、雪解け前。<br>シバグリ(山の中の栗)が動物に食べられてなくなった。 |
| 柵の設置 | 集落の周囲に柵を作る場合、2億円程かかるらしい。費用の95％を自治体が負担、5％は30戸未満の集落の住民が自分達で出さないといけない。実際農業をやっている世帯は30世帯なので、1世帯35万円は出さないといけない。 |
| 有害駆除 | シカは狩猟の補助金のおかげで減った。何百頭も獲った。サルは出てくる。<br>有害駆除の檻を裏山に設置しており、イノシシなどが良く入る。サルが1度入ったことがあるが、あまりうれしくない。サルは賢いのか、1度仲間が殺されたら半年間は現れなかった。 |
| その他 | サルはシイタケの原木を倒したり、むしったり、糞をする。<br>この辺りの人は大部分が一回はシカと交通事故を起こしている。<br>昨年の秋、イノシシが田んぼのあぜを壊した。<br>シカが増えるとダニが多くなるので困る。<br>シカが増えるとヤマビルが増えてしまう。<br>草木染を趣味でやっているが、材料がすべてシカに食べられてしまったので、中断した。 |

たことなどから、農家の方々は被害にあった作物種と被害を与えた動物種に関する詳しい知識を有していた。

　農家のなかには、野生動物による被害が大きいため、特定の作物種の栽培をやめる、あるいは農業自体をやめざるを得なくなったと話す人もいた。**表17-1**に挙げた発言では、「トウモロコシを栽培していたが、10年くらい前から獣害が気になりだし、ここ2～3年は極めてひどくなったため、去年からトウモロコシ栽培をやめた」、「米・野菜づくりをやめて何もしない人が増えた」、などが認められた。このような発言からは、野生動物による農作物への被害が極めて深刻で、農業に多大な影響を及ぼしていることが窺える。

　被害は農作物に限ったものではなく、庭の果実や山の山菜などにも及んでいた。「庭のカキの木にサルが食べにくる」、「タケノコもサルに食べられた」、「山菜が最近ではシカに食べられる」、「サザンカやネムノキの樹皮をはがされる」など、栽培、野生に関わらず様々な植物が食べられている様子がうかがえる。また、次項で紹介するが、トチ餅の原料として住民が昔から採集していたトチ

ノミも動物に食べられるようになっていた。

他方、山菜への被害については、「野生動物よりも地域外から採集目的でやってくる人間の方が深刻である」という意見も聞かれた。「地域の人が山菜をとるときは、来年のために残して採集するが、都会の人は株ごと持って行ってしまう」などの意見が聞かれた。野生動物による被害の深刻さはいうまでもないことであるが、地域外の人々の活動が植生の変化などの原因となっている可能性があることは注目すべき点である。

野生動物による影響は、農作物や山菜の食害という直接的な被害だけではない。「シカが増えることでダニやヤマビルが増える」、「サルがシイタケの原木を倒したり、むしったり、糞をする」、「イノシシが田んぼの畦を壊した」などの話が聞かれた。特に、ヤマビルは十数年で急速に数が増加し、農作業や山仕事をする人たち、登山者の悩みの種となっている。また、野生動物と車との事故の増加も深刻な問題である。特に夜間のシカと車との接触事故が増えている。

前項でも紹介したとおり、野生動物による被害については、作物の被害面積や被害額が指標として評価されることが多い。しかし、住民への聞き取りからは、このような指標だけでは量ることができない、多面的な被害の状況がみえてきた。農家の人々にとって野生動物による被害は、収入に直結する問題であることに加え、心理的な影響も無視できない。朽木の農家のなかには、高齢になったため、自給用に小規模な畑を楽しみでつくる人も多い。そのような農家では、野生動物を逐一追い払うことや隙のない柵をめぐらすことは、労力的、金銭的に難しい。そうなると、楽しみで続けてきた野菜栽培も辞めざるを得なくなってしまう。このような被害は、面積や金額で量るとわずかなものであっても、人々の日々の生活に与える影響は極めて大きいことは間違いないだろう。

## 17.4　トチノミをめぐる人と野生動物の関係

### 17.4.1　朽木のトチ餅食

先に述べたように、田畑の作物や森林の林床や低木層に対する野生動物による食害は、日本の大多数の中山間地域で生じているといっても過言ではない。ただし、その被害は地域の植生や文化の違いを反映し、地域によって様々な形

で現れる。ここでは、他地域ではあまり報告が無いトチノミをめぐる人と野生動物の関係について紹介したい。

本書 10 章で紹介したとおり、本地域では、トチノキ(*Aesculus turbinata*)の種子であるトチノミ(栃の実)を採集し、灰汁抜きした後にモチゴメと混ぜて搗いたトチ餅が日常の食事として昔から作られてきた。これまで、朽木では、主に冬の時期に各家庭でトチ餅が作られ、正月や寒の時期などに食されてきた。昭和 30 年頃までは、各家庭でトチ餅が食されていたが、その後、産業構造や生活様式が大きく変わり、次第にトチ餅を各家庭で作ることもなくなり、トチノミ食は衰退の一途を辿った。その後、1980 年代からトチ餅を商品化する動きが現れ、現在では朽木の特産品となった(本書 19 章参照)。

## 17.4.2 トチノミ採集量の変化

昭和 30 年頃まで、集落の人々はトチノキが実を落とす秋口なると、実を採集するために山に入り、トチノキの下でトチノミを各々採集した。"八尺袋"と呼ばれる大きな麻の袋一杯の実を拾い、背負って山を下り、集落に持ち帰ったという。トチノキが生える場所は谷の源頭部であり、村から数km離れた場所である。八尺袋はトチノミを満タンにすると 20〜30 kg になることもあるという。トチノミ自体はたくさん採れたが、それを背負って降りる作業が重労働であったと当時の状況を人々は話していた。

朽木の雲洞谷で栃餅保存会が結成された後、1990 年代になるとトチ餅の知名度も上がり、販売が軌道に乗るようになった。栃餅保存会のメンバーは、当初、トチノミを昔と同じように山中で拾っていたが、1990 年代になると次第に実が拾えなくなったという。

その理由について、栃餅保存会がある雲洞谷の住民は、いくつかの見解を語った。ひとつは、トチノキが実をつける量を減らしたという説である。昔は養蜂家がトチ蜜を採集するため、春先にミツバチを連れてこの地域を訪れていたが、最近では来なくなったので受粉がうまくいかなくなったという。また、気候が変わってきたことを指摘する人もいた。そうしたなかで、集落の住民が口を揃えて話したのが、野生動物によるトチノミの採食である。ある年長の男性は、次のように話した。

「実を拾らいに行っても、シシやシカがトチノミを食べてしまう。前にトチノミの落ち具合を見に山に行ったとき、谷の口が汚れているなぁと思ったら、ガサガサと音がして、獣が逃げて行った。実はほとんど食べられていた。昔はシカやシシは実を食べなかった。今はそれを食べるようになっている。(N.G.氏)」

写真17-5　動物にかじられたトチノミ

　彼らが語る野生動物によるトチノミの採食の話には、いくつかの共通点があった。ひとつは、以前は野生動物がトチノミを食べることはなかったが、最近になって食べるようになったこと、そしてもう一点は、トチノミを食べる動物としてシカが挙げられることである。彼らがこのように語る背景には、彼ら自身の経験や観察があるようであった。例えば、先の男性のように、トチノミを拾いに行ったときに、トチノキの近くでイノシシやシカなどの動物に直接遭遇したという経験が挙げられる。「シカがトチノキの下で実が落ちてくるのを待っていた」と話す人もいた。また、トチノミの外皮であるナシカワ(梨皮)は落ちているのに、種子だけなくなっているという状況も、野生動物を"犯人"として疑う理由として挙げられた(**写真17-5**)。
　トチノキの巨木が生育している場所は、大部分が登山道から離れた山の奥地であり、観光客や他の人間が実を拾いにくることは考えにくい。また、トチノミが拾えなくなる少し前から、集落周辺の田畑では野生動物による農作物被害が深刻になってきたことも、トチノミ捕食の"犯人"として野生動物を疑う理由の一つであろう。農作物を食べにくる動物種としては、シカ、ニホンザル、イノシシの3種が最も強調され、なかでもシカの出現頻度は昔と比べて格段に増したという。こうした背景もあり、野生動物のなかでも特にシカが餌不足からトチノミを食べ始めたと考えられているようであった。

### 17.4.3　野生動物によるトチノミの採食

　このような住民の話から、実際に野生動物がトチノミを食べているのかどうか、また、食べているのであればそれがどのような動物種であるのかを明らかにするため、調査を行った。2012年から2015年にかけて、トチノミが落ちる秋を中心に、トチノキの樹冠下に赤外線自動撮影カメラ（以下、カメラ）を設置し、動物を観察した。詳しい調査方法は後の「調査方法」の節で述べるが、このカメラは、動物がカメラの前を横切るとセンサーが反応し動画や静止画を自動的に撮影できる。そのため、映像がうまく撮れれば、動物の種類やその行動、訪問頻度や滞在時間などを把握することが可能である。なお、以下では、2015年の結果に絞って結果を紹介する。

　2015年の8月〜12月にかけて、トチノキの樹冠下に設置したカメラには11種の哺乳類と数種の鳥類が撮影された。撮影された哺乳類は、シカ、野ネズミ、タヌキ、イノシシ、テン、ウサギ、ニホンザル、コウモリ、ハクビシン、ニホンリス、キツネであった（**表17-2、写真17-6**）。なお、野ネズミは撮影された画像からは具体的な種が不明な場合が多かったため、総称としてこの名称を使用している。滋賀県内の野ネズミの分布から推察すると、アカネズミとヒメネズミが多いのではないかと考えられる。

　これらの動物の撮影頻度を、カメラが稼働した日を"カメラ日"とし、（各動物種の動画撮影数／カメラ日）×100カメラ日という計算式から、RAI（Relative abundance index）という指標を用いて**表17-2**に示した。この数値が大きいほど、撮影頻度が高いことを意味している。その結果をみると、シカが49.8と最も高く、次いで野ネズミ（11.6）、タヌキ（2.3）の順であった。なお、他年の結果においても、シカと野ネズミが上位2位を占めていた。

　トチノキの樹冠下を訪れた動物たちは何をしていたのだろうか？　撮影された動画から動物の行動を分析すると、トチノミを採食あるいは持ち去ったのはシカと野ネズミであった。野ネズミは、トチノミを見つけると多くの場合、それを口に咥えてその場から持ち去った。中には、近場（カメラの撮影範囲内）の土中にトチノミを埋める姿もみられた。シカはトチノミを口に入れ、ナシカワを吐き出し、種子だけをかみ砕いて食べていた。時には、種皮（種子の周りの固い皮）を吐き出す様子もみられた。2015年の結果では、シカがトチノミを

表17-2 月・動物種別撮影頻度指数

| 月 | カメラ日 | ニホンジカ | 野ネズミ | タヌキ | イノシシ | テン | 鳥類[2] |
|---|---|---|---|---|---|---|---|
| 2015年8月 | 210 | 38.1 | 6.2 | 1.0 | 0.0 | 1.0 | 0.5 |
| 2015年9月 | 301 | 115.3 | 18.9 | 3.0 | 3.0 | 1.0 | 1.0 |
| 2015年10月 | 257 | 46.3 | 14.0 | 2.7 | 0.0 | 0.4 | 0.4 |
| 2015年11月 | 360 | 18.1 | 8.6 | 2.5 | 0.0 | 0.6 | 0.0 |
| 2015年12月 | 120 | 8.3 | 6.7 | 1.7 | 2.5 | 0.0 | 0.0 |
| 計 | 1248 | 49.8 | 11.6 | 2.3 | 1.0 | 0.6 | 0.4 |

| 月 | ウサギ | ニホンザル | コウモリ | ハクビシン | ニホンリス | キツネ | 不明 |
|---|---|---|---|---|---|---|---|
| 2015年8月 | 0.5 | 0.0 | 1.0 | 0.5 | 0.0 | 0.0 | 1.4 |
| 2015年9月 | 0.7 | 0.0 | 0.3 | 0.3 | 0.0 | 0.0 | 1.3 |
| 2015年10月 | 0.4 | 0.0 | 0.0 | 0.8 | 0.0 | 0.0 | 1.9 |
| 2015年11月 | 0.0 | 0.0 | 0.0 | 0.0 | 0.3 | 0.3 | 1.1 |
| 2015年12月 | 0.0 | 1.7 | 0.0 | 0.8 | 0.0 | 0.0 | 0.0 |
| 計 | 0.3 | 0.2 | 0.2 | 0.4 | 0.1 | 0.1 | 1.3 |

注1) Relative abundance index：RAI =（各種撮影枚数／カメラ日）× 100 カメラ日。
注2) 複数種を含む。

写真17-6 自動撮影カメラに映った野生動物
A) イノシシ（ウリ坊）、
B) ニホンジカ、
C) ニホンザル

採食していた動画が173動画、野ネズミがトチノミを持ち去った動画が13動画、撮影された。野ネズミは小さく素早いため、カメラで捉えられないことがあり、シカとの頻度を直接比較することはできない。だが、2015年の結果からは、トチノミの多くがシカによって採食されている可能性が推測された。ただし、他年の結果では、シカによる採食があまり撮影されない年もあったため、年による傾向の違いもある。

　これまでの研究によると、トチノミはサポニンやタンニンなどの渋み・苦味成分が含まれるため（Shimada 2001）、その種子を採食する動物種は限られることが知られている。主な捕食者としては、ネズミ（主にアカネズミ）が挙げられ（Hoshizaki *et al.* 1999）、一部の地域ではツキノワグマによる採食も報告されている（小池 2008）。しかし、シカによるトチノミの採食はこれまでほとんど報告されていない。昔はトチノミを十分に拾うことができたという、住民の話からもシカがトチノミを採食するようになったのは、比較的最近のことなのかもしれない。他地域のシカに関する調査では、シカが餌不足になるとそれまで食べなかった植物も利用することが示されている。したがって、朽木のシカは個体数の増加や農地へのアクセスが制限されたことで、これまであまり利用しなかったトチノミを利用し始めたことが考えられる。

## 17.5　おわりに

　これまで見てきたように、朽木において野生動物の影響が日常的に様々な場面でみられ、その被害が極めて深刻であるということは、大多数の住民の共通認識である。このような問題は、地域ごとに特有の状況はあるにしても、朽木だけに特化した問題ではなく、日本の多くの地域で生じている深刻な課題である。最近では、都市部においても野生動物の出現が度々報じられるが、やはり被害は野生動物の生息地に近い農山村に集中している。そのため、都市部の住民のなかには、その被害を過少評価するなど、あまり実感がわかない人も多いようである。野生動物が身近にいる地域に暮らす人と、そうでない人との間で、野生動物やその被害に対する認識に大きなギャップがあると感じることが多々見受けられる。

また、動物愛護団体や動物に対して深い愛情をもつ人の中には、国や行政の対策を非難したり、ときには住民の対応をも批判したりする人もいる。野生動物といかに共存し、より良い関係を築いていくのかについては、多面的に考えていく必要があるが、調査を通じて現在進行形で日常的に生じている問題に目を向ける必要があるということを強く感じた。特に、高齢化や過疎化など、農山村で進行する別の社会問題と強く相関することで、被害の生じ方がさらに深刻になっている。

　本文でも紹介したように、野生動物の被害を防ぐために、国や県、市町などの自治体、NPOなどの各種団体、地域コミュニティ、そして各世帯の個々人が、様々な対策、対応をしている。しかしながら、野生動物の被害が決定的に減少しているわけではなく、さらなる取り組みが必要な状況にある。

　野生動物への被害対策について、新たな問題や課題も生じている。聞き取りにおいても発言があったように、防護柵を設置する際、大部分の費用は補助金によって支払われるが、集落の住民による負担金も発生する。その額は、少なくない金額である。集落全体に防護柵を張り巡らせる場合、費用負担に関する合意が前提となるが、地域によっては話し合いがこじれることもあるという。こうした新たな課題についても、目を向ける必要がある。

　また、狩猟・捕獲従事者の減少、高齢化が全国的な懸念材料である。滋賀県では、狩猟免許所持者のうち、60歳以上の所持者が1994年時点では約30％であったが、2014年には57％となるなど、高齢化が進んでいる。また、1975年に約6000件あった狩猟者登録証交付数は、2004年頃から2000件を下回るようになっている。そのため、狩猟免許試験を休日に実施する、更新手続きを簡素化するなど、狩猟者の増加に向けた取り組みも進められている。

　朽木を含めた滋賀県の山間に広がる森林は、近畿圏の水源の一部であり、野生動物による被害は都市に暮らす人にとっても決して無関係なことではない。これほどまでに深刻化し、日本が抱える社会問題の一つとなってしまった獣害に対して、当該のコミュニティや自治体だけで対応するのは現実的に難しく、地域を越えた連携や情報のネットワーク、様々な形での支援が不可欠である。都市の住民も含め、現在、農山村で生じている実態をきちんと把握し、対応の輪を広げて全国的な取り組みを進めていくことが必要であろう。

第 17 章　獣害問題の深刻化　　253

## 調査手法 ✐

　本章で報告した、野生動物による獣害に関する調査では、(1)野生動物被害の全国的な動向や滋賀県の取り組み、(2)朽木の人々の獣害に対する認識の把握、(3)トチノミを採食する野生動物の情報、という主に3つの内容を把握する必要があった。

　(1)全国の鳥獣害被害の状況や被害防止のための法整備などの情報は、農林水産省の農村振興局農村環境課鳥獣対策室がウェブページで公開している。公開情報のなかには、数か年にわたる全国の野生鳥獣による農作物の被害状況や動物種ごとの被害防止マニュアル、いくつかの地域における鳥獣被害防止の取り組みの紹介、ジビエ料理コンテストの情報など、多岐の項目が含まれている(2018年時点)。これらの情報から、地域ごとの鳥獣害の特徴などを読み取ることができる。

　また、このような情報は、地方自治体の鳥獣対策室などでも地域ごとに発信しているのが一般的である。滋賀県においても、滋賀県のウェブページ上で滋賀県内における動物種ごとの被害状況や管理計画などを公表している。

　(2)朽木の人々の獣害に対する認識は、各家庭を訪問し、個別に聞き取りをすることによって把握した。田畑を持っている大多数の人達は、何らかの被害を受けており、またシカやイノシシなどを目撃することも日常的にある。そのためか、獣害に関しては、個別の経験を熱心に語ってくれる場合が多かった。また、獣害対策については、費用負担の問題などから集落内で深刻な議論になる地域もあり、そのような内容については話しにくい雰囲気を感じることもあった。年長者の方々は、野生動物とのかかわりについて長期的な変化を実体験として認識していることが多く、過去からの変化に関して貴重な情報を話してくれることもあった。

　(3)トチノミを採食する野生動物については、赤外線自動撮影カメラ(トロフィーカムBushnell社)を設置し(**写真17-6**)、映像を分析することで把握した。2014年と2015年に、集落近くのトチノキの樹冠下に複数のカメラを設置した。なお、カメラの設置の際には、山林の持ち主の許可をいただいた。カメラは前方50°、約15 m(45 feet)の範囲が撮影可能であり、カメラの前を動物が通過した際、一秒インターバルで一分間の動画を自動的に撮影する設定とした。撮影した動画は、「動物」「被写体無」「ファイル破損」に分類し、「動物」から動物

種を判別した。動物の個体識別はしていない。一動画中に同種の複数個体が撮影されている場合は一イベント、異種の場合はそれぞれの種で一イベントとし、動物種ごとにイベント数をカウントした。撮影間隔が10分以内の同種は同一イベントとした。次に上記の「動物」からトチノキの実生やトチノミにアクセスした動物種の動画を抽出し、その行動を分析した。

(注1) 滋賀県では、2001年以降の被害動物種ごとの被害面積・被害金額等の情報を公開しているが、2009年度以降に調査方法を変更したため、被害情報が大幅に増加した。そのため、ここでは2009年度以降の情報のみ提示した。

(注2) ニホンザルは、滋賀県ニホンザル特定鳥獣保護管理計画(第3次、2012年発行)、ニホンジカは滋賀県ニホンジカ第二種特定鳥獣管理計画(第3次、2017年発行)、イノシシは滋賀県イノシシ特定鳥獣保護管理計画(2012年発行)を参照した。

## 【引用文献】

朽木村史編さん委員会編(2010)『朽木村史』、滋賀県高島市。

小池伸介・正木 隆(2008)「本州以南の食肉目3種による木本果実利用の文献調査-Frugivory of Carnivora in Central and Southern Parts of Japan Analyzed by Literature Search」、日林誌 90：26-35。

滋賀県鳥獣対策室：http://www.pref.shiga.lg.jp/d/rimmu/cyoujyuu/ (2019年2月3日閲覧)

滋賀県農業経営課(2016)：「滋賀県における主な野生獣による農作物被害状況」：http://www.pref.shiga.lg.jp/g/nosan/joukyou.html (2019年2月3日閲覧)

祖田 修(2016)『鳥獣害——動物たちと、どう向き合うか』、岩波新書。

農林水産省鳥獣被害対策：http://www.maff.go.jp/j/seisan/tyozyu/higai/index.html#higai (2019年2月3日閲覧)

湯本貴和・松田裕之編(2006)『世界遺産をシカが喰う——シカと森の生態学』、文一総合出版。

依光良三編(2011)『シカと日本の森林』、築地書館。

Hoshizaki, K., Suzuki, W. and Nakashizuka, T.(1999) Evaluation of secondary dispersal in a large-seeded tree *Aesculus turbinata*: a test of directed dispersal. *Plant Ecology* 144：167-176.

Shimada, T.(2001) Nutrient compositions of acorns, and horse chestnuts in relation to seed-hoarding. *Ecological Research* 16：803-808.

# 第18章　山林植生の変遷

## 興味深い朽木の着眼点

**写真18-1　朽木の植林地**(2016年筆者撮影)

　朽木は、京都から車で1時間程度と都市部から訪れやすい地域である。そのため、京都・大阪方面から気軽に行ける「田舎」や「山里」として、それらの景観を楽しむために訪れる人もみられる。特に北川上流部や針畑川沿いの地域は、「山深い」と表現されることが多く、安曇川沿いの市場地区などとは違った景観とみなされている。ある地域が「山深い」と称されるのには、起伏に富んだ地形だけでなく、山が森林に覆われていることも関係している。実際に朽木の森林率は90％以上であり、森林に覆われているという印象を受けることは確かである。しかし、これらの山林は昔からずっと同じような景観であったのだろうか？　そもそも、現在の朽木の植生景観はどのように形成されたのか？

## 18.1 はじめに

日本は、1億2千万人が暮らしているにも関わらず、国土の7割近くが森林に覆われている「森の国」である。そのため人と森林の関係については、これまでさまざまな研究で扱われてきた(例えばコンラッド 1998)。これらの研究は、日本の森林が、人々の生活の仕方や社会のあり方などを反映して大きく変化してきたことを示してきた(例えば小椋 2012)。

都が長い間置かれてきた京都からほど近い朽木の植生も例外ではない。それでは、朽木の植生はいかに変化し、私たちが現在みることができる風景はどのように形成されてきたのだろうか。

本章では、はじめに朽木の現在の植生について解説する。次に、植生景観がどのように変化してきたかを示すとともに、その要因と深く関わる山村の変容について説明する。

## 18.2 植生景観の変遷

**写真 18-1** は、朽木でよくみかける山林を撮影した写真である。この景観からは、同一の樹種がほぼ等間隔で植えられており、さらに樹高なども揃っている規則的な森林であることが読み取れる。こうした樹木は人によって植栽されたスギやヒノキのような常緑針葉樹である。これらの森林は、人が木を植えることによって成立した植生であり、一般に人工林や植林地と呼ばれている。

現在では、日本における森林面積のおよそ4割が人工林に区分されている。朽木における植林地の分布を示したのが**図 18-1** である。朽木においてもスギやヒノキの植林地である人工林が地域全体の約30％を占め、現在の景観の主要な構成要素になっている。

次に、**写真 18-2** のような森林も朽木には広い面積で存在している。冬には葉を落とす落葉広葉樹を中心とするこれらの森林は、植林地と比べると木々の分布が不均一であり、樹種も多様である。そのため、一見すると人の手が入っていない森林のように思える。しかし、これらの森林の多くは、人が森林を利

第 18 章　山林植生の変遷

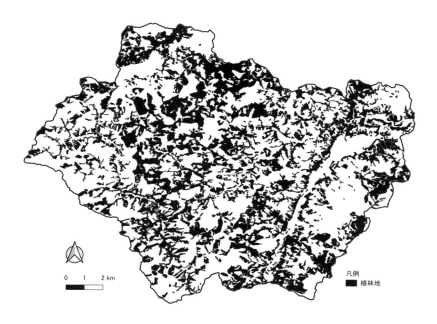

**図 18-1　朽木における植林地の分布**
出所：環境省生物多様性センター発行の 1/25,000 植生図 GIS データ（2004 年）を利用して作成。

用することによって成立した「（落葉広葉樹）二次林」と呼ばれる植生である。後述するように、人々は森林を長い間、さまざまな形で利用し続けてきた。その結果、人の手が入らない状態で成立する森林（自然林）とは生育している種や密度等が異なる森林である二次林が形

**写真 18-2　朽木の二次林**（2015 年筆者撮影）

成されてきた。二次林は、「里山」と称されることも多く、生物多様性の観点からも重要な植生であるといわれている（武内ほか編 2001）。

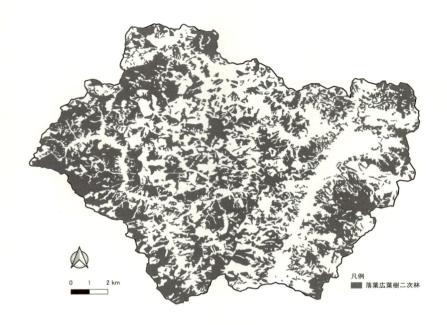

**図18-2 朽木における二次林の分布**
出所:環境省生物多様性センター発行の1/25,000植生図GISデータ(2004年)を利用して作成。

　図18-2は朽木における二次林の分布を示したものである。植林地(図18-1)が分布していない山林のほとんどを二次林が占めている。そのため、朽木の森林植生の大部分は、植林地と二次林から構成されているといえる。
　なお、他の植生としては、比較的人為の影響が少ないブナを中心とするような落葉広葉樹林や常緑広葉樹林などが存在している。朽木は日本海側の植生(落葉広葉樹林)と太平洋側の植生(常緑広葉樹林)の境界付近であるため、多様な植生がみられるが、人為の影響が少ない自然林の分布は標高が高い一部地域に限られている(滋賀自然と文化研究会編1969、本書2章参照)。
　それでは、現在のような植生へと変化してきたのはいつごろなのであろうか。図18-3は、1895年(明治28)と1972年(昭和47)、2007年(平成19)の陸地測量部および国土地理院発行の地形図を並べたものである。図からは、同一の地域において植生が荒地から針葉樹林もしくは広葉樹林へと変化している様子が読

第18章　山林植生の変遷

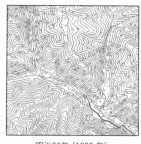

明治28年（1895年）　　　　　昭和47（1972年）　　　　　平成19年（2007年）

**図18-3　同一地域における地形図の時系列変化**
ほぼ同範囲の明治28年（1895年）陸地測量部発行二万分の一地形図（雲洞谷）、昭和47年（1972年）国土地理院発行二万五千分の一地形図（古屋）、平成19年（2007年）国土地理院発行二万五千分の一地形図（古屋）を使用。明治時代の地図記号の凡例は省略しているが、荒地、樹林、乾田などが表記されている。

み取れる。樹林へと変化した時期は、明治28年以降から昭和40年代の間ということになる。

さらに、明治期に水田だった場所は、1972年（昭和47）には荒地となり（放棄）、それ以降に針葉樹林となっているところも存在する。上記でみられたような植生の変化の他にも、近年、広葉樹林から針葉樹林に変化している場所なども存在しており、これらは地形図を見比べてみると広範で観察できる現象である。

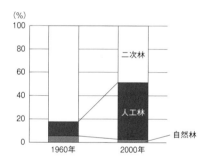

**図18-4　農業センサスにおける人工林・自然林・広葉樹林の割合の40年間の変化**

また、実際の林地利用の変化を示す農業センサスによると、1960年には針葉樹人工林の面積は1,800 ha、自然林は800 ha、広葉樹林（ほとんどが二次林）は11,900 haであったのに対して、2000年には針葉樹人工林の面積が7,300 ha、自然林が400 ha、広葉樹林が7,300 haと推移し、人工林の面積が大幅に増加していた（**図18-4**）。すなわち、ここ50年ほどは針葉樹が急激に増加して広葉樹が減少してきたのである。

## 18.3 山林利用の歴史

### 18.3.1 昭和30年頃まで

上記のような植生景観の変化は、どのような要因によって生じてきたのであろうか。朽木のような、人里と山林が近接している地域における植生景観の変化は、そこに暮らす人びとによる山林利用と深く関わっている。そこで、植生景観の変化をみていく上で重要な山林利用の歴史を概観する。

朽木は、古くから山林利用がなされてきたことが過去の文献に残されており、材木を切り出す山の意味を持つ「杣」と呼ばれてきた(本書3章参照)。朽木の木材は、安曇川水系の水運を用いて運ばれた。これらは、まず安曇川河口の舟木まで運ばれ、その後は琵琶湖・宇治川を経由して都に運ばれた。

また、鎌倉時代から明治維新までの朽木氏の統治時代には、木材以外の山林関係の生業も多かったことが記録されている。具体的には、燃料として利用するための薪炭材の生産、轆轤を使った木地生産などが生業として営まれていた。特に木炭の生産は朽木では主要な生業となっており、木炭は江戸時代の朽木を代表する産物であった(朽木村史編さん委員会編2010；本書7章参照)。

これらの生業によって、山林の木々は数多く伐採されてきた。木材や木地としての利用の場合には、しばしば巨木が伐採されてきたと思われる。巨木の場合には一旦伐採されてしまうと同じサイズになるためには数百年が必要であるため、徐々に巨木の個体は減少していったと考えられる。これらの動きに対し、朽木氏はトチノキやカツラといった樹木の乱伐を防止するため、それらを「御用木」として保護してきた(原田1979)。

一方、木炭としての利用の場合には、数十年といった一定期間が経過すれば再び伐採が可能となるため、伐採後一定期間を経て再び利用がなされてきたことが推察される。そして、朽木の主要な生業であった木炭の生産が拡大するに伴い、二次林が広い面積を占めるようになっていったと考えられる。

その他の生業における山林の利用としては、水田の肥料となるコナラなどの樹木の新芽(ホトラ：刈敷)の採集を目的としたホトラ刈りが行われてきたことが挙げられる(本書6章参照)。集落に近い山林はホトラヤマとよばれ、毎年刈

第18章　山林植生の変遷　　　*261*

敷が刈られた。そのため、樹木は灌木状に維持され、草本が優占する草地のような景観が広がっていた（向田 2000）。

　明治期頃からはスギの植林が始まり、近畿圏の鉄道建設などにより木材の需要が増加し、産出量も増加した（橋本編 1974）。しかし、この時期の林産物の中心はまだ木炭であり、主に京津地方に販売されていた。木炭の需要は人口の増加とともに高まったため、当時は多くの村民が製炭に従事した（朽木村史編さん委員会編 2010；本書8章参照）。

## 18.3.2　昭和30年以降の変化

　1950年代以降になると、朽木地域の産業および社会的状況は大きく変化してきた。それにともない、18.2で示したように、二次林が減少し、植林地が増加するという植生景観の変化が生じてきたのである。

　まず、二次林の減少の背景には、薪炭材利用の減少、チップ・パルプ材の伐採、ホトラ利用の衰退がある。日本では、1950年代頃から石油や石炭が本格的に燃料として普及し始めた。それにともなってガスや電気が都市域で整備され始め、木炭の利用は極端に減少した。これらの現象は「燃料革命」とよばれる。その結果、木炭の需要が大きく落ち込み、朽木においても製炭業の従事者は大きく減少していった。

　また戦後の経済発展にともなう紙や段ボール原紙の生産量の増加から、パルプ用材の需要が高まった。パルプ材の伐採の際には皆伐が行われ、ほぼすべての木が搬出されたため、二次林の広範な伐採が進行していった。

　さらに、手間がかかるホトラの利用も、化学肥料の普及などにともなって減少した。かつては里山で刈敷や燃料の採取に使われていた草地（朽木の場合はホトラ山も含む）が50年代以降急速に減少し、森林が増加することが全国各地で報告されているが（小林・宗 2009）、朽木の場合も同様にホトラ山が消失したのである。また、山間部にある水田自体も、減反政策や農業従事者の都市部への移住などで減少していった。

　そして、広葉樹が伐採された二次林の跡地やホトラ跡地、水田の放棄地などには、植林が進められたのである。当時は、スギやヒノキが高値で取引されていたため、これら針葉樹の植林は盛んに行われた。さらに、1965年に滋賀県

造林公社、1974年にびわ湖造林公社が設立されると、より一層針葉樹の植林が進んだ（朽木村史編さん委員会編 2010；北尾・肱黒 1979）。造林公社とは、特に山間部に大規模な造林を実施することを目的として設立された法人である。造林公社は、土地所有者から土地を無償で提供してもらう代わりに、植林やその後の様々な管理を担う。その後成長木を伐採して得た収益を、土地所有者と公社が分け合う形（分収造林）で事業を展開してきた。朽木においてもおよそ3割の植林地が公社によって管理されてきた（北尾・肱黒 1979）。

しかし、このように針葉樹の植林が急速に進められたにも関わらず、針葉樹の需要は減少した。その理由は、1964年に木材価格の高騰を受けて木材輸入が完全に自由化されたためである。これにより、安価な外材が流入し、国内の木材価格は低迷し、朽木でも林業からの収入が大幅に減少した。聞き取りによると、1970年代からスギ材の売れ行きが落ち込んでしまったという。そのため、針葉樹を植えたにも関わらず、その材は十分な価値を持たず、場合によっては管理が十分に行き届かない（管理してもそれに見合う収入が得られない）という状況に陥ったのである。これにともなって、朽木の森林は針葉樹が多い現在の景観が形成されることとなった。

住民にとって重要な生業である農林業の衰退を背景として、林業従事者は減少し、朽木の森林は利用されない状況（アンダーユース）に置かれるようになった。実際に、1960年と2000年の私有林面積の内訳をみると、在村地主の面積が12,800 haから7,100 haへと減少している一方で、不在村地主によるものが900 haから2,800 haと増加している。これらからは、林地の所有者が朽木から他地域に流出したことが読み取れる。

地域に残った人々も森林とは関わりのない仕事に従事することが多くなり、地域住民の生活は山と関わりのないものへと移り変わっていった。このような暮らしの変化は、人々の山離れとして顕在化しているのである。

## 18.4　近年の変化

森林が住民の暮らしと乖離してきたことを背景として、近年では、朽木の森林景観に新たな変化が生じている。それは、野生動物の急増とトチノキの巨木

第 18 章　山林植生の変遷

の伐採にともなう植生変化である。

　野生動物による植生への影響は「獣害」と呼ばれている(湯本・松田編 2006)。湯本らの報告によれば、二次林においても、自然林においても、森林植生はその大部分が獣害の影響を受けて変化している(前掲書)。

　実際に、朽木においても獣害による植生の変化がみられる。**写真 18-3** は、森林の下層の植生がほとんど生育していない様子を示している。シカが食べない樹種のアセビやユズリハなどは残存しているが、それ以外の草本や樹木がほとんどみられない場所も多い。獣害の影響が少ない地域の**写真 18-4** と比較すると、その差は歴然である。下層の植生は、土壌侵食を予防する等様々な機能を持っているが、野生動物が下層植生を食べてしまうことにより、それらの機能は失われる。また、森林は絶えず世代交代を行っているが、将来高木・巨木となるような樹木の生育も獣害によって阻害されることによって、数十年後の植生景観にも大きな影響を与えると考えられる。

写真 18-3　朽木のトチノキ巨木林の下層植生の様子
(2015 年筆者撮影)　下層植生はほとんどみられない。

　また、近年朽木では、トチノキの巨木が伐採され、その後新聞記事に報道され、外部の人も交えながら保全運動が展開することとなった(詳しくは本書 16 章参照)。朽木では山林の大部分は民有林であり、巨木の所有者

写真 18-4　獣害が少ない石川県白山市白峰の下層植生の様子(2017 年筆者撮影)

は業者と自由に売買契約を結ぶことが可能である。現金稼得源としての山林の役割が低下し、山離れが加速する中で、少しでも収入の足しになればと巨木を安価に手放す人が増加し、それにともなって数十本の巨木が伐採された。近年の巨木の伐採は、林が皆伐されるわけではなく、ヘリコプターを使って巨木のみを抜き取るように持ち出される。そのため、人目にあまり触れることがなく、静かに進行している。トチノキの巨木が伐採されて裸地化した谷は、獣害も相まってこれまでとは異なる植生景観になってしまう可能性が高い。

## 18.5　まとめ

　近年、人為の影響を受けた植生である「里山」の重要性が様々なところで指摘されている（例えば武内ほか編 2001）。朽木の山林は、長い年月のなかで人と関わって成立した森林であり、まさに里山的な景観がひろがっている場所である。一方で、近年では山離れが進み、山に目を向ける人が少なくなっている。

　「山深い」と称され、その景観を求めて都市部から気軽に観光客が訪れることが可能な朽木において、これからの山林のあり方を考えることは、日本の森林を考えることにもつながるであろう。何よりも、いまだ朽木の大部分を占める森林について考えることは、朽木の将来を考えることにつながっていくはずである。

### 調査手法

　本章では、現在の植生の把握と過去の植生変化を示した。私たちは現存する植生しか直接みることができない。しかし、現在の植生を詳しくみることによって、ある程度過去の状態を推定することができる。例えば樹木の構成（種組成や樹高別の生育数など）を調べることで、その森がどのような撹乱を受けて成立したのか、もしくは人の管理がどの程度なされてきたのかといったことを大まかに推定することができる。同時に、樹高や幹の太さ（胸高直径で代表される）、年輪などからは、その森林がいつ頃に成立したのかということを読み取ることができる。また、人の利用との関わりで言えば、森林の周辺に人が活動した痕跡、例えば炭焼き窯の跡（**写真 18-5**）が残っているかどうかで判断することも可能だろう。

さらに近年では、環境省生物多様性センターが提供する既存の植生図をウェブ上で閲覧することが可能となっている。これらの情報はGIS（地理情報システム）上で利用できることから、GISを用いて当該地域の植生の特徴を自ら解析したり図化したりすることも可能となっている（**図18-1**や**18-2**）。

**写真18-5　炭焼き窯の跡**（2012年筆者撮影）

次に、植生が変わってきた時期を大まかに確認する方法として、**図18-3**にも示したような地形図を用いて土地利用を検討する方法がある。現在森林として描かれている地域の過去の地形図の地図記号を読み取ることによって、そこが以前は針葉樹だったのか、広葉樹だったのか、もしくは他の土地利用だったのかといったことを明らかにすることができる。

こうした方法は、地形図だけでなく撮影時期が異なる空中写真を比較することによっても可能である。空中写真を用いれば、地形図の場合よりも具体的に分布の変化を明らかにすることができるであろう。こうして、複数時期の空中写真や地形図の変化を調べていくことによって、現在の植生だけではなく、いかに植生が移り変わってきたのかについて解明できる。

他にも、過去の植生変化を明らかにする方法として、古文書や過去の文献から、当時の人の森林利用を読み解くことが行われてきた。過去に絵図が描かれた地域であれば、それらの資料からも植生を復元することも可能である（小椋2012）。

近年の変化である獣害はどのような調査から捉えることができるであろうか。空中写真や植生図などで植生の変化が捉えられる場合もあるが、植物の種が変化していく場合や空中写真には写りにくい森林の下層の植生の変化はなかなかとらえることが難しい。こうした変化を捉えるためには、実際の植生を調査して野生動物が食べない樹木がどれくらい残存しているのかを明ら

かにしたり、かつて写真が撮影された場所でどのように変化しているかを明らかにするために二時期以上の写真を撮影する方法（反復写真）が考えられる。

## 【引用文献】

小椋純一（2012）『森と草原の歴史――日本の植生景観はどのように移り変わってきたのか』、古今書院。

北尾邦伸・肱黒直次（1979）「滋賀県朽木村における公社造林の展開」、京都大学農学部演習林報告 51：119-137。

朽木村史編さん委員会編（2010）『朽木村史』、滋賀県高島市。

小林 茂・宗 健郎（2009）「環境史からみた日本の森林――森林言説を検証する」、池谷和信編『地球環境史からの問い』、岩波書店、154-173頁。

コンラッド タットマン（1998）『日本人はどのように森をつくってきたのか』、築地書館。

滋賀自然と文化研究会編（1969）『朽木谷学術調査報告書』、滋賀県。

武内和彦・鷲谷いづみ・恒川篤史編（2001）『里山の環境学』、東京大学出版会。

橋本鉄男編（1974）『朽木村志』、朽木村教育委員会。

原田敏丸（1979）「近江朽木谷の山割について」、徳川林政史研究所研究紀要昭和53年度：82-95。

向田明弘（2000）「里山の生活史――近江朽木谷のホトラヤマ」、八木 透編『フィールドから学ぶ民俗学――関西の地域と伝承』、昭和堂、53-74頁。

湯本貴和・松田裕之編（2006）『世界遺産をシカが喰う』、文一総合出版。

# 第19章　朝市と地域資源の活用

🔍 **興味深い朽木の着眼点**

写真19-1　朽木新本陣で開催されている朝市（2011年11月20日撮影）

　ある地域の産業や食文化などを知りたいとき、まずはその地域の市場を訪れるとよいだろう。地域の市場には、その地域を代表する農産物や加工品、季節の特産品などが並べられている。朽木の中心地に位置する道の駅「朽木新本陣」では、毎週日曜日に朝市が開催されている。朝市に商品を出品する出店者は、前日や早朝から準備を行う。朝市の当日、朽木周辺や京都などの都市部から、新鮮な野菜や山村独自の加工品を目当てに多くの人々が集まってくる（**写真19-1**）。朝市では、農作物や加工品、山の幸など、多様な商品が販売されているが、朝市の開催は地域資源の活用に結び付いているのであろうか？　また、朽木では、このような朝市が約30年に渡って続けられているが、その原動力は何なのであろうか？

## 19.1　はじめに

　普段は静かな山間の朽木は、週末になると多くの観光客で賑わいをみせる。温泉を併設するレジャー施設「てんくう」やバーベキューができる川原のキャンプ場などとともに、観光客の目当ての一つが、毎週日曜日に開催される朝市である。京都、福井、滋賀の県境に位置する朽木は、古来様々な物資が行き交う交流の道が発達してきた(本書4章参照)。そのような地の利もあり、朽木の中心部に位置する市場には、滋賀県内はもちろん、京都や福井、大阪などから多くの人々が訪れる。京都と福井を結ぶ国道367号、通称"鯖街道"の途中にある朽木には、道の駅「朽木新本陣」が設けられ、ここが朝市の舞台となっている。琵琶湖岸の安曇川町にも朽木の市場から県道23号線が伸び、市場から安曇川町は約12km、京都約40km、福井県小浜約30kmの距離である。

　日本の山村では、高度経済成長期から続く人口減少や高齢化の進行、産業構造の変化などにともない、森林資源の利用が衰退し、人々と山林との関係が著しく変化してきた。高度経済成長期以降の山村における課題をまとめた大野は、構造的な地域間格差のなかで進行する山村の限界集落化にともない、地域資源の管理能力が低下し、山の人間と自然が相互規定的に貧困化していることを指摘した(大野 2005)。他方、過疎山村では、高度経済成長期前半から「むらおこし」に取り組む組織や自治体が増加している(西野 1993、2008)。1960〜70年代を中心に、地域のなかで自主的に特産品を開発する動きがみられ、稲作農業から畑作農業への転換に成功した大分県大山町農業共同組合の事例(矢幡 1988)や「むらおこし」の機運を高めた大分県の1村1品運動(平松 1992)、京都府旧美山町におけるナメコ栽培(西野 2013a)など、内発的に取り組まれる「むらおこし」が進められた。他方、1984年から、地域小規模企業活性化推進事業(むらおこし事業)が推進されると、補助金交付を契機とした内発性を欠いた「むらおこし」も進められるようになった(西野 1993)。

　農山村で進められる「むらおこし」のなかで、木材や山菜、木の実やきのこなど、山林の動植物資源やその加工品が商品化され、山林資源を再活用する動きも広まっている。このような取り組みは、生産物の販売という側面のみなら

ず、レクリエーションや観光とも結びつき、農村空間を商品化する動きとして位置付けられてきた(田林 2013)。西野は、1960 年代から 80 年代の前半にみられた農村空間の商品化のアプローチについて、(1)地域の天然資源を活用した商品化、(2)スキー観光の開発にみられるような、地域の自然を活用した商品化、(3)合掌づくり民家の観光資源化などにみられる、地域の歴史性、文化性を活用した商品化、として事例を分類している(西野 2013b)。(1)に分類された、地域の天然資源を活用した商品化については、京都府旧美山町のナメコ販売の事例のような地域の山林などに自生する天然資源を採集によって入手する形態、岩手県久慈市のヤマブドウの商品化にみられるような、植物などを畑で栽培化して入手する形態(平尾 2011)に加え、昔から採集や栽培をしていなかった新しい資源を農村に導入して栽培管理を行い、特産品を開発する形態もみられる。農村資源を活用した日帰り型のツーリズムが展開するなかで、こうした商品は道の駅や朝市などの観光拠点で販売される傾向がみられる。

本章では、朽木で 1980 年代から開催されるようになった朝市に注目し、朝市に出品される商品や出店者の動向から朽木を眺めてみたい。朝市がどのような経緯で始められるようになり、人々はいかなる商品を販売しているのか? また、朝市は、地域資源の活用に結び付いているのであろうか? 朽木の朝市は、開始から約 30 年が経過した。このような長期にわたって朝市が続けられている原動力についても考えてみたい。

## 19.2 朝市の始まり

朽木の朝市は、いつ頃、どのような経緯で始まったのだろうか? 朝市が朽木で始まった背景には、全国の中山間地域と同様に、過疎化の進行やむらおこしの取り組みなどが関係している。

朽木の人口は、1960 年頃まで 4,000〜5,000 人であり、1948 年(昭和 23 年)に明治以降の最高人口 5,120 人を記録して以降、減少に転じている。1965 年から 1975 年の 10 年間に約 1,000 人、その後 2015 年までにさらに約 1,300 人減少した。一方で、世帯数は 20 世紀前半から 2015 年まで 700〜1,000 世帯を推移しており、一世帯当たりの構成員数が減少している傾向がみられる。2015 年現在、人口

1,837人(729世帯)、うち65歳以上人口は765人であり、高齢者率は41.6%である(国勢調査2015)。

　朽木の農家総数は2015年現在140であり、1960年の662農家から10年ごとにほぼ100農家ずつ減少している(朽木村勢要覧2000、農林業センサス2015)。専業農家数は1960年から2015年までほぼ横ばいで15〜44農家の範囲で推移している。第1種兼業農家数は1960年の363農家から急速に減少し、1975年には15農家、2015年には6農家となっている。他方、第2種兼業農家は1965年の282農家から1975年には453農家と増加したが、それ以降はゆるやかに減少し、2015年には96農家となっている。朽木の耕作地は河川流域の段丘上に分布し、水田稲作が主に営まれている。1950年には、イネの作付面積が350haで耕地全体の9割を占めていたが、農家の経営規模は小さく、1haまでの農家が9割以上を占めていた。また、主要な産業として林業が営まれている。特に薪炭生産は村の中心的な産業であり、1956年には炭12万3000俵を生産するなど、県下第二位の生産量であったが、燃料革命の影響を受け、その後衰退傾向にある(朽木村史編さん委員会編 2010)。

　朽木村(現高島市朽木)は、1967年に山村振興地域、1971年に過疎地域の指定を受け、過疎振興計画や総合発展計画を策定し、村の振興をはかった(朽木村史編さん委員会編 2010)。朽木村の地域振興策は、地元の自然を保全しつつ有効利用することを基本的な方針とした。その方針に則り、1983年に市場に近い柏集落の土地約350haを村が買い取り、1985年から国の補助事業を活用し、想い出の森整備事業として宿泊施設やレクリエーション施設の整備が進められてきた。1987年にはむらおこしの拠点となる施設「朽木新本陣」が朽木の中心地である市場に開設され、1988年に朽木村観光協会が毎週日曜日・祝日に開催する日曜朝市を開始させた。1993年には朽木新本陣が道の駅として登録され、1995年に「くつき温泉てんくう」が開業し、京阪神などからの利用者が増加している。

　そうしたなか、1980年代前半に「むらおこし」のため自治体に補助金を申請し、特産品づくりの活動を開始するというアイデアが持ち上がった。活動の呼びかけを行ったのは、当時観光協会に勤めていた男性(S氏)であった。朝市開始の際、朽木観光協会が作成した村民に向けた呼びかけのチラシには、朝市の

第19章　朝市と地域資源の活用

## ！くつき本陣日曜朝市をはじめます。！

朽木新本陣では毎月第1・3日曜日に朝市をひらいて、朽木の特産品などを販売することになりました。

★ ふるさと朽木の野山にある自然食物、畑作物、田舎風味のある漬物など加工品といった限りない資源がありながら、無駄にされているものが大変多いようです。これらの、品物を本陣朝市場で村内の人は勿論、村へ訪れる人にも提供するなど村にある資源を有効に利用するものです。

★ 朝市の開催要領
① 毎月第1・3日曜日の午前9時から12時まで　（冬期間は休みとします）
② 場所は、朽木村大字市場　朽木新本陣の駐車場前　（雨天の場合は中庭廻廊で）
③ 初回朝市は来る5月15日（日）です。（この日は、朽木森林浴フェスティバルの日で、大勢のお客さんを迎えます）

☆ 出品・販売して下さる方へ　―お願い―
1. 村内の個人・団体なら、どなたでも結構です。ふるって出品して下さい。
2. 出品しょうとする品物に右裏のようなものがあります。早い目に準備をして毎回出品して下さい。
　・出品量の大小に関係ありません。
　・同じ出物を2人以上の人が出品された場合は出品者で売値の調整をして下さい。
　・出品者は輸送、販売など各自でして下さい。
　・現場に簡単な陳列板を準備しています。
　・売値単価は市価より安く協力して下さい。

●取り扱い可能な品物に次のようなものが挙げられる
【野菜類】
白菜　大根　カブラ　カンラン　豆類　パセリ　トマト　ナス　瓜類　芋類　人参　しょうが　ねぎ　等
漬物にしたもの　乾燥したもの・味噌など加工品
【果物類】
柿　栗　かりん　くるみ　梅　ぎんなん　等
乾燥したもの　干柿　梅干など加工したもの
【山菜類】
ゼンマイ　ワラビ　みょうが　せり　ふきのとう　うど　山いも　わさび　竹の子　タラの芽　等　漬物　乾燥したもの　加工したもの（ふき、さんしょうは農協へ）
【菌類】
松茸　椎茸　なめ茸　しめじ　等
乾燥したもの・加工したもの
【魚類】
アユ　ウナギ　マス　アマゴ　イワナ　カニ　タニシ　等　及び佃煮入海藻類
乾燥したもの　加工（寿司、燻物）したもの
【その他】
銅器　菓子類　民芸特産品　盆栽　花弁　園芸　虫類　等
※注意　酒税法・薬事法にふれない品物であること。

☆ 朝市の品物を買って下さるお客様方へ　―お知らせ―
1. お客様のお越しと、お買い上げをお待ちしております。
2. お買い上げは現金にてお願いします。
3. お客様が希望される品物は、観光協会へお申しつけ下さい。
4. お知り合いの方にもお越し下さるよう、さそい合わせてお越し下さい。

朽木村観光協会

図19-1　朽木村観光協会による朝市への参加呼びかけのチラシ

目的として「ふるさと朽木の野山にある自然食物、畑作物、田舎風味のある漬物など加工品といった限りない資源がありながら、無駄にされているものが大変多いようです。これらの、品物を本陣朝市場で村内の人は勿論、村へ訪れる人にも提供するなど、村にある資源を有効に利用するものです。」と記載されている（図19-1）。この文言から、朝市は、朽木村の資源を活かし、村の活性化に結び付けることを意図して開催されたことが読み取れる。そのため、販売される商品としては、野菜などの農作物、山菜や果物などの山の幸、魚類などの川の幸、餅や菓子などの加工品などが想定されていた。

S氏によると、1988年5月15日に開催された第一回目の朝市は、各地からお客さんが訪れ、盛況に終わったという。ただし、開催初期の頃は、販売者の数もそれほど多くなく、商品の種類もそれほど多くはなかったという。特に、地元の食材や加工品であっても、「こんなものが売れるのか？」という思い込みがあり、商品として販売することに抵抗があったという。また、最初の頃は知名度も低く、細々と続けられていた。しかし、マスコミに取り上げられるようになると、訪れるお客さんの数も飛躍的に増加した。特に、1995年のNHKによる放送や1997年の雑誌「サライ」によるトチ餅の特集記事などの影響が大きかったという。春や秋などのピーク時には、大型バスが何台も訪れ、商品が「飛ぶように売れた」。その後、客の数は減ったというが、現在でも毎週日曜日になると、新鮮な農作物や山の幸などを求めて、多くの人々が朽木を訪れるようになっている。

## 19.3　朝市で販売される商品

朝市の運営は、開催当初は朽木村観光協会のもとで行なわれたが、1998年以降は「朽木新本陣日曜朝市組合」（以下、朝市組合）が主体となっている。朽木の住民であれば誰でも朝市での販売が可能であるが、住民が朝市で出店をするには、朝市組合に加入しなければならない。組合規約（平成23年度版）によると、組合員は「朽木地域内在住者で、朝市に出店する者を以て組織する」と定められ、「朽木地域の物産を販売すること」が目的として掲げられている。組合費は、正組合員が年間1000円、準組合員が年間500円と定められ、売り場面積はコ

ンパネ1枚分(タタミ一畳分に相当)が基準となり、朝市一回ごとに出品料(平成23年度は500円)が課される。

朝市には、どのような商品がどの程度、出品されているのだろうか? 朝市組合では、朝市に出品される商品の品目に関する情報を定まった書式(朝市出品表)を用いて出店者から集めていた。その情報のうち、出店者の個人情報に関する部分以外の記録をいただき、年度の違いを考慮するために2004年度と2009年度の2か年を対象に、出品された商品の情報を整理してみた。なお、開催された全朝市のうち、隔週分のみを対象とし(2004年度は24回、2009年度は26回)、出品された品目数と各商品の販売頻度を検討した。

2004年度と2009年度に開催された朝市における品目数をみると、2004年度には304品目、2009年度には272品目の商品が出品され、そのうち178品目は両年度に共通していた。出店数はそれぞれ、のべ606店、595店であり、一回あたりの平均出店数は各年度それぞれ25店、23店であった。なお、一つの店とは一組合員の出店のことであり、コンパネ一枚分のスペースを使用している。

主な商品は、野菜類や野菜加工品、加工魚介類、調理食品であった。本朝市を特徴づける商品を検討するため、両年度10回以上出品された商品をみてみよう(**表19−1**)。切り花などの花き類、野菜やコメなどの農産食品、野菜加工品や菓子類などの農産加工品、魚介類を加工した水産加工食品、その他調理食品、陶器や家具など、出品されていた商品は多岐にわたる。2004年度に最も多かった商品はサバ寿司であり、次いでなれ寿司、へしこ(サバの糠漬け)、焼サバ寿司、椎茸、赤飯、ヨモギ餅、白餅、巻寿司、トチ餅の順であり、2009年度はサバ寿司、へしこ、焼サバ寿司、巻寿司、トチ餅の順であった(**表19−1**)。

これを見ると、朽木の朝市では、"鯖街道"の名前にも関連するサバ寿司、サバのなれ寿司、へしこなどの鯖の加工品や同地域で古くから食されてきたトチモチやヨモギ餅などの餅類が出品の頻度としては多いことがわかる。また、コメや野菜、シイタケなどの農作物の販売頻度も高かった。なお、商品のうち、山林に自生する資源を原材料としているものは、クリやトチノミなどの果実類、ゼンマイ、ヨモギなどの山菜類、木工製品用の木材や竹などであった。

朝市の出品者は2004年度と2009年度の各年度において、それぞれ41名、

274                第Ⅲ部　現代の山村

## 表19-1　朽木朝市における主な出品物と出品回数

| 商品分類[1] | | | のべ出品回数 | |
| 中分類 | 小分類等 | 主な商品名 | 2004年度 | 2009年度 |
|---|---|---|---|---|
| 植物粗製品 | 花き　切花・切枝 | 花 | 29 | 37 |
| 農産食品 | 米穀　精米 | 米 | 31 | 52 |
| | 野菜　全般 | − | 26 | 41 |
| | 根菜類 | 大根 | 18 | 15 |
| | 葉茎菜類 | 白菜 | 11 | 12 |
| | | ふき | 17 | 13 |
| | | ネギ | 12 | 13 |
| | 果菜類 | なす | 27 | 20 |
| | | とまと | 17 | 12 |
| | 香辛野菜・つまもの類 | みょうが | 14 | 10 |
| | | トウガラシ | 24 | 16 |
| | きのこ類 | しいたけ | 69 | 69 |
| | 山菜類 | わらび等 | 11 | 16 |
| 農産加工品 | きのこ類加工品 | 干ししいたけ | 23 | 23 |
| | 野菜加工品　野菜つけ物 | 漬物 | 22 | 61 |
| | | ぬか漬け(白菜) | 31 | 28 |
| | | ぬか漬け(キュウリ) | 14 | 14 |
| | | 沢庵 | 29 | 21 |
| | | キムチ | 23 | 23 |
| | | 佃煮 | 28 | 24 |
| | | 梅干し | 53 | 52 |
| | めん・パン類 | パン | 22 | 27 |
| | 穀類加工品　米加工品 | 白餅 | 58 | 83 |
| | | ヨモギ餅 | 59 | 59 |
| | | 栃餅 | 53 | 78 |
| | | こわもち | 22 | 22 |
| | 菓子類　和生菓子 | 水無月 | 15 | 11 |
| | | おはぎ | 22 | 18 |
| | | 栃餅あん入り | 22 | 50 |
| | 洋生菓子 | パウンドケーキ | 21 | 16 |
| 水産加工食品 | 加工魚介類 | へしこ(鯖) | 89 | 96 |
| | | エビ煮 | 20 | 24 |
| | | あゆ佃煮 | 31 | 23 |
| その他の食料品 | 調理食品 | エビ豆 | 49 | 38 |
| | | ぜいたく煮 | 20 | 32 |
| | | ふき煮 | 13 | 17 |
| | | ゆで卵 | 48 | 23 |
| | | 和え物(いか味付け) | 22 | 23 |

**表 19-1　つづき**

| 商品分類 [1] | | | | のべ出品回数 | |
|---|---|---|---|---|---|
| 中分類 | 小分類等 | | 主な商品名 | 2004 年度 | 2009 年度 |
| その他の食料品 | 調理食品 | | 和え物（エゴマ） | 18 | 26 |
| | | | おにぎり | 51 | 22 |
| | | | 鯖寿司 | 238 | 217 |
| | | | 鯖にぎり | 19 | 21 |
| | | | 焼きサバ寿司 | 84 | 84 |
| | | | いなり | 20 | 11 |
| | | | 寿司盛り合わせ | 36 | 26 |
| | | | ちらし寿司 | 39 | 28 |
| | | | 巻き寿司 | 58 | 78 |
| | | | ばら寿司 | 24 | 22 |
| | | | 鯖なれ寿司 | 100 | 52 |
| | | | 赤飯 | 76 | 71 |
| | | | かやくご飯 | 11 | 31 |
| | | | 山菜おこわ | 42 | 38 |
| | | | 炊き込みご飯 | 41 | 50 |
| | | | カツサンド | 17 | 25 |
| 台所用品・食卓用品 | 飲食器 | | 陶器 | 22 | 24 |
| 履物 | 和風履物 | | 下駄 | 22 | 22 |
| 家具 | 台 | | 花台 | 13 | 12 |

出典　朝市出品カードを基に作成。
注 1）商品分類は日本標準商品分類（総務省、平成 2 年 6 月改訂版）を参照した。
注 2）2004 年度開催の 52 回の朝市のうち 24 回、2009 年度開催の 63 回のうち 26 回を対象とし、各年度 10 回
　　以上出品された商品を挙げた。のべ出品回数は、1 店舗で 1 回出品されたものを 1 とし、店舗数および
　　朝市回数で累計した。

37 名であり、のべ 45 名のうち 69％が同一であった。2004 年から 2009 年にかけて、半数以上の出品者は継続的に朝市での販売を行っていた。朝市出店者の朽木内での地域分布をみてみると、市場周辺の岩瀬や野尻などの在所（集落）、雲洞谷で多い傾向がみられた（**図 19-2**）。雲洞谷は、朝市をよびかけた S 氏の出身在所であるということや、のちに紹介する栃餅保存会という組合があることなどが、出店者が多い理由であった。

## 19.4　出店の原動力と課題——トチ餅生産者の事例

　朝市で商品を販売する出店者の事例として、雲洞谷で結成された栃餅保存会

第Ⅲ部　現代の山村

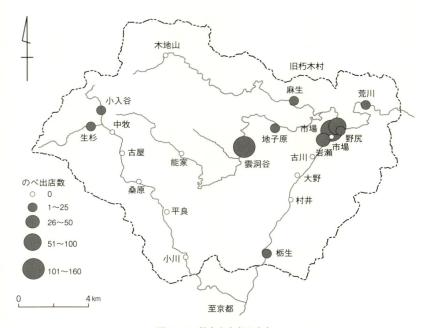

**図 19-2　朝市出店者の分布**
資料：朝市出店者数は2004年、2009年度に開催された朝市出店表を基に集計した。

の6世帯の活動をみてみよう。トチ餅は、灰汁抜きをしたトチノミ（栃の実）ともち米を混ぜて搗いた餅の一種である（10章参照、**写真19-2**）。朽木では昔から救荒食などとして食べられてきた食品である。昭和30年頃までは各世帯で山にトチノミを採集し、それを灰汁抜きして自前のトチ餅を作っていたが、産業構造の変化などにともないトチ餅を作る世帯はほとんどなくなっていった。

そうしたなか、1980年代前半に「むらおこし」のため自治体に補助金を申請し、特産品づくりの活動を開始するというアイデアが持ち上がった。前述のS氏の呼びかけのもと、雲洞谷の数名のあいだから朽木に昔からあったトチ餅を販売するというアイデアが提案され、雲洞谷で「栃餅保存会」という組合を結成するという話がもち上がった。1984年頃から集落の会合で話し合いがもたれ、呼びかけ時には25名程度が集まったという。しかし、当時はトチ餅が商品になるという意識がなく、また出資金（7万円）を提供する必要があったため、

最終的に保存会に入ったのは7世帯のみであった。「こんなものを売るのが恥ずかしい」という意見もあったという。

しかし、「トチ餅なんて売れないのではないか」という大方の予想は、良い意味で裏切られた。当初、朽木内で開催された文化祭や滋賀県内のイベント会場な

写真19-2　朽木の朝市で販売されたトチ餅（2012年10月14日撮影）

どで栃餅保存会の会員がトチ餅を販売したところ、飛ぶように売れた。保存会の会員によると、当時、"物珍しさ"もあったというが、それと同時に、昔トチ餅を食べていた人にとっては"懐かしさ"もあったのであろう。1988年からは朝市でも毎回販売されるようになり、鯖寿司やへしこ、なれずしと並んで朝市の主力商品となっていった。さらに、マスコミによる紹介とともに益々知名度が高くなり、今では朽木の"特産品"の一つとして重要な位置を占めるようになった。朝市などで購入したお客さんからは、電話での注文依頼が来るようになり、イベントへの出品回数も増加したという。また、道の駅の直売所や「くつき温泉てんくう」などの施設でもトチ餅が販売されるようになり、観光客がトチ餅を購入する機会が増加した。

雲洞谷のトチ餅生産者の年齢は70〜80歳台であり（2015年時点）、全体的に高齢の世帯が多い。ただし、作業や販売の過程では親戚などが協力していた。保存会の会員は、自治体からの補助金でトチ餅づくりに必要な機械類（餅つき機・乾燥機など）を購入し、会員間で共同利用していた。1998年には、雲洞谷に特産品加工施設「栃もちうまいもの館」が建設され、保存会の活動施設としても利用されている。機械の使用量はモチゴメ1升あたり200円（昔は400円）としていた。他方、経営面では会員が独立し、原料の入手やトチノミの灰汁抜き、餅の生産、販売は世帯ごとに行っていた。餅の生産者はこのような独立性を誇らしげに語り、「他人を頼らず自分でやってきたことがよかった（C氏、78歳男

性)」、「一緒にやろうとするとだめになることがある(E氏、74歳男性)」という意見が聞かれた。もちろん、イベントなどへの参加の際は、組合員が数名で出品し、杵と臼による餅搗きを実演することもあった。

　トチ餅が特産品となり、販売量が増加したことによって、山林資源であるトチノミの利用が促進されたのだろうか? 生産者への聞き取りによると、トチ餅が販売され始めた当初は、生産者はそれぞれが所有する山に入り、トチノキの下で秋にトチノミを採集し、それを原料にトチ餅を作っていたという。しかし、その後、シカによる獣害がひどくなり、トチノミが思うように採集できなくなっていった(本書17章参照)。生産者の中には、トチノキの下にシカが嫌がるスズランテープを張りめぐらせ、爆音機をトチノキの下に設置するなどの抵抗を試みたものもあった。しかし、一定の期間は効果がみられるものの、次第にシカが慣れてしまい、最終的にはほとんど効果がみられなくなってしまったという。また、生産者によると、高齢のため、山での採集活動が次第に困難になったと話していた。そのような理由から、トチ餅生産者は、トチノミの大部分を他地域から来る業者から買い付けていた。もっとも、トチ餅の味を左右する灰汁抜き工程は、それぞれの生産者が行っている。トチ餅を作る際に最も重要なのがこの灰汁抜き作業であり、トチ餅が朽木の特産品たる最大の所以は、灰汁抜き技術にあるといえる。しかしながら、トチ餅の特産品化は、獣害や高齢化などの別の要因により、地域の山林資源の活用には必ずしも結びついていない状況であった。

## 19.5　朝市出店の持続性

　トチ餅生産者は、朝市が開催される前日である土曜日や当日の早朝から仕込み作業に追われる。忙しい日は、土曜日の夜遅くまで作業を行い、早朝2時頃から作業を始めることもあるという。赤飯やおこわなど、加工食品を販売する世帯も同様である。サバのなれずしやへしこなどは、それぞれの食品に適した季節に大量にサバを買い付け、サバを漬ける作業が行われる。朝市が開催されてから約30年、朝市に毎週欠かさずに出品を続ける生産者も多い。これは、商売であるから当たり前だと言えるかもしれないが、継続し続けることは大変

なことである。

　朽木の特産品としての地位を築いたトチ餅に関しても、1980年代から道の駅や朝市で途切れることなく販売され続けている。それを中心的に担ってきたのは、一集落に属する数世帯であった。本地域でトチ餅が特産品化し、その生産が約30年にわたって続いてきた主要な要因として考えられるのは、朝市やイベントなどでの対面販売と生産における独立性および緩やかな共同性である。対面販売については、地域内外の消費者に対して朽木産のトチ餅の知名度を高めたという点で特産品化に寄与するとともに、生産者がトチ餅生産を続けていこうとする動機を醸成し続けてきたという点で重要であった。それぞれの生産者は、懇意にしてくれる"お得意様"となる顧客がいることを語っていた。対面販売の際には、購入者からトチ餅や他の商品などに関する様々な意見やコメントがその場で寄せられ、トチ餅生産者はそうした点に喜びややりがいを感じることを述べていた。対面販売により、生産者と消費者との関係性が構築されていったことが、朝市で出店が続けられてきた一つの原動力となっていたのではないだろうか。

## 19.6　おわりに

　1980年代から朽木で開催されるようになった朝市では、農作物や加工食品などを中心に、地域の資源や加工技術を活かした多様な商品が販売されていた。朝市の出店者は、場所としての偏りは見られるものの複数の集落に分布し、数年間で4割ほどの入れ替わりも認められた。他方で、約30年にわたり継続的に出品し続ける生産者もみられ、そのような世帯がトチ餅のような朽木の"特産品"生産を担っている姿が見いだされた。

　朝市によって、地域の資源が活かされる一方で、獣害や高齢化などの要因により、山林資源などは必ずしも利用しきれていない側面もあった。これは、農作物についても同様であり、作物を育てている農家はどこも獣害対策に苦慮しているという声がきかれた。本書17章でも取り上げたが、獣害は現代の農山村が直面する深刻な課題の一つである。

　朝市で商品を販売する出店者は、対面販売を通じて消費者と特別なネット

ワークが作られる場合もあり、それが朝市での出店を人々が続けている重要な要因の一つとなっていた。こうしたネットワークは、新しい商品のアイデアやトチノミの採集者との新しい繋がりを作るなど、地域の特産品の確立や継続に強く結びついていた。

　他方で、トチ餅などの特別な技術が必要な加工食品に関しては、高齢化が進み、新規参入者がほとんどいないという課題がある。トチ餅を販売していたのは、2004年度で8名（19.5％）、2009年度で6名（16.2％）であり、出品者数全体に占める割合は少なかった。また、両年とも同一の組合員がトチ餅を出品していた。すなわち、朝市においてトチ餅は頻繁に販売が行われるものの、生産者は限られ、5年間で新規参入や入れ替わりがないことがうかがえる。特産品の技術やそれを支える資源を将来的にどのように継続させていくのかという点は、朽木だけにとどまらず、日本の多くの山村における課題である。

---

### 調査手法 📝

　本章に関する調査では、(1)朝市が開催されるようになった経緯、(2)朝市で販売される商品名や出品頻度に関する情報、(3)朝市出店者の活動内容や課題、という主に3つの内容を把握する必要があった。

　(1)に関しては、朽木村史などの地域の歴史書から、道の駅の設立や朝市の開催年に関わる情報を収集した。また、当時の新聞記事もその頃の朝市の状況を把握する上で役に立った。さらに、当初、朝市の開催を中心的に進めた観光協会のS氏にインタビューを行い、当時の背景や生産者の状況などについて情報を収集した。とりわけ、S氏の協力のおかげで、この研究が実施できたといっても過言ではない。

　(2)については、観光協会で保管されていた朝市出品表という手書きの資料の情報があったことで、販売される商品や出品頻度を把握することができた。もし、このような情報が無ければ、数年間かけて販売されているものを観察するか、出店者に商品の記録を依頼するなどの方法が考えられるが、いずれにしろ多大な時間を要したことが想像される。特に、2004年度と2009年度と異なる年度の傾向が確認できたことは大きな意味があった。

　朝市出品表を扱う際、最も重要であったことは、出店者の個人情報の排除であった。観光協会の方に本情報をいただく際、提供していただく情報につ

いて議論を行い、出店者の個人情報は入手しないように努めた。情報の分析過程では、各出店者が同じような商品に対して独自の商品名を付けている場合も多く、それらを整理する作業に多くの時間を割いた。なお、商品の種類は、日本標準商品分類(総務省、1990年6月改訂版)を基に分類した。

　(3)については、朝市で親しくなった出店者を中心に、インタビューの時間をとってもらい、詳しい話を伺った。また、出店者が居住する在所を訪ね、加工場や商品の加工過程を観察させていただくような機会をいただいた。とりわけ、栃餅保存会の会員の方々には、インタビューやトチ餅の製造過程の観察などに多大な時間を割いていただいた。このような、地元の方々の多大なご協力のもとで多くの情報をいただき、調査を進めることができた。

　なお、本章のより詳しい内容は藤岡ほか(2015)に掲載している。

## 【引用文献】

大野　晃(2005)『山村環境社会学序説——現代山村の限界集落化と流域共同管理』、農産漁村文化協会。

朽木村史編さん委員会編(2010)『朽木村史』、滋賀県高島市。

田林　明(2013)『商品化する日本の農村空間』、農林統計出版。

西野寿章(1993)「過疎地域における「むらおこし」の展開とその課題」、高崎経済大学付属産業研究所編『変革の企業経営』、日本経済評論社、253-279頁。

西野寿章(2008)『現代山村地域振興論』、原書房。

西野寿章(2013a)「京都府旧美山町芦生地区における山村空間の商品化」、田林　明編『商品化する日本の農村空間』、農林統計出版株式会社、239-255頁。

西野寿章(2013b)「農村空間の商品化における内発性」、田林　明編『商品化する日本の農村空間』、農林統計出版株式会社、349-358頁。

平尾正之(2011)「山の恵みヤマブドウ利用の歴史とその商品化の取り組み」、門間敏幸編『山村の資源・経済・文化システムとその再生の担い手——久慈市山形町の挑戦』、農林統計出版、123-145頁。

平松守彦(1992)『一村一品のすすめ』、ぎょうせい。

藤岡悠一郎・八塚春名・飯田義彦(2015)「滋賀県高島市朽木地域におけるトチモチの商品化」、人文地理67(4): 40-55。

矢幡治美(1988)『農協は地域で何ができるか——大分県大山町農協の挑戦』、家の光協会。

# 第20章　朽木らしさの未来を考える

**興味深い朽木の着眼点**

**写真20-1　朽木の未来へつなぐ物語づくり第3回の様子**
（2018年1月21日撮影：王智弘氏）

　ある日の夜、京都市の中京区で行われていた針畑地域の生活用具づくりの記録を上映する大学のイベントに参加したら、そこに市役所の朽木支所の方がおられた。その日のうちに朽木に帰るという。そう、暗い夜道とはいえ車で1時間と少し。朽木は京都の街中にとても近いのだ。一方で、雲洞谷で新たに炭窯を立てたので火入れすると聞いて行ってみたら、小屋を組む木の番線の結び方一つとっても先達の知恵が詰まっていることを知る。この地域はいったい何でできているのか？　少なくともいろいろな顔を持っている。もしも、人々が朽木に対して抱く豊かさや魅力の源泉が、これらの要素がないまぜになっていることにあるとしたら、これを表現して共有し、未来に引き継いでいく

にはどうすればよいのだろう？ 全国的なトレンドが人口減少に転じた現実を
見据えつつも、豊かな未来を考える手立ては果たしてあるのだろうか？

## 20.1　はじめに

　国土交通白書(2015)によると、過疎地域で社会増を実現した市町村が占める
割合は、横ばいないし微増傾向にあることが明らかになっている。都市への人
口流入とは別の流れが生まれつつある。しかし、日本全体で人口が減少するな
か、朽木の人口も年々減少している。現在のトレンドに従って人口を予測する
と、2050年には、朽木の人口は約870人にまで減り、2010年時点で人が居住
している調査区画50件のうち半分以上の28件(56%)は人口0人と見込まれて
いる(金 2017)。一般には、戦略的な国土の活用やコンパクトな街づくりに政策
の舵が切られている。ところが、現実にそこに在るのは、人であり自然であり、
それらが関わり合う過程で生まれた文化である。社会が大きく変化する中で、
それに順応しながら朽木が人の心を引きつける地域であり続けるためには、ど
うすればよいのだろうか。地域はその生態的な条件と社会的な関係の中で特徴
づけられ、「地域らしさ」が育まれる。一方で、私たちは地域が生存にとって
よりよい状態になるよう、未来を選ぼうとする。その際、地域らしさをきちん
と意識しながら選ぶにはどのような手立てが必要なのだろうか。
　本章では、未来を描く中での地域らしさの探求に焦点を当てる。人口が減少
し、仕組みも技術も社会・経済状況も変わっているのに、「地域らしさ」は引き
継がれている。そんな未来とは、どのような未来なのだろうか。そのために、
今、何をすることがその未来につながり得るのだろうか。過去・現在・未来か
ら「朽木らしさ」とは何かを考えることを通して、地域の将来、とくに30年後
の朽木とそこへの道筋を念頭に置きつつ地域づくりを行っていくことの意義と
課題を明らかにする。

## 20.2 朽木らしさと未来について

### 20.2.1 未来を考えること

　未来を考えるとはどういうことだろうか。想像と想定の二側面から見てみよう。未来の出来事を想像することについて、社会脳科学と呼ばれる分野での興味深い研究結果がある。未来の出来事を想いうかべる際には過去の記憶と共通の内側前頭葉－側頭葉－頭頂葉ネットワークが働き、両過程は脳内では共通の神経基盤の上に成り立っていること、さらに、従来記憶の想起に関わると考えられてきた内側側頭葉領域は、より積極的に未来の出来事の想像に関わること、そして、未来か過去かにかかわらず、想いうかべる出来事の時間的遠近を部位ごとにはっきり区別しているようであること、が示されている（奥田ら2012）。このように、未来に対するアイデアの創出には、じつは過去の記憶の想起が伴うのである（あるいは必要である）。ならば、過去の記憶が豊かであるほど、それが他者や文献から引いて記憶となったものであれ、未来の出来事の想像も豊かな内容になるのではないだろうか。

　次に、未来を想定することについて考える。未来には、「住む」「働く」といったことの意味や、「家族」「高齢者」の定義、「育てる」「学ぶ」「弔う」といった行為などが、現在とは全く変わって捉えられた社会があるかもしれない。これは、歴史を紐解けば用意に理解することができるだろう。このような変化は、技術の進展も関係している。技術について、雑誌『Wired』の創刊編集長であるケヴィン・ケリーは、正確な予知などないのであって、予想とは「継続的な評価」「自然物を含む、危険の優先順位づけ」「被害を迅速に修正」「禁止ではなく方向転換」の四つの段階に備えるべきものであり、未来の行動を予習するものである、とする（ケリー2014）。つまり、技術の未来を想定することは、未来を知るために行うのではなく、未来に備えるべきことを捉えることに意味がある。新しい政策や技術によって、地域の未来は、現在ある選択肢では成し得ない姿になるかもしれない。地域の未来を考えることの意義は、この変化の幅を持ってしても、変わらず求めるに値するものは何かを見出しておくことにある。

### 20.2.2 朽木らしさを考えること、選ぶこと

　朽木らしさに接近するには、どうすればよいのだろうか。ここで出発点となるのが、和辻(1935)やベルク(1994)による「風土」の考え方である。ベルクによると、「風土(milieu)」とは、「ある社会の、空間と自然とに対する関係。この関係は物理的にして現象的である」。さらに、和辻は、「人間存在の時間的・空間的構造は、歴史と一体をなす風土において成立する」とした。これについて木岡(2014)は、歴史的環境である風土は、人間存在から独立に存在する抽象的な空間ではありえない。歴史と相即する風土は、人と自然、人と人の中間〈あいだ〉に成り立つ、とする。このように考えると、「地域らしさ」は、人が自然・空間―社会という舞台とかかわり合う中で生まれてくる。

　風土の考え方に基づけば、地域らしさは、〈精神―物体〉、〈主観―客観〉等々の二元論的思考で捉えるものではないが、結果を共有可能にする場合は、いわゆる客観的な手続きを必要とする。基本的には、二つの立場がある。一つは、第三者の立場に立って見ること。つまり、朽木がこれまで経験してきたことに焦点を当てることである。もう一つは、当事者の立場から見ること。つまり、朽木で暮らす人たちにとって「朽木らしい」と思えることに焦点を当てることである。手順として表現するならば、出来事の連鎖を誰かが客観的な手続きで捉える中で、その特徴を抽出することと、今生きる人たちが、地域の自然や社会とかかわる中で、「朽木らしい」と判断することを抽出することの二つということになる。

　2.1と合わせてまとめると、朽木らしさの未来を考えるにあたっては、①過去の記憶の想起が伴う(あるいは必要である)こと、②未来に備えるべきことを捉えること、③第三者と当事者両方の立場から考えることが要件となる。以上を基礎に、続く3節と4節では、過去―現在と現在―未来の両面から朽木らしさの未来について考えた実践活動について紹介する。

## 20.3 豊かな過去を持って未来と向き合う
### ——古写真ワークショップの実施

### 20.3.1 古写真ワークショップの実施

　朽木の過去と現在に至るまでの変化を理解するための企画として、古写真（現在撮られた写真と比較可能な全ての過去の写真）を用いた連続ワークショップを2016年度に実施した。このワークショップを通して、時間を超えた「朽木らしさ」への接近を試みる。この企画で特に重視したのは、過去―現在の幅での出来事から地域の未来を考えるということである。ワークショップは、朽木中心部の街場である市場の周辺を主な題材に実施した朽木市場まわり編と、街場から遠隔にある針畑地域で実施した針畑地域編に分けて実施し、それぞれ、3回ずつ実施した。どちらの企画も第1回は「過去を知る」、第2回は「現在をとらえ直す」、第3回は、「未来に向けて働きかける」に、それぞれ目的を設定して実施した（熊澤ほか 2018）。3回のワークショップで用いた古写真は、次の三種類である。

- 『朽木村史』（朽木村史編さん委員会編 2010）の編纂の過程で収集された写真のうち、提供者から使用の許可が得られた写真。
- 現地調査を進める中でお借りして使用を認めていただいた写真。
- ワークショップの場で提供いただいた写真。

　それから、この企画を進めるためには、企画者側が、古写真の撮影された時期の朽木のくらしについて、しっかり説明できるようになる必要がある。そこで、市場区および周辺区の過去の生業・生活の状況について12名の方に、針畑地域の過去の生業・生活の状況について14名の方に聞き取り調査を行い、必要な資料収集を行った。

　ワークショップの進行（案内人）は、歴史学が専門で第3章を執筆している鎌谷かおる氏が担った。背景にある事実と変遷を参照しながら古写真を見て考えること、歴史学者が進行役をする意義はここにある。

表20-1　古写真ワークショップ企画の概要　朽木市場まわり編

| 場所 | 回 | 日程 | 参加人数 | 目的 | プログラム概要 |
|---|---|---|---|---|---|
| 市場集会所（市場区）朽木のなかでも市場、野尻、荒川、岩瀬、宮前坊といった朽木市場に比較的近い地区の写真を用いて実施した。 | 第1回 | 7月30日 | 24 | 過去を知る | • 「変化したもの」「変化しなかったもの」を知る。<br>• 「残っていかなかったもの」を知る。<br>• 古写真を見て考えたことについてのグループ別対話 |
| | 第2回 | 8月20日 | 11 | 現在をとらえ直す | • 古写真の場所を訪ね、現在の写真を撮る。<br>• 写真を比較しながら考えたことについてのグループ別対話 |
| | 第3回 | 9月19日 | 12 | 未来に向けて働きかける | • 参加者と研究者が持参した写真の説明<br>• 将来の人に向けて選んだ写真のよさを説明した後、写真にタイトルを付ける。<br>• 将来への語りかけと3回のワークショップについて感想を語り合う。 |

　ここでは、特に未来への働きかけを直接行った、朽木市場まわり編の第3回に着目し、古写真もしくはそれを見た経験をもとに未来について考えた結果見えてきたことについて考えてみる（**表20-1**）。

### 20.3.2　古写真を起点に未来と向き合う

　朽木市場まわり編では、第1回の古写真を見ての対話と、第2回の現地に赴いての古写真との比較作業を経て、第3回では、持参した写真のよさを未来の朽木で暮らす人に向けて語りかける、という作業を行うことにした。作業は原稿作り、語りかけの順に行った。語りかけは、将来の人に向けて選んだ写真のよさを説明した後、写真にタイトルを付けるというものである。お題とルールは以下に示す通りである。

---

**【お　題】**
「未来の朽木の人に向けて、この写真のよさについて説明してください」
（一人2分（厳守）；終わったら皆で拍手）

☆ルール☆
最初に、「何年後にどこどこでなになにをしている○○さ～ん！！」

---

第20章　朽木らしさの未来を考える　　　289

> と大声を出してから始めましょう。
> その次もしくは最後に、「写真のタイトル」を言ってください。

　これに、10名の参加者と2名の研究者スタッフが挑んだ（**写真20-1**）。写真のタイトルと何年後の人に語りかけていたかを以下にまとめる。

---

**【朽木に居住する人】**
1) 平和な日本へ（特に指定なし）
2) 負けるもんか！（20年後）
3) 子供みこし（10年後）(注1)
4) 地域で子供たちを育てましょう（10年後）
5) この場所に立ってごらん、昔の足音が聞こえてきます。（20年後）
6) 六斎念仏踊りをこれからも残していこう（20年後）
7) おばあちゃんはえらかった（30年後）
8) 市場の盆踊りを盛りあげよう（20年後）
9) 地域の地域資源おこしは地域のもの使用しないと長続きしない（今から50・60年後）
10) 田園風景を残したい（20年後）(注2)

**【地域外に居住する研究者】**(注3)
11) 行けばなんとかなるところ（400年後）
12) 引きつがれていくもの（70年後）

(注1) 写真は無し。タイトルと語りかけのみ。
(注2) 欠席者からのメッセージを代読し、代読者がタイトルを作成。
(注3) 「よそ者」の視点として、朽木外に居住する研究者2名も同様の作業を行った。

---

　特徴的なのは、20年後の未来に語りかける方が多かった点である。分類すると、家族を取り上げたのは1)4)5)7)、出来事・行事を取り上げたのは2)3)6)8)、食べ物を取り上げたのは9)、景観を取り上げたのは10)、家族以外の人・物・場所を取り上げたのは11)12)と、5項目によって明確に分類することができた。

　「家族」として分類されたもののうち、1)4)では戦時中の家族写真や妹の小

さい頃の写真を介して、規律正しさや平和、地域での子育てといった希望が語られた。5)は娘の写真が撮られた場所が昔とのつながりを持てるかけがえのない場所として語られた。7)は、30年後の息子と娘に語りかけたもの。その子たちの祖母が、仏壇に炊きたてのご飯を供えたり、お盆には御精霊迎えの準備を心を込めて行っていた様子を伝えていた。

「出来事・行事」として分類されたもののうち、2)では昭和28年に起こった水害後に毎年行われるようになった神事の継続が問いかけられ、3)では子ども神輿を介した地域のふれあいの重要さが、8)では自分たちで盆踊りのお祭りを作り上げることのよさが語られた。一方で6)は、一時途絶えた古屋での六斎念仏踊りを地域外の若者に指導して復活させた現状を踏まえ、これが地域の若者に再び伝わり朽木の中で継承していくことが可能になっているか、と問いかけたものであった。

「食べ物」の9)については、現在トチ餅作りに取り組んでいる最も若い生産者に向け、地域文化の継承を願ったものである。個人名が出てきたときには、会場が笑いにつつまれた。「私の33年の法事では、必ずトチ餅を供えて下さいよ」とのことだった。「景観」について、10)は田園風景の黄金色の美しさの継続を願うとともに、そこにある農耕からのたくさんの学びが得られることが語られた。

「家族以外の人・物・場所」について、11)は、「研究者にとって丸八百貨店(朽木中心部の市場にある商店)は赴くことで次の展開への示唆が得られる場である」と語った。12)は、2016年にあった朽木の方々の気質を「突然訪ねて行っても研究者を問題なく受け入れてくれる」と紹介した上で、現在取り組んでいることが、後に続く研究者にどのように引き継がれているかをたずねたものだった。

最初に持参した写真を模造紙に貼って説明してもらったのだか、すでにこの段階でたくさんの語りがあったので、「未来の人に語りましょう」と提案しても、話していただけないのではと心配したが、杞憂であった。参加者たちは、大きな声で、しかもしっかりとした筋を持って未来の人(ときどき現代の人)に語りかけた。

最後は、参加者が一人ずつ3回のワークショップをふりかえっての感想を

語った。さまざまな感想があったが、未来の人への語りかけについて、「こんなみんなの前で話せるということは二度とないかもしれません」と、このような作業を行う機会を提供していくことを後押しする一言もいただけた。

今回、語りの分類は、研究者の方で行ったが、これも地域の方々と共同で行うことができれば、この分類軸そのものが朽木の未来を考えるために使い馴染みのよい道具となるのではないだろうか。そして、古写真を使ったワークショップには、記録として残すこと、当時の思いを未来に伝えたい／想いを残したい、未来について考えることといった、様々な意義があることも確認できた。古写真の持つ力はとにかく大きい。世代によらず写真は話を盛り上げる。昔の写真を見ながら未来について考える一連の作業を、聞き取りや収集の段階から地域の人々と一緒に行うことで、時間を超えた朽木らしさに少し近づけるのではないだろうか。

写真 20-2　語りかけの様子

## 20.4　未来を物語るための取り組みと朽木らしさ

### 20.4.1　朽木らしいことと将来イメージ――市民グループへの聞き取り調査

翌 2017 年度は、「朽木の将来イメージ」や「「今、ここ」から捉えた朽木らしさ」について、朽木で活動する市民グループに聞き取りを行った。お話を伺ったのは、12 グループで、聞き取りした方は延べにして、55 名である（**表 20-2**）。

このうち筆者が参加できたのは、8 グループ。残り 4 グループは、たかしま市民協働交流センター事務局長の坂下靖子氏が行った聞き取りの音声記録を聞いたものである。質問項目は、①活動をとおしてめざしていること、②現在の活動、③解決したい地域の課題、④朽木の将来イメージ、⑤朽木らしいエピ

表20-2　お話を伺った市民グループ

| 日　　時 | グループ | 人　　数 |
|---|---|---|
| 8/9、12/13 | NPO法人麻生里山センター | 5、4 |
| 8/21、11/17 | 朽木住民福祉協議会 | 3、3 |
| 8/30 | 雲洞谷栃餅保存会 | 1 |
| 8/30、11/30 | きりかぶの会 | 4、4 |
| 8/31、12/13 | 睦美会 | 9、5 |
| 9/5、12/4 | 生活支援ボランティアグループ　でんでん虫 | 14、16 |
| 9/10 | たかしま　おさんぽ会 | 3 |
| 9/12 | 上針畑防災福祉組 | 5、2 |
| 9/12、12/5 | 針畑活性化組合 | 4 |
| 9/13 | 千年桜の会 | 3 |
| 9/27 | くつきうーまんず | 2 |
| 9/29 | 朽木花火師会 | 2 |

ソードについて、である。また、11月から12月に、調査結果の報告を兼ねて、12団体のいくつかに赴き、将来イメージのさらなる収集を行った。

### 20.4.2　朽木らしいこと

　ここでは、代表的な語りを例に、「朽木らしさ」について見てみよう。**図20-1**をもとに整理してみると、①知っている人が多い中での暮らし、②朽木の人々にとって盆踊りは欠かせない、③街道と京都の文化圏（おしゃれ）、④古い言葉、⑤水と普請（集落の共同作業）の裏腹な関係、といった観点から朽木らしいエピソードが語られた。

　①で代表的なのは、真ん中の「みんな知っている……」と「運動会の司会をしている人が……」の語りである。とりわけ多くの方が、みんな（お互いに顔を）知っている、知らない人に話しかけられることを語られた。この語りも女性を中心に幅広い世代から聞くことができた。市場周辺に特徴的な点では、右下の「見えないところで……」にあるように、一人で何役も顔があったり、いざとなれば近所の人と助け合える安心感など、ご近所同士のつながりやその信頼感が語られた。

　②は、**図20-1**の真ん中より少し上にある「地区の盆踊り」で、世代を超えて言及された。宮前坊、地子原など各地の在所（集落）および針畑地域で、盆踊

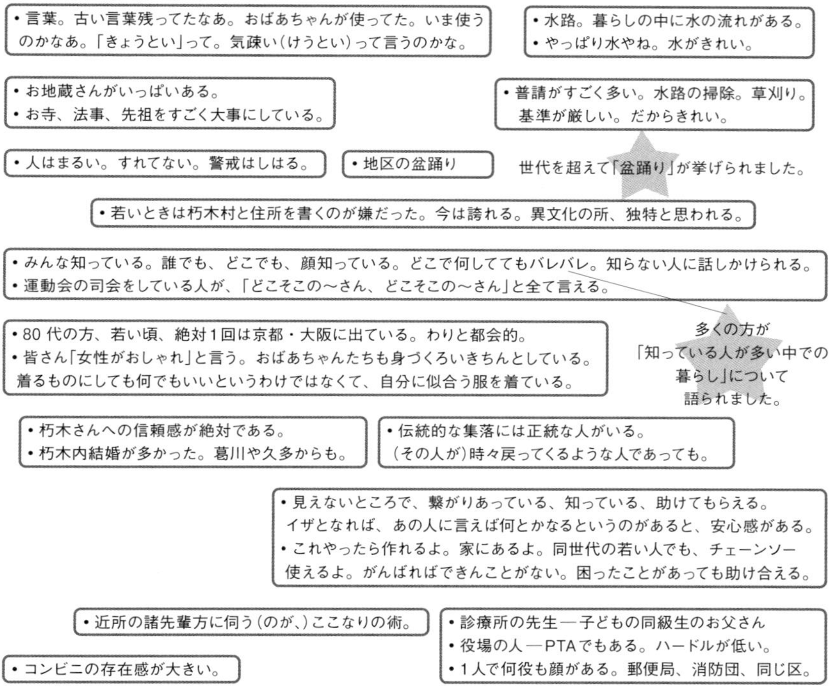

第20章 朽木らしさの未来を考える　293

- 言葉。古い言葉残ってたなあ。おばあちゃんが使ってた。いま使うのかなあ。「きょうとい」って。気疎い（けうとい）って言うのかな。

- 水路。暮らしの中に水の流れがある。
- やっぱり水やね。水がきれい。

- お地蔵さんがいっぱいある。
- お寺、法事、先祖をすごく大事にしている。

- 普請がすごく多い。水路の掃除。草刈り。基準が厳しい。だからきれい。

- 人はまるい。すれてない。警戒はしはる。

- 地区の盆踊り

世代を超えて「盆踊り」が挙げられました。

- 若いときは朽木村と住所を書くのが嫌だった。今は誇れる。異文化の所、独特と思われる。

- みんな知っている。誰でも、どこでも、顔知っている。どこで何しててもバレバレ。知らない人に話しかけられる。
- 運動会の司会をしている人が、「どこそこの〜さん、どこそこの〜さん」と全て言える。

- 80代の方、若い頃、絶対1回は京都・大阪に出ている。わりと都会的。
- 皆さん「女性がおしゃれ」と言う。おばあちゃんたちも身づくろいきちんとしている。着るものにしても何でもいいというわけではなくて、自分に似合う服を着ている。

多くの方が「知っている人が多い中での暮らし」について語られました。

- 朽木さんへの信頼感が絶対である。
- 朽木内結婚が多かった。葛川や久多からも。

- 伝統的な集落には正統な人がいる。
  （その人が）時々戻ってくるような人であっても。

- 見えないところで、繋がりあっている、知っている、助けてもらえる。イザとなれば、あの人に言えば何とかなるというのがあると、安心感がある。
- これやったら作れるよ。家にあるよ。同世代の若い人でも、チェーンソー使えるよ。がんばればできんことがない。困ったことがあっても助け合える。

- 近所の諸先輩方に伺う（のが、）ここなりの術。

- 診療所の先生―子どもの同級生のお父さん
- 役場の人―PTAでもある。ハードルが低い。
- 1人で何役も顔がある。郵便局、消防団、同じ区。

- コンビニの存在感が大きい。

図20-1　朽木らしいこと

りという機会の大事さが語られた。

　③で代表的なのは、「80代の方……」「皆さん「女性がおしゃれ」……」の枠である。女性は、奉公や仕事などで特に京都に出ていたとのことで、これについては、古写真ワークショップに際しての聞き取りやフィールドワークでもお話を聞くことができた。この語りと街道の中にある朽木という文脈を合わせて考えると、「街道と京都の文化圏にあること」と整理される。じっさいに、そのような歴史があり今があると考えておられる方が何人もおられた。

　④で代表的なのは、左上の「きょうとい」という言葉についての語りで、朽木に移住された方によるものである。この調査結果を別のグループの方々が聞くと、思い思いに話し始めた。「きょうとい」が「怖い」という意味で、針畑地域では今も使っている、とのことである。

294 第Ⅲ部 現代の山村

一方で裏腹な関係にあるものも見えてきた。⑤がそれである。「水がきれい」という語りと「普請がすごく多い。水路の掃除。草刈り」という語りは別の方々に語られたものだが、これらを合わせると「だから、きれい」という結論になり、裏腹の関係にある中で朽木の今があることが見えてきた。

### 20.4.3　朽木の将来イメージ

今度は、「朽木の将来イメージ」を代表的な語りを例に見てみよう。結果を**図20-2**に示す。まず、移住者が来やすい朽木という点については、多くの方が語られていた。将来イメージを捉える視点を整理すると、①人数が少ない中での選択、②楽しんでいる姿を見せること、③まとまって生活できるところを作っておくこと、④集落を閉じた先のこと、⑤景観の要素と人々の結びつきなどが見られた。

①は、たとえば、**図20-2**の上から2番目の枠の「（小学校などが少人数であることについて）今はいいけど……」の語りがある。これは若いお母さん移住者の語りであるが、部活が人数も種類も少ない状況を経験したことが無い中での判断になるという。少人数による効用もあるが、少人数ではできないことがある中での選択になっていく、という語りである。

②は、左上の「行事を通して……」と「大人が楽しんで……」の枠のことである。行事を介した地域の人々のつながりの継承について、「大人が楽しんでいる姿を子どもが見ていて、大人になって楽しんでくれればいい」といった語りを何人もの方がされていた。ここでも、やはり地区の盆踊りが題材になっていた。ただし、これまで引き継がれてきたことについては、様々な側面から語られている。たとえば、左下の2つの枠にあるように、普請や伝統行事、郷土料理については、若い世代が触れること、かかわることの重要さに言及した語りがいくつか見られ、神事については、現在の男の人だけのものという位置付けそのものを変えていく必要があることが述べられた。

③は、右上の「将来的にここ……」の語りである。これを語られた方は、このような時期は、多くの集落にやってくる、時期が違うだけだ、と言う。調査結果報告の際に、別のグループにこの語りを紹介すると、共同生活のイメージが次々と出された。個室があって、一人になれる。台所は共同といったことで

第20章　朽木らしさの未来を考える　　　295

- 今よりも年寄りばかりになるイメージ。移住者みたいな方が来やすくなるといいな。ばあさん連中愛想ようするし。

- （小学校などが少人数であることについて）今現在はいいけど、ここから先細りていくとなったときに（どうなるか）。。。

- もっと子どもが複数の保育園・小学校（どこかと朽木）を出たり入ったりしてもよいのではないか。もっと気軽に選べたらいい。

- 1人になる期間が長いから、大きいところに共同で住みたい。部屋は別。皆と一緒に共同生活。1人にもなれる。亡くなってもすぐ見つけてもらえる。

- 将来的にここ（の集落）に居続けたいけど無理なときが来る。まとまって生活できる。そういうとこ作っとかんとあかんな。

- 行事を通して子どもをつないでいく。祭りがなくなった集落、帰ってこーへんって。
- 大人が楽しんでというのを子どもが見てて、大人になって楽しんでくれればと。

- （集落の）幕引きが一番の問題。片付け方もある一つの地域のあり方。
- 地域がなくなることが本当に悲しいことなのかを見つめないと。郷土愛、ご先祖様を意識しながら（考える）。

- 小さな団体でもアピールする。一緒にしぃーひん？ということがつながっていったら、ほんまのネットワークになる。

何人もの方が同様のことを語られました。

- 年はいってても「（支えあい）できるよ」という人との連携。

- ここで住まわせたいと思わない時代にどうしていくか。雇用とか経済ではなくて別の形の縁

- 60過ぎて仕事を減らせてちょっと余裕ができて、地域のことに目を向けることができるようになった人が、ある程度の期間、地域のことで活躍できる人生のプランを根づかせたい。

- （針畑への観光は）中型バスでちょこちょこくるのが1番いい。

- 青年団、婦人会、残さなあかん、勧誘せなあかん……無理や。名前にこだわってはあかん。楽しんでいるグループがいて、楽しんでいる中から課題を見つけてかかわる。

- 今はこの地域の地元の人の人数を増やすのは無理やろうから、もっと人の姿を目撃できればいい。信頼できる方たちだけに来てもらえればいい。

- 朽木に顔を出している地域外の人（興味あるけど移住まではいかない。おうちはここにあるけど、関わりたい）がかかわる「関係人口」（の考え方）。
- 試行的に1年なり2年なり実験で住んで高島で定住。農業を習いたい場合。半年か1年間は研修。少々の金額を市が補償。
- よそから農業に興味のある人（に来てもらって）、家、機械の全てを譲渡。今の制度では難しいけど。

- 六斎念仏なども中学生に見せて、引き継ぐ人がいないことを伝えれば、やってみたいという子もいるよ！と言ったのだが。

- お年寄りのご夫婦など協力金を払って普請を免除されているが、代わりに中学生が活躍できるかも。

- 誰かが（里山に）関わらなくなったら、誰でも入れる山になってしまう。責任をもってここにかかわる人がいないといけない。山の風景はどんどん変わると思うけど。

- 今（桜を）植えておくと、齢いってから（帰ってきて）何も無いよりはよい。

- 神事は、男の人だけのもの、言い伝えていくもの。変えていかなならんもの。

- 公共交通。バスがなくなったら集落は消える。ある程度の本数でもいい。

- 若い子が（郷土料理（※）を）習うて保存していったら（いい）。
- 習うてもらうのは今のうちやな。白和えとぬたの先生や。
- （※）ここで出たのは、鯖ずし、巻きずし、鯖のぬた、なれずし、へしこ

- （30年後も）花火上げてたらいいなあ。

**図20-2　朽木の将来にかかわる語り**

ある。一つの将来イメージについての語りからそれを具体化していく仕掛けの大事さを垣間見ることができた。

　一方、さらに奥の集落になると集落を閉じることが現実的な問題として語られ始める。④についてである。たとえば、右上の「（集落の）幕引きが……」と

「地域がなくなることが……」の枠である。これらを語られた移住者は冷静に考えることの大切さについて触れていた。

　⑤については、右の「(針畑への観光は)中型バスで……」がある。これを語られた方は、古写真ワークショップに際して実施した聞き取りでは、針畑の道路の広さに言及され、お互いがすれ違える程度のほどほどさを主張しておられた。この語りもこの文脈で針畑の雰囲気を維持した観光と景観について語られたものである。また、右下の「今(桜を)植えておくと……」は、小学校を卒業する子どもたちが桜を植えていくことで、地域に戻ってきたときの拠り所を用意しているという語りである。さらに、左下の「誰かが(里山に)関わらなくなったら、誰でも入れる山になってしまう」という語りの背景には、不法投棄の問題がある。担い手をどのように見つけ、地域と山がつながりをどう維持していくのかという課題を投げかけていた。

### 20.4.4　朽木の未来へつなぐ物語づくりに向けたワークショップ

　聞き取り調査が一区切りついた後、2017年度の残りの期間で、朽木の未来を物語るためのワークショップ企画を実施した(**表20-3**)。1回目、2回目は残念ながら2名、1名と極めて少ない人数での実施となったが、3回目は、なんとか8名の方にお越しいただけた。その3回目実施にあたって、聞き取り調査に基づき、30年後の朽木に残したいこと、あったらいい仕組みについて、たかしま市民協働交流センターの方で作成した「たたき台」が、**表20-4**である。

　これに基づいて「30年後に残したいこと、あったらいい仕組み、今からするとよいこと」について話し合った。この作業に特徴的なのは、**表20-4**に挙げられた「こと」と「仕組み」から「目的」と「手段」を抽出し、それから議論を始めた点である。こうすることにより、何のために残したいのか、何のための仕組みなのかを話し合うことができる上に、目的が共通する手段をつなぎ合わせることができるからである。

　この作業を実施した「朽木の未来へつなぐ物語づくり」第3回ワークショップ(**写真20-1**)では、林業に関わっていない若いお母さんから、広葉樹への植え替えや、土地の境界の把握といった意見が出された。これらを出発点に、実際に何から実行する必要があるかを皆で考え、まずは、学校林の状況について

第20章　朽木らしさの未来を考える　　297

**表20-3　朽木の未来へつなぐ物語づくり実施概要**

| 場所 | 回 | 日程 | 参加人数 | 目的 | プログラム概要 |
|---|---|---|---|---|---|
| 朽木保健センター（市場区） | 第1回 | 11月26日 | 2 | 朽木で大事なこと・ものを考える | ・アンケート調査の報告―朽木地域意識調査のまとめ～400人の朽木への思い～。<br>・なぜ朽木の未来へ続く物語を作るのか？<br>・古写真を用いたワークショップを改めて見てみる |
| | 第2回 | 12月10日 | 1 | 未来社会と朽木らしさを考える | ・古写真ワークショップと市民グループへの聞き取りからみた「朽木らしさ」<br>・30年後（子や孫の世代）の朽木はどうあって欲しいか？<br>・これから社会はどういう方向に変わっていくのだろうか？<br>　（物からサービスへ、家族のあり方、働き方、教育のあり方　など）<br>・社会が変わりゆく中で人はどのように変わっていくのだろうか？ |
| | 第3回 | 1月21日 | 8 | 30年後に残したいこと、あったらいい仕組み、今からするとよいことを考える | ・朽木らしさのエピソード、将来について、残したいこと、あったらいい仕組みなどを、必要に応じて書き加える。<br>・何のために、それを残したいと思っているのかを考える。<br>・今からするとよいこと、5年後、その先ならできそうなことを考える。<br>・書き込まれた結果を見ながら、今後具体的に何ができるかを話し合う。 |
| | 第4回 | 2月4日 | 4 | 30年後に向けての取り組みを考える | ・30年後に朽木に残したいこと、あるといい仕組みを書き加える。<br>・必要な取り組みを書き加える。<br>・5年後、10年後、20年後にどんな朽木になっているのかを出し合う。 |

**表20-4　30年後の朽木に残したいこと、あったらいい仕組みのたたき台**

○何かあったらみんなで駆けつける消防団や地域の人々のつながりを残したい
○ハレの日や法事などで作っていた、朽木の伝統の家庭料理を残したい
○おばあが働けて、誰でも立ち寄れて、誰かに会えて、子どもも預けられる丸八百貨店を残したい
○人とつながっている安心感、イザという時に声かけあえる人のつながりを残したい
○盆踊り、地域で人が顔を合わせ、一緒にできる行事を残したい
○里山や森林に人の目が向いて、人が関わり、人が入れる里山を残したい
○朽木で暮したいという移住者を温かく迎え入れ、集落での暮しに入ってもらえる仕組み
○地域の人と子どもを結ぶ学校を残したい。少人数でゆったり過ごせる学校を選択できる仕組み
○田畑を使いたい人、里山や森林の維持に関わる仕事をしたい人、土地に関りたい人が住める仕組み
○伝統の行事を受け継げるカタチに変えてつないでいく仕組み
○独りになっても安心して暮せる仕組み。一緒に暮せるシェアハウスの仕組み

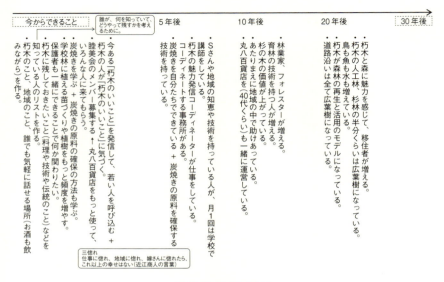

**図20-3 完成した年表**

市役所に尋ねてみよう、ということになった。このように、この回では、土地のことと環境のことが立場間・世代間をつないだ。

第4回ワークショップでは、現在において必要な取り組みを定めた上で、5年後、10年後、20年後にどんな朽木になっているかを出し合った。その結果が、**図20-3**の年表である。

最終的には、朽木に暮らす市民、朽木に関心を持つ市民、多様な年齢の市民が、ともに朽木の未来の姿を思い描き、そこに至るまで過程を物語れるような材料を提供することが目標となる。この材料をたたきに話し合い、それをきっかけに市民の新しい動きや連携につながれば、目的は達成される。この取り組みの課題としては、どういう形式で、地域の特徴と人々の思いを込めながら、将来への道筋を考える材料として地域に残すか、ということになる。その一方で、物語は結果としてできるものである。それゆえ、少なくとも更新が可能な状態にしておく必要がある。

## 20.5　朽木らしさに接近しながら未来をともに考える手立て

### 20.5.1　考える段取り

　ここまでで朽木らしさに接近した今昔のエピソードを伺いつつ、これをもと
に未来を考える取り組みについて紹介してきた。ここで見出された「朽木らし
さ」は、聞き取りにご協力いただいた方々、ワークショップの参加者から得ら
れた語りを、ある調査者が抽出したものに過ぎず、あくまでも出発点の一つと
いう扱いである。では、朽木らしさに接近しながら30年後の朽木の姿とそれ
に至る道筋を考えるには、どのような手立てが必要なのだろうか。手立てと
いっても、研究者が勝手に提案したのでは、決して受け入れらないし、根づく
ことはないだろう。だから、朽木で実践をする人たちとともに考え、作り上げ
る段取りについて、まず考察する。

　今回の地域づくり企画にあたっては、研究者の側で、企画内容を提案し、地
域の方々に諮る形を取った。研究枠組みにそのまま従った企画では、地域の事
情に沿わないこともある。それだけに、地域の方々の意見を聞いて様子を見な
がらコンテンツを考える、という流れである。実際に提案を諮ると、たとえば、
古写真ワークショップの針畑地域編では、80代以上の方に未来のことを語れ
というのは無理があるのではないか、といった意見があり、結果として、移住
を迷っている夫婦の選択という設定で企画を立てた。

　このように、ワークショップのやり方一つを取っても、定型的な手法に当て
はめるのではなく、地域の方々と話し合う中で、その土地と人の状況に合った
やり方を編み出していくことが必要になる。

### 20.5.2　考える方法

#### 20.5.2.1　未来に望む状態の目的や理由を問う

　語られた「朽木らしさ」を象徴するエピソードをもとに、朽木らしさの未来
を考えるためには、どうすればよいのだろうか。たとえば、4節の聞き取り調
査から得られた将来イメージ「(針畑への観光は)中型バスでちょこちょこくる
のが1番いい」について見てみよう。人口減少の流れにはあるものの、仕組み

と技術と人々の考え方が変化する中で、このようなイメージを実現しようとしたとき、それがどのような状況で実現しているのかを考える、ということである。そのためには、「何のために」といった目的や、「なぜなのだろう？」という理由を皆で考えると、話が広がりながら具体的になる。

この例が示された目的や理由は、道の幅や提供できるサービスという制約条件、これらを包括したスケール感に因っている。これらの理由をつづって重ねていくと、いわば一つのストーリー（物語）になる（楠木 2010）。

### 20.5.2.2 未来は何が変わり得るかを整理する

次は、描いた将来像が、どのような仕組み、技術、考え方によって実現しているのか考えながら整理する。ここで描き出されるのは、人の暮らし方や働き方、人と人とのつながり、人と自然とのかかわりなどである。人口は前提であり、仕組みと技術は実現を促進する要素である。

それから、未来には幅がある。考え方にも幅がある。たとえば、居住人口が減少する中では、人口の考え方そのものを変えなければならないだろう。たとえば、朽木の将来イメージのところで語られていた「関係人口」という考え方は、その言葉の通り、「地域に関わってくれる人口」のことで、自分でお気に入りの地域に週末ごとに通ってくれたり、頻繁に通わなくても何らかの形でその地域を応援してくれるような人たちのことをいう（指出 2016）。

仕組みにしても、地区の住民全員が社員を構成する体制になったり、NPOの構成員となる場合もある。技術については、第四次産業革命を促すIoT、ビッグデータ、人工知能（AI）、ロボットの技術により、社会に大きな変化をもたらすと見られている。しかし、こういった技術革新を踏まえて朽木の将来を予想することは極めて難しい。じつは、20.4.4で紹介した「朽木の未来へつなぐ物語づくり」の第2回ワークショップのメニューとして実施したのだが、参加された方は大変困られた様子だった。

未来について考えるときは、未来の仕組み、技術、考え方を直接に想像するよりも、現在では当然のこととされていることを対話によって問い直しながら、未来の人と人、人と自然の関係（つながり）への考えを深めることを優先し、これを軸に未来の制度、技術、思考を想像してみるというやり方の方が、どうやら近道のようだ。たとえば、人口が減るとしても、地域での役割が減ることは

無いだろう。したがって、人口は減ってもつながりが増える社会を構想することが求められる。こういった論理をもって想像するということである。

## 20.6 おわりに

本章では、過去・現在・未来から「朽木らしさ」に接近する実践を通じて、朽木の将来を念頭に置きつつ地域づくりを行っていくことの意義と課題を考えた。このような、地域らしさをきちんと意識しながら未来を考える手立てのことを未来デザインの〝型〟と呼ぶことができるだろう。

最後に、このような〝型〟を使いながら未来を考えることは、どういうことなのか。改めて考えてみたい。未来について考えた結果見えてきたのは、これまで積み重ねてきた「朽木らしさ」がむしろ、鮮明に浮かび上がったことであった。逆に今度は、接近できた「朽木らしさ」なるものを起点に、未来の像とそこへ至る道筋について考えることになる。一般にはバックキャスティング・アプローチによるシナリオプランニングと言われている分野である。しかし、人と人、人と自然の「あいだ」にあることも含み込んだ歴史的な「朽木らしさ」を軸に像と道筋を描くには、さらに踏み込んだやり方が求められる。

そこで、今回の企画では、その出口を物語の形式に求めることを提案した。なぜ物語が大事なのかというと、「人間は世界をストーリーの形で理解しようとする」（千野 2017）からである。しかし、物語という人間の思考形式に頼ることは、少々の危険を伴うことも忘れてはならない。「朽木らしさ」に基づく物語を現状とより多くの人の意志を反映したものとするためにも、朽木に関わる様々な人々が、物語に書き加えたり、編集したり、新たな物語を作ったりできる仕掛けが必要になる。

これまで生活の中に暗黙のものとして埋もれていた、または、歴史資料や郷土史料における大量の情報の中から読み取るしかなかった「朽木らしさ」を物語の形で理解・共有できるようになったとき、その物語は、朽木の未来を見据えた地域づくりに取り組む道具となり、さらには映像にも劇にもつながる素材集の役割も果たすだろう。こういった共有の形を実現することで、地域での行動と連携のきっかけになればと考えている。

## 調査手法

　本章で採用したのは、アクションリサーチ(action research)とよばれる方法である。アクションリサーチとは、望ましいと考える社会的状態の実現を目指して研究者と研究対象者とが展開する共同的な社会実践のことである(矢守 2010)。それゆえにこの研究手法は、不断の循環プロセスをもって実施されることになる。朽木らしさの未来を考えるために今回採った具体的な方法は、(1)古写真の収集、現地での観察や聞き取り調査、(2)対話・ワークショップの場の設置と実施の二つである。

　(1)については、収集した古写真のうち『朽木村史』の編纂の過程で収集された写真については、高島市教育委員会文化財課の協力があって、その収集と使用可能な写真の確認をすることができた。その得られた古写真を手がかりに得られる撮影された時代の生業・生活の状況やその時代の人々の考え方を理解するには、その年代のことを直接・間接に知る方々に伺わなければならない。そのため、これらの方々への聞き取りは非常に大事である。また、現在の状況との比較をするためには、現在の景観や行事を観察する作業が必要となる。

　同様に、現在朽木に暮らす人々が、どのようなことを朽木らしいと捉えているのか、また、朽木の将来に対してどのようなイメージを持っているのか、という点についても、直接お尋ねしないとわからない。そして、それらがどのような背景で語られているかを知る必要がある。以上より、朽木らしさを捉える際は、過去と現在の両面において、観察と聞き取りを丁寧に行うことが重要である。

　(2)については、聞き取り調査の現場そのものが対話の場になっていた。また、古写真と未来へつなぐ物語の両ワークショップの実施にあたっては、たかしま市民協働交流センターの事務局長である坂下靖子氏が、朽木の住民の方々に日程の調整や参加の依頼に奔走してくださった。アクションリサーチとはいえ、現地での細かな調整には、研究者だけでは難しい場面もしばしばある。その意味でも、両者の視点や意向を理解して動いてくださる行政の方、中間組織の方の存在が鍵となる。

## 【引用文献】

オギュスタン・ベルク(1994)『風土としての地球』、筑摩書房。

奥田次郎・藤井俊勝(2012)「展望する脳」、苧阪直行編『社会脳科学の展望——脳から社会をみる』、新曜社、1-33頁。

金 再奎(2017)第2期高島市まちづくり推進会議　第1回全体会議資料。

木岡伸夫(2014)『〈あいだ〉を開く——レンマの地平』、世界思想社、74頁。

楠木 建(2010)『ストーリーとしての競争戦略——優れた戦略の条件』、東洋経済新報社。

朽木村史編さん委員会(2010)『朽木村史　通史編』、滋賀県高島市。

朽木村史編さん委員会(2010)『朽木村史　資料編』、滋賀県高島市。

熊澤輝一・鎌谷かおる・木村道徳(2018)「古写真ワークショップを通じた近郊山村地域の将来像の探索——滋賀県高島市朽木地域の事例」、日本都市計画学会関西支部第16回研究発表会。

ケヴィン・ケリー(2014)『テクニウム——テクノロジーはどこへ向かうのか?』、みすず書房。

国土交通省(2015)『国土交通白書』。

西條辰義(2015)『フューチャー・デザイン——七世代先を見据えた社会』勁草書房、1-26頁。

指出一正(2016)『ぼくらは地方で幸せを見つける(ソトコト流ローカル再生論)』、ポプラ社。

千野帽子(2017)『人はなぜ物語を求めるのか』、ちくまプリマー新書。

矢守克也(2010)『アクションリサーチ——実践する人間科学』、新曜社。

和辻哲郎(1935)『風土——人間学的考察』、岩波書店。

# 文 献 紹 介

## （1）朽木の地域をさらに学びたい方に参考になる文献

石田　敏（2013）『安曇川と筏流し』、私家版。

オノミユキ（2001）『HODI HODI朽木村』、サンライズ出版。

オノミユキ（2012）『山村大好き家族──ドタバタ子育て編』、サンライズ出版。

オノミユキ（2013）『山村大好き家族──おもしろ生活編』、サンライズ出版。

京都大学自然地理研究会編（2011）『滋賀県朽木の巨樹に関する文化・生態調査』、2011年度財団法人国際花と緑の博覧会記念協会・調査研究開発助成事業報告書。

朽木村（1951）『農山村二ヶ年の歩み 朽木村政白書第一号』。

朽木村（1990）『朽木村百年誌 明治二十二年～平成元年』。

朽木村教育委員会編（1999）『朽木の植物（上・下）』サンライズ出版。

朽木村史編さん委員会編（2010）『朽木村史（通史編・資料編）』、滋賀県高島市。

小林圭介監修（1997）『ふるさと滋賀の森林』、サンライズ出版。

滋賀県高等学校理科教育研究会地学部会（2002）『改訂滋賀県　地学のガイド（上）──滋賀県の地質とそのおいたち』コロナ社。

滋賀県市町村沿革史編さん委員会編（1962）『滋賀県市町村沿革史』。

滋賀自然と文化研究会編（1969）『朽木谷学術調査報告書』、滋賀県。

特定非営利活動法人杣の会編（1990）『雑木山生活誌資料：朽木村針畑谷の記録 1988～1990』、特定非営利活動法人杣の会。

日本の食生活全集滋賀編集委員会編（1991）『日本の食生活全集25　聞き書　滋賀の食事』、農山漁村文化協会。

橋本鉄男編（1974（1982））『朽木村志』、朽木村教育委員会。

水野一晴編（2004）『滋賀県朽木谷における里山利用の動態に関する総合的研究──生活システムの変容と地域社会の再編との関係に着目して──』、日本生命財団環境問題研究助成金報告書（2004-2005年度）。

八木　透編（2000）『フィールドから学ぶ民俗学──関西の地域と伝承』、昭和堂。

## （2）各章の内容に関わる分野・領域・方法論などについてさらに学びたい方にお勧めの文献

### 第1章
水野一晴（2015）『自然のしくみがわかる地理学入門』、ベレ出版。

### 第2章
青木　繁（2012-2013）「トチノキの里で考える」、湖国と文化139号～143号、滋賀県文化振興事業団。

## 第3章

西島太郎(2006)『戦国期室町幕府と在地領主』、八木書店。

藤田達生・西島太郎(2007)『史料纂集古文書編〔38〕朽木家文書第一』。

藤田達生・西島太郎(2008)『史料纂集古文書編〔40〕朽木家文書第二』。

## 第4章

京の魚研究会(2017)『再発見京の魚——おいしさの秘密』、恒星社厚生閣。

巽 好幸(2014)『和食はなぜ美味しい——日本列島の贈りもの』、岩波書店。

## 第5章

渡辺大記編(2001-2006)『地域学研究』(vol.1〜vol.6)、滋賀県立大学人間文化学部地域学研究室。

## 第6章

小椋純一(2012)『森と草原の歴史——日本の植生景観はどのように移り変わってきたのか』、古今書院。

四手井綱英(2006)『森林はモリやハヤシではない——私の森林論』、ナカニシヤ出版。

## 第7章、第8章

岩井宏實・河岡武春・木下 忠編(1985)『民具研究ハンドブック』、雄山閣。

上野和男・高桑守史・福田アジオ・宮田 登編(1987)『新版民俗調査ハンドブック』、吉川弘文館。

森林立地調査法編集委員会編(1999)『森林立地調査法』、博友社。

日本木地師学会編(2010)『信州秋山郷木鉢の民俗』、川辺書林。

## 第9章

赤羽正春(1997)『採集——ブナ林のめぐみ』、法政大学出版局。

池谷和信(2003)『山菜採りの社会誌——資源利用とテリトリー』、東北大学出版会。

## 第10章

石毛直道(2015)『日本の食文化史——旧石器時代から現代まで』、岩波書店。

阪本寧男(1989)『モチの文化誌——日本人のハレの食生活』、中公新書。

谷口真吾・和田稜三(2007)『トチノキの自然史とトチノミの食文化』、日本林業調査会。

野本寛一(2005)『栃と餅——食の民俗構造を探る』、岩波書店。

## 第11章

京都学研究会編(2016)『京都を学ぶ(洛北編)』、ナカニシヤ出版。

中村 治(2012)『京都洛北の近代』、大阪公立大学共同出版会。

中村 治(2015)「古写真で見る自然環境、地域共同体とのかかわり方の変化」、京都府自然環境保全課編・発行『京都府レッドデータブック 2015』第3巻(地形・地質・自然生態系編)、379-427頁。

## 第12章

池谷和信・長谷川政美編(2005)『日本の狩猟採集文化——野生生物とともに生きる』、世界思想社。

文献紹介　　　307

篠原　徹編(1998)『現代民俗学の視点第1巻　民族の技術』、朝倉書店。
## 第13章
櫻井治男(1992)『蘇るムラの神々』、大明堂。
高取正男・橋本峰雄(1968)『宗教以前』、日本放送出版協会。
谷川健一責任編集(1995)『森の神の民俗誌』、三一書房。
## 第14章
嘉田由紀子(1995)『生活世界の環境学——琵琶湖からのメッセージ]、農山漁村文化協会。
河合克義・長谷川博康(2017)『生活分析から政策形成へ——地域調査の設計と分析・活用』、
　　法律文化社。
## 第15章
中村周作(2009)『行商研究——移動就業行動の地理学』、海青社。
## 第16章
菊池　多賀夫(2001)『地形植生誌』、東大出版会。
谷口真吾・和田稜三(2007)『トチノキの自然史とトチノミの食文化』、日本林業調査会。
松山利夫(1982)『ものと人間の文化史47 木の実』、法政大学出版局。
## 第17章
祖田　修(2016)『鳥獣害——動物たちと、どう向き合うか』、岩波新書1618。
依光良三編(2011)『シカと日本の森林』、築地書館。
## 第18章
武内和彦・鷲谷いづみ・恒川篤史編(2001)『里山の環境学』、東大出版会。
## 第19章
田林　明編(2013)『商品化する日本の農村空間』、農林統計出版株式会社。
田林　明編(2015)『地域振興としての農村空間の商品化』、農林統計出版株式会社。
## 第20章
ギブス，グラハム R.(2017)『質的データの分析(SAGE 質的研究キット6)』、新曜社。
楠木　建(2010)『ストーリーとしての競争戦略——優れた戦略の条件』、東洋経済新報社。
アレグザンダー，クリストファー(1993)『時を超えた建設の道』、鹿島出版会。


## (3) 山地の自然環境、山村の社会や文化について学びたい方にお勧めの文献
会津学研究会(2005-2009『会津学』(vol.1〜vol.5)、奥会津出版。
石毛直道(2015)『日本の食文化史——旧石器時代から現代まで』、岩波書店。
今里悟之(2006)『農山漁村の＜空間分類＞——景観の秩序を読む』、京都大学学術出版会。
太田猛彦(2012)『森林飽和』、NHK出版。
大野　晃(2005)『山村環境社会学序説——現代山村の限界集落化と流域共同管理』、農文協。
大野　晃(2008)『限界集落と地域再生』、京都新聞出版センター。
岡橋秀典(1997)『周辺地域の存立構造——現代山村の形成と展開』、大明堂。
京都府(明治14年(1881)頃)『京都府地誌』。

京都府愛宕郡郡役所編(1969・初版1911)『洛北誌』(旧・京都府愛宕郡村志)、大学堂書店。

朽木村史編さん委員会編(2010)『朽木村史(通史編・資料編)』、滋賀県高島市。

崎尾　均(2017)『水辺の樹木誌』、東京大学出版会。

滋賀県市町村沿革史編さん委員会編(1962)『滋賀県市町村沿革史』。

谷口真吾・和田稜三(2007)『トチノキの自然史とトチノミの食文化』、日本林業調査会。

西野寿章(2008)『現代山村地域振興論』、原書房。

農山漁村文化協会(2016)シリーズ「田園回帰」(全8巻)。

野本寛一(2005)『栃と餅──食の民俗構造を探る』、岩波書店。

橋本鉄男編(1974(1982))『朽木村志』、朽木村教育委員会。

樋口忠彦(1993)『日本の景観──ふるさとの原型』、筑摩書房。

藤田佳久編(2011)『山村政策の展開と山村の変容』、原書房。

古川　彰・松田素二(2003)『観光と環境の社会学』、新曜社。

松山利夫(1982)『ものと人間の文化史47　木の実』、法政大学出版局。

柳田國男編(1938)『山村生活の研究』、国書刊行会。

山　泰幸・川田牧人・古川彰編(2008)『環境民俗学──新しいフィールド学へ』、昭和堂。

山本早苗(2013)『棚田の水環境史──琵琶湖辺にみる開発・災害・保全の1200年』、昭和堂。

湯川洋司(1997)『山の民俗誌』、吉川弘文館。

湯本貴和編・池谷和信・白水　智責任編集(2011)『山と森の環境史』、文一総合出版。

# 索　引

## 地　名

### あ　行

麻生（あそ）　166
麻生川（あそがわ）　113, 152
安曇川（あどがわ）　4, 17, 20, 23, 39, 113, 152
綾部（あやべ）　18, 228
荒川（あらかわ）　166, 288
市杵島神社（いちきしまじんじゃ）　166
市場（いちば）　20, 22, 114, 287
伊吹神社（いぶきじんじゃ）　166
岩瀬（いわせ）　166, 275, 288
雲洞谷（うとたに）　91, 95, 117, 166, 275, 283
夷神社（えびすじんじゃ）　166
家一（えべつ）　168
生杉（おいすぎ）　69, 81, 151, 168
近江耶馬渓（おうみやばけい）　21, 34
大川神社（おおかわじんじゃ）　168
大野（おおの）　166
大宮神社（おおみやじんじゃ）　166
尾越（おごせ）　139, 141, 142, 144, 145, 147, 148
御救山（おすくいやま）　41
オンノノ（怨念の）平　21

### か　行

柏（かせ）　169
葛川（かつらがわ）　293
葛川梅ノ木町（かつらがわうめのきちょう）　21
葛川明王院（かつらがわみょうおういん）　21
木地山（きじやま）　5, 106-108
北川（きたがわ）　113, 152
北川（きたがわ）ダム　153
旧秀隣寺庭園（きゅうしゅうりんじていえん）　169
久多（くた）　137-149, 293

朽木渓谷（くつきけいこく）　21
朽木荘（くつきしょう）　40
朽木新本陣（くつきしんほんじん）　190, 267
朽木藩（くつきはん）　108
熊川断層（くまかわだんそう）　56
桑原（くわばら）　119, 166
興聖寺（こうしょうじ）　169
小川（こがわ）　69, 139, 142, 166

### さ　行

鯖街道（さばかいどう）　4, 42, 273
シコブチ神社（志子淵神社・思子淵神社）　105, 166, 170-177
地子原（じしはら）　166, 292
園部（そのべ）　18
襲速紀（そはやき）地域　34

### た　行

高島市（たかしまし）　4, 17
高島市立朽木資料館（たかしましりつくつきしりょうかん）　110
丹波高地（たんばこうち）　17, 18, 152
丹波帯（たんばたい）　18
栃生（とちう）　166
途中越　140, 141

### な　行

中牧（なかまき）　23, 166
瓊々杵神社（ににぎじんじゃ）　166
能家（のうげ）　166
能見峠（のうみとうげ）　138
野尻（のじり）　166, 288

### は　行

八皇子神社（はちおうじじんじゃ）　166
八幡神社（はちまんじんじゃ）　166
針畑（はりはた）　5, 22, 283, 287

針畑川(はりはたがわ)　6, 81, 113, 137, 139,
　　142, 151, 152
針畑荘(はりはたしょう)　40
針畑峠(はりはたとうげ)　5
日吉神社(ひよしじんじゃ)　166
比良山地(ひらさんち)　17, 18, 20, 23
廣田神社(ひろたじんじゃ)　166
武奈ヶ岳(ぶながたけ)　21
船木　141, 142
古川(ふるかわ)　166
古屋(ふるや)　119, 137, 290
平良(へら)　166

### ま　行

宮前坊(みやまえぼう)　20, 166, 288
村井(むらい)　166

### や　行

山神神社(やまがみじんじゃ)　166

### わ　行

若狭街道(わかさかいどう)　42, 147
若狭湾(わかさわん)　18
若宮神社(わかみやじんじゃ)　166

### 一般項目

### あ　行

Ｉターン　185
アクションリサーチ　302
アク抜き　128, 132
朝市　121, 130, 267-281
アシウスギ　30, 31, 102, 105
安曇川石　69
アナ釣り　66
イオウの禿　21
筏流し　39, 63, 139-141, 177
田舎暮らし　192
稲作　75
イネ　76
イノシシ　153, 237, 238
入会　119

インタビュー　99

ウコギ　115
ウシ　74, 77, 80, 116, 140, 141

エコツーリズム　192

横断面図　23
オグロ坂峠　139
オシガイヤマ　78
オショライサン　79
御精霊(おしょらいむかえ)迎え　290
オトリ　65
お盆　79
おみやげ　130

### か　行

外来種　161
化学肥料　80
河岸段丘　20, 23
カキ　114
過疎　183, 206, 268
過疎化　5, 186
過疎地域自立促進特別措置法　192
過疎地域振興特別措置法　189
過疎地域対策緊急措置法　187, 206
語り　242
家畜　75
活断層　18
カツラ　107
カミ　166
カヤ　41, 78, 114, 152
カヤダイラ　79
刈敷　73, 75, 120
カリボシヤマ　78, 80, 114
川原仏(川地蔵・六体地蔵)　137
関係人口　300
観光　188, 191-193, 269
寛文地震　20

聞き取り調査　148, 287
木地師　45, 106
木地職人　5

木地生産　106
木地物　5
木地屋　44, 106
木地椀　43
キツネ　159
キノコ　112
救荒食(備荒食)　127, 143, 148
行商人　114, 201-206
共同作業　76
巨木　118
儀礼化　145
近畿三角帯　18

空中写真　23, 265
クサカリヤマ　80, 114
草地　74
口あけ　116
朽木氏　5, 104, 138
朽木村史　287
朽木塗　43
朽木の将来イメージ　291
朽木の杣　5
朽木宣綱　21
朽木の未来へつなぐ物語づくり　296
朽木村観光協会　272
朽木村森林組合　109
朽木らしいエピソード　291
朽木らしさ　284
朽木らしさの未来　286
クマ　153
クマノ谷　168
クリ　112, 114, 116
グリーンツーリズム　193
クルミ　112
榑(くれ)年貢　105

ケヤキ　107
限界集落化　268

耕耘機　81
航空写真　23
高度経済成長期　159, 268
高齢化　186, 268, 280

コゴミ　111
古写真　287
古写真ワークショップ　287
コナラ　78, 82

## さ　行

祭事　115
採集　76, 112, 120
栽培植物　112
柵　233
里山　75, 78, 257, 264
サバ　114, 273
サバ寿司　273
産業構造　81
山菜　111
山作所　40, 103, 104
山村遺産　98

GIS　265
GPS受信機　99, 202, 230
シカ　237, 239
滋賀県造林公社　109
滋賀県物産誌　89
自然災害　39
自然地理学　6
悉皆(しっかい)調査　216
シナリオプランニング　301
ジビエ　162, 240
斜面崩壊　21
獣害　120, 154, 233-254, 263
樹種　94
狩猟　76, 112
じゅんじゅん　158
正倉院文書　40
商品化　269
昭和30年代　162
植生遷移　81
植生調査　94
食文化　120
植林地　120, 256
除草剤　159
人口減少　184-186, 205, 206, 268
針広混交林　26, 101, 152

人工林 102, 256
薪炭 140, 243

水源涵養林 227
推定生息数 237
水田 76
数値標高モデル（DEM） 62
スギ 139, 152
楢樽（すぎくれ） 103, 105
炭問屋 93
炭焼き 43, 76, 88, 91-98, 120, 139, 140
炭焼き窯 91-98
炭焼き窯跡 87, 93

生息環境管理 241
赤外線自動撮影カメラ 249
穿入蛇行 21
ゼンマイ 111, 115, 152

雑煮（餅味噌雑煮） 144, 145, 147
杣（そま） 103
村政白書 186

## た 行

第三次朽木村総合発展計画 191
対面販売 279
第四次朽木村総合発展計画 191
第四次産業革命 300
ダイラ 114, 151
ダイラ焼き 115
対話 288
たかしま市民協働交流センター 291
タニシ 113, 152
タヌキ 159
タラ 111
断層運動 18
断層崖 4, 23
断層地塊 18
田んぼ 151

地域社会 39
地域らしさ 284
地形図 23

地形断面図 24
チャート 19
中央構造線 18
鳥獣害 237

ツクシ 115

天然林 102

ドジョウ 113, 152
トチ 107, 137
トチノキ 7, 142, 143, 219-230
トチノキ巨木林 7, 219-230
トチノミ 112, 116, 128-135, 143, 220, 247, 276
トチ餅 117, 127-135, 143, 144, 276, 290
トチ餅食 246
栃餅保存会 130, 247, 275
ホトケノコシカケ 79
友釣り 65
トラクター 81

## な 行

納豆餅 144
生業（なりわい） 75
なれ寿司 273

二次林 257-264
ニホンザル 237, 238

塗師屋（ぬしや） 106

年中行事 115

野イチゴ 116
農業機械 81
農業体験 192
ノウサギ 153
農作物被害 235
農薬 159
農用林 75
ノビル 115

## は　行

ハクビシン　161
ばくろう　78
破砕帯　20, 23
バックキャスティング・アプローチ　301
八尺袋　118
花折断層　4, 18, 20, 23, 56
パルプ　82
パルプ材　109, 159
半栽培植物　112
ハンドレベル　24
反復写真　266

火入れ　115, 152
ヒッカケ　66
非木材林産物　112, 120
肥料　80, 116
びわ湖造林公社　109

「風土」　286
付加体　18
フキ　111, 116, 152
フキノトウ　115
普請　76, 91, 95, 292
ブナ　107, 152
踏ませ肥え　80

へしこ　114, 273
ベベ　41, 117
ベベヤマ　114
弁財天　169

防護柵　240
保存食　116
ホタル　159
ホトラ　73, 78, 80, 243
ホトラ刈り　74, 78
ホトラヤマ　73, 74, 78, 80, 114
盆踊り　289

## ま　行

丸八百貨店　290

ミズナラ　152
道の駅　130, 267
未来デザインの〝型〟　301
未来を考える　285

むらおこし　268

木材　76, 120
木材林産物　112
木炭生産　88
木炭の販出先（炭の運搬先）　90, 140-142
物語　298

## や　行

野生植物　112
野生動物　81, 112, 151, 233
山子　90
山離れ　120
ヤマ焼き　115

有害駆除　160
Uターン　185, 203

用材生産　105
養蚕　76
ヨシ　80, 114
ヨシダイラ　80
ヨモギ　116

## ら　行

リョウブ　115
林業　39, 43, 76, 114, 120, 139

六斎念仏踊り　42, 196, 289
ロクシュノキ（六種の木）　107
轆轤　106

## わ　行

ワークショップ　195, 287
ワラビ　115

# おわりに

　2005年から2006年にかけてピークを迎えた市町村合併、いわゆる平成の大合併により、永らく滋賀県唯一の村であった朽木村は、高島町や安曇川町、新旭町、今津町、マキノ町と合併して高島市となった。しかし、自然や歴史、文化、社会などにおいてユニークな朽木は、合併によって「朽木」という行政区画名（自治体名）が消滅した後、かえって地域住民や関係者の朽木へのアイデンティティが強まったのではないだろうか。朝市開催やトチ餅作りなどを通して、その伝統や地域コミュニティの存続に対する努力がいっそう盛んになったような気がする。トチノキの巨木伐採問題が生じたときも、朽木の森を守るという地域住民の大きな力が動きだした。

　しかし、朽木は他の中山間地域と同様、過疎化の波が押し寄せ、人口が急激に減少している。このような現状の中、朽木に魅せられた研究者らは、朽木の過去から現在までの自然、社会、経済、文化、歴史などの実態を1冊の本としてまとめ、広く世間に知ってもらうことが重要なのではないかと感じた。朽木という一つの地域を舞台に様々な観点で地域を捉えていくと、自然環境や社会、文化、人々の営みが相互に深く結びつき、総体として地域が移り変わっていく様子が理解できる。地域の変容を捉え、将来を考えていくとき、一部の要素だけを切り取るのではなく、広い視野で地域を見つめることが重要であると考えた。そのため、複数の分野にまたがるような構成になるように気を配った。また、編集に際しては、朽木というミクロなスケールで生じている事象を具体的に描写するとともに、他地域の例などを見渡しながら、少し俯瞰的な視点での説明を加えることを心掛けた。これらの点にこだわったのは、朽木を知らない読者の方々に朽木のたくさんの魅力や近年生じていることを知っていただきたいと考えたのと同時に、朽木に暮らしている方々には、外部の研究者が朽木をどのように見ているのかということを知っていただきたかったからである。

　本書の執筆にあたり、朽木に暮らす多くの方々や朽木に関わる活動をされている地域内外の皆様に多大なご協力を賜った。とりわけ、びわ湖高島観光協会

おわりに 315

（旧朽木村観光協会）、滋賀県立朽木いきものふれあいの里（当時）、巨木と水源の郷をまもる会、朽木住民福祉協議会、上針畑防災福祉組、高島市教育委員会文化財課、栃餅保存会、「朽木のみんなと円卓会議」の皆様、澤田龍治さん（当時、びわ湖高島観光協会）、山本智美さん（当時、びわ湖高島観光協会）、石田敏先生、坂下靖子さん（たかしま市民協働交流センター・事務局長）、王智弘さん（総合地球環境学研究所・研究員）には格別のご支援をいただいた。ご協力・ご支援をいただいたすべての方々に、執筆者一同より心からお礼を申し上げたい。

　本研究を進めるにあたり、以下の助成を受けた。日本生命財団環境問題研究助成「滋賀県朽木谷における里山利用の動態に関する総合的研究」（2004〜05年度：代表　水野一晴）、財団法人国際花と緑の博覧会記念協会調査研究開発助成「滋賀県朽木の巨樹に関する文化・生態調査」（2011年度：代表　水野一晴）、福武学術文化振興財団研究助成「滋賀県朽木におけるトチノキ巨木林をめぐる地域変容」（2012年度：代表　水野一晴）、日本生命財団平成27年度若手研究・奨励研究助成「里山生態系におけるトチノキ巨木林の立地環境と社会・生態的機能の解明」（2015〜16年：代表　藤岡悠一郎）、公益財団法人国土地理協会学術研究助成「トチノキ巨木林の分布と成立要因に関する地理学的研究：文化景観としての評価に向けて」（2018〜19年：代表　藤岡悠一郎）、科学研究費基盤研究（C）「オントロジーを用いた環境共生への地域ストーリーの共同構築手法の開発」（2015〜2018年度：代表　熊澤輝一）、総合地球環境学研究所・所長裁量経費（2013〜14年度：代表　手代木功基）。記して謝意を申し上げたい。

　本書を出すきっかけは、「はじめに」でも述べたとおり、2017年の日本地理学会で開催されたシンポジウム「滋賀県朽木におけるトチノキ利用からみた人と自然の関わり」である。そのシンポジウムを我々に打診されたのは、ネイチャー・アンド・ソサエティ研究グループの渡辺和之さんであり、シンポジウムがなければ本書は世に出なかった。ここに感謝したい。また、本書の出版を快く引き受けてくださった海青社の宮内久さん、海青社編集部の福井将人さん、田村由記子さんには出版において大変お世話になった。お礼申し上げる。

　本書が、朽木にお住いのみなさん、朽木のことを知りたいと思っているかた、中山間地域の自然や社会、文化の調査・研究をしたいと思っている学生さん、滋賀県や周辺県にお住まいの方々や日本各地の中間山地域にお住まいのか

た、興味を持たれているかたなど、広く読んでいただければ幸いである。本書が読者のみなさんの考えや行動にいくぶんでも影響を与えることができれば編者として本望である。

2019年1月

編者　水野　一晴
　　　藤岡悠一郎

# 執筆者一覧

## ● 編　者

**水野　一晴**　MIZUNO Kazuharu　（京都大学大学院文学研究科地理学専修・教授）第1章
　自然地理学、アフリカ地域研究が専門。主な著書・論文に、『世界がわかる地理学入門──気候・地形・動植物と人間生活──』（ちくま新書1314、筑摩書房、2018；単著）、『気候変動で読む地球史──限界地帯の自然と植生から──』（NHKブックス1240、NHK出版、2016；単著）、『自然のしくみがわかる地理学入門』（ベレ出版、2015；単著）がある。

**藤岡悠一郎**　FUJIOKA Yuichiro（九州大学大学院比較社会文化研究院・講師）第6、9、12、17、19章
　地理学，地域研究が専門。主な著書・論文に、『サバンナ農地林の社会生態誌──ナミビア農村にみる社会変容と資源利用』（昭和堂、2016；単著）、「農地林の利用と更新をめぐる農牧民の生計戦略──ナミビア農村のポリティカル・エコロジー」（横山　智編『ネイチャー・アンド・ソサエティ研究 第4巻 資源と生業の地理学』海青社、2013；分担執筆）、「ナミビア北部における『ヤシ植生』の形成とオヴァンボの樹木利用の変容」（水野一晴編『アフリカ自然学』古今書院、2005；分担執筆）がある。

## ● 執筆者

**青木　　繁**　AOKI Shigeru　（グリーンウォーカークラブ・代表取締役）第2章
　植物生態学が専門。主な著書・論文に、『高島の植物（上・下）』（サンライズ出版、2007；編著）、『滋賀県の山』（山と渓谷社、2004；共著）、「朽木の植物相」（滋賀県自然誌編集委員会編『滋賀県自然誌』滋賀県自然保護財団、1991；分担執筆）がある。

**飯田　義彦**　IIDA Yoshihiko　（金沢大学環日本海域環境研究センター・連携研究員）第7、8章
　景観生態学、自然共生型社会研究が専門。主な著書・論文に、「新たな森の産業創造──石川県の林業事業者の挑戦」（森林環境研究会編『森林環境2017』、102-111頁、森林文化協会、2017；分担執筆）、『白山ユネスコエコパーク──ひとと自然が紡ぐ地域の未来へ──』（国連大学サステイナビリティ高等研究所いしかわ・かなざわオペレーティング・ユニット、2016；編著）。「吉野山ヤマザクラ樹林におけるフェノロジー個体差が桜景観維持に果たす役割」（ランドスケープ研究 76(5)：451-456、2013）がある。

**伊藤　千尋**　ITO Chihiro　（広島女学院大学人間生活学部生活デザイン学科・講師）第15章
　人文地理学、アフリカ地域研究が専門。主な著書・論文に、「アフリカ・日本から考える人口問題と都市－農村関係」（矢ケ﨑典隆・森島 済・横山 智編『サステイナビリティ──地球と人類の課題──』、93-103頁、朝倉書店、2018；分担執筆）、『都市と農村を架ける──ザンビア農村社会の変容と人びとの流動性』（新泉社、2015；単著）、「滋賀県高島市朽木における行商利用の変遷と現代的意義」（地理学評論 88(5)：451-472、2015）がある。

**鎌谷かおる**　KAMATANI Kaoru　（立命館大学食マネジメント学部・准教授）第3章
　歴史学（日本史）が専門。主な著書・論文に、「日本近世における年貢上納と気候変動──近世史研究における古気候データ活用の可能性をさぐる──」（日本史研究646号、2016）、「日本近世における山野河海の生業と所有──琵琶湖の漁業を事例に──」（ヒストリア229号、2011）がある。

**木村　道徳**　KIMURA Michinori　（滋賀県琵琶湖環境科学研究センター・主任研究員）第14章

　環境政策、環境情報が専門。主な著書・論文に、「ソーシャルネットワークに着目した住民主導型景観保全活動の継続要因に関する研究──滋賀県近江八幡市を事例として──」（環境情報科学論文集（23）：419-424、2009）、「低炭素型都市農村連携ネットワークを構築するための業結合モデル──環境モデル都市施策の農林水産業に着目して──」（環境システム研究論文集 37：377-383、2009）、「地域森林資源活用団体の活動内容と意識の構造的把握──滋賀県高島市の森林資源活用事例を対象に」（環境情報科学論文集（29）：55-60、2015）がある。

**熊澤　輝一**　KUMAZAWA Terukazu　（総合地球環境学研究所・准教授）第20章

　環境計画論、地域情報学が専門。主な著書・論文に、「環境・サステイナビリティ領域におけるドメイン知識間の因果論理構築支援ツールの開発」（人工知能学会論文 33(3)：E-SGAI04_1-13、2018）、"Initial design process of the sustainability science ontology for knowledge-sharing to support co-deliberation"（*Sustainability Science* 9：173-192、2014）、「遺伝的アルゴリズムを用いた「身のまわり環境」計画の合意形成過程の記述に関する基礎的研究」（計画行政 26(2)：60-72、2003）がある。

**嶋田奈穂子**　SHIMADA Nahoko　（総合地球環境学研究所・研究員）第5、13章

　建築学、思想生態学が専門。主な著書・論文に、「風土を閉じる時──閉村の過程と「神社を閉じる」意味──」（第2回高谷好一地域学賞受賞作品集〈最優秀賞〉、2019）、「鎮守の森──森の世界に生きる人とカミ」（木部暢子・小松和彦・佐藤洋一郎編『アジアの人々の自然観をたどる』、勉誠出版、2013；分担執筆）がある。

**手代木功基**　TESHIROGI Koki　（摂南大学外国語学部・講師）第4、16、18章

　地理学（環境地理学）が専門。主な著書・論文に、「滋賀県高島市朽木地域におけるトチノキ巨木林の立地環境」（地理学評論 88(5)：431-450、2015）、"Variations in Mopane Vegetation and its Use by Local People: Comparison of Four Sites in Northern Namibia"（*African Study Monographs* 38(1)：5-25, 2017）がある。

**中村　治**　NAKAMURA Osamu　（大阪府立大学人間社会システム科学研究科・教授）第11章

　京都洛北の地誌、暮らしと風俗の変化について古写真を用いて研究することが専門。主な著書・論文に、『洛北岩倉と精神医療』（世界思想社、2013；単著）、『京都洛北の原風景』（世界思想社、2000；単著）、『洛北岩倉』（コトコト、2007；単著）がある。

**八塚　春名**　YATSUKA Haruna　（日本大学国際関係学部国際教養学科・助教）第10章

　生態人類学、アフリカ地域研究が専門。主な著書・論文に、『タンザニアのサンダウェ社会における環境利用に関する研究──狩猟採集社会の変容への一考察』（松香堂書店、2012；単著）、「山村の特産品づくりを支える資源利用ネットワーク──滋賀県高島市朽木におけるトチ餅生産とトチノミ利用」（BIOSTORY 24：94-106、2015）、「タンザニアにおける狩猟採集民ハッザの観光実践──民族間関係、個人の移動、収入の個人差に着目して」（アフリカ研究 92：27-41、2018）がある。

**山科　千里**　YAMASHINA Chisato　（筑波大学生命環境系・特任助教）第17章

　地域研究、生態学が専門。主な著書・論文に、"Seed dispersal by animals influences the diverse woody plant community on mopane woodland termite mounds"（*Ecosystems*, 2018. online: 10.1007/s10021-018-0283-8）、「シロアリ塚と植物、動物の関わり」「"エラオ(elao)"に集う」「自然保護区の野生動物と人」（水野一晴・永原陽子編『ナミビアを知るための53章』、明石書店、2015；分担執筆）、"Importance of bird seed dispersal in the development of characteristic vegetation on termite mounds in north-eastern Namibia"（*Tropics* 23(1)：33-44, 2014）がある。

Dynamics of Nature and Society of Kutsuki Valley, Shiga, Japan
edited by MIZUNO Kazuharu and FUJIOKA Yuichiro

くつきだにのしぜんとしゃかいのへんよう
# 朽木谷の自然と社会の変容

発行日：2019年3月30日 初版第1刷
定　価：カバーに表示してあります
編著者：水　野　一　晴
　　　　藤　岡　悠一郎
発行者：宮　内　　　久

海青社
Kaiseisha Press

〒520-0112　大津市日吉台2丁目16-4
Tel. (077) 577-2677 Fax (077) 577-2688
http://www.kaiseisha-press.ne.jp
郵便振替　01090-1-17991

© MIZUNO Kazuharu and FUJIOKA Yuichiro, 2019
　　　　ISBN978-4-86099-332-0 C3025 Printed in JAPAN 乱丁落丁はお取り替えいたします。

本書のコピー、スキャン、デジタル化等の無断複製は著作権法上での例外を除き禁じられています。
本書を代行業者等の第三者に依頼してスキャンやデジタル化することはたとえ個人や家庭内の利用
でも著作権法違反です。

## ◆ 海青社の本・好評発売中 ◆

### 「ネイチャー・アンド・ソサエティ研究」シリーズ（全5巻、本体各3,800円）

世界が直面する自然災害、開発、食料、人口、資源などの自然と社会に関する諸問題を地理学的視点から捉える!! 気鋭の研究者による意欲的な成果をシリーズ化

① **自然と人間の環境史**　宮本真二・野中健一 編〔ISBN978-4-86099-271-2/A5判/396頁〕
② **生き物文化の地理学**　池谷和信 編〔ISBN978-4-86099-272-9/A5判/374頁〕
③ **身体と生存の文化生態**　池口明子・佐藤廉也 編〔ISBN978-4-86099-273-6/A5判/372頁〕
④ **資源と生業の地理学**　横山 智 編〔ISBN978-4-86099-274-3/A5判/350頁〕
⑤ **自然の社会地理**　淺野敏久・中島弘二 編〔ISBN978-4-86099-275-0/A5判/315頁〕

---

## 日本文化の源流を探る
佐々木高明 著

『稲作以前』に始まり、焼畑研究、照葉樹林文化研究から、日本の基層文化研究に至る自身の研究史を振り返る。農耕基層文化の研究一筋に半世紀、佐々木農耕文化論の金字塔。原著論文・著作目録付。
〔ISBN978-4-86099-282-8/A5判/580頁/本体6,000円〕

## パンタナール　南米大湿原の豊饒と脆弱
丸山浩明 編著

世界自然遺産にも登録された世界最大級の熱帯低層湿原、南米パンタナール。その多様な自然環境形成メカニズムを実証的に解明するとともに、近年の経済活動や環境保護政策が生態系や地域社会におよぼした影響を分析・記録した。
〔ISBN978-4-86099-276-7/A5判/295頁/本体3,800円〕

## 白洲正子と歩く琵琶湖　江南編・カミと仏が融けあう処
大沼芳幸 著

随筆家 白洲正子は近江を愛し紀行文の多くに題材としてとりあげた。本書では近江の文化遺産を"白洲正子の視線"からたどる。湖西・湖南・湖東地方を対象に、自然に宿るカミの姿と、カミと仏が融合する聖地を巡る。
〔ISBN978-4-86099-333-7/四六判/158頁/本体1,700円〕

## 琵琶湖八珍　湖魚の宴 絶品メニュー
大沼芳幸 著

琵琶湖で捕れる特徴的な8種の湖魚「琵琶湖八珍」と外来種など8種を「裏八珍」として各々のレシピをカラーで270余掲載。琵琶湖の魚を捕り、食べることを通して、琵琶湖の環境・歴史・文化に思いを馳せる。
〔ISBN978-4-86099-309-2/A5判/196頁/本体1,833円〕

## 読みたくなる「地図」国土編　日本の国土はどう変わったか
平岡昭利 編

明治期と現代の地形図の「時の断面」を比較する。日本人がどのように国土を改変してきたのかを地図で読み解く。「考える地理」「地図の面白さを知る」書物として好適。好評の都市編に続き刊行。地図凡例付。フルカラー。
〔ISBN978-4-86099-346-7/B5判/92頁/本体1,600円〕

## 読みたくなる「地図」東日本編　日本の都市はどう変わったか
平岡昭利 編

明治期と現代の地形図の比較から都市の変貌を読み解く。北海道から北陸地方まで49都市を対象に、その地に関わりの深い研究者が解説。「考える地理」の基本的な書物として好適。地図の拡大表示が便利なPDF版も発売中。
〔ISBN978-4-86099-313-9/B5判/133頁/本体1,600円〕

## 読みたくなる「地図」西日本編　日本の都市はどう変わったか
平岡昭利 編

明治期と現代の地形図の比較から都市の変貌を読み解く。本書では近畿地方から沖縄まで43都市を対象に、地域に関わりの深い研究者が解説。「考える地理」の基本的な書物として好適。地図の拡大表示が便利なPDF版も発売中。
〔ISBN978-4-86099-314-6/B5判/127頁/本体1,600円〕

## 地図でみる京都　知られざる町の姿
岩田 貢・山脇正資 著

徒歩や自転車で見て廻るには好都合な2万5千分1地形図で、府下36地域を対象に町の現状と成立ちや特徴を解説。名前を知っていても意外に知らない町の魅力を再発見。索引・用語解説および地図凡例付。
〔ISBN978-4-86099-344-6/B5変形判/78頁/本体1,600円〕

---

＊表示価格は本体価格（税別）です。PDF版は海青社eStoreにて販売中。